Irische
Sehnsucht

*Erzählungen von der
Grünen Insel*

Aus dem Englischen
von Gabriela Schönberger

Die englische Originalausgabe erschien 2015 unter dem Titel
»A Few of the Girls« bei Orion Books, London.

Besuchen Sie uns im Internet:
www.knaur.de

FSC
www.fsc.org
MIX
Papier aus ver-
antwortungsvollen
Quellen
FSC® C083411

Deutsche Erstausgabe Juni 2018
© 2015 Gordon Snell
© 2018 der deutschsprachigen Ausgabe Knaur Verlag
Ein Imprint der Verlagsgruppe
Droemer Knaur GmbH & Co. KG, München
Alle Rechte vorbehalten. Das Werk darf – auch teilweise – nur mit
Genehmigung des Verlags wiedergegeben werden.
Redaktion: Ilse Wagner
Covergestaltung: ZERO Werbeagentur, München
Coverabbildung: © FinePic / shutterstock
Satz: Adobe InDesign im Verlag
Druck und Bindung: CPI books GmbH, Leck
ISBN 978-3-426-65414-9

2 4 5 3 1

Inhalt

Einführung

Maeves Kopf war stets voller Geschichten. In all den Jahren, in denen wir uns an dem langen Schreibtisch vor dem Fenster in unserem Arbeitszimmer gegenübersaßen, habe ich nicht ein Mal erlebt, dass sie auf den leeren Bildschirm gestarrt und sich gefragt hätte, wie sie anfangen solle.

Sie stürzte sich auf die Tastatur wie ein Schwimmer ins Meer, und ihre Finger flitzten mit halsbrecherischer Geschwindigkeit über die Tasten, ohne auch nur ein einziges Mal innezuhalten, um einen Interpunktions- oder Schreibfehler zu korrigieren. Sollte die hinterhältige Maschine doch hin und wieder eine Seite oder zwei plötzlich verschluckt haben, hielt sie sich nicht lange mit technischen Tüfteleien auf. Schneller ginge es, wie sie sagte, wenn sie den ganzen Absatz sofort wieder in den Computer tippe.

So entstand eine Vielzahl von Geschichten und Charakteren, denen sie in ihrem unangestrengten, geradlinigen und feinfühligen Stil Gestalt und Sprache verlieh. Fast mühelos schien dies, so als setzte sie sich neben einen guten Freund und unterhielte sich mit ihm im Plauderton.

Sie würde kein bisschen besser schreiben, wenn sie langsamer schriebe, sagte Maeve immer – und genauso redete sie auch. Die Wörter sprudelten aus ihrem Mund, so eilig hatten sie es, ausgesprochen zu werden. Geschichten erzählen war ihr ureigenstes, magisches Talent, und neben ihren Romanen und Sammlungen mit Kurzgeschichten verfasste sie zahllose weitere Erzählungen für Zeitschriften und Magazine. Ich wusste, ihre treuen Leser würden sich freuen, viele dieser für sie noch unbekannten Geschichten in Buchform in Händen halten zu können.

Und deshalb liegen sie nun alle in diesem neuen Band *Irische Sehnsucht* vor, ausgewählt und zusammengestellt von ihrer Agentin Christine Green und den Lektorinnen Juliet Ewers, Carole Baron und Pauline Proctor. Als Ausdruck ihrer immensen schöpferischen Leistung sind diese Erzählungen ebenso Beweis für Maeves Einfallsreichtum, den sie stets mitfühlend und opulent zu gestalten wusste, wie für ihr einzigartiges Talent, Geschichten zu erzählen – ihr Vermächtnis, das sie uns allen hinterlassen hat.

Gordon Snell

Georgia Hall

Georgia war schon immer die geborene Anführerin gewesen. Früher in der Schule kopierte jeder ihren Stil. Als Georgia die Idee hatte, ihre Schulbücher mit einem roten Band zusammenzuschnüren, ließen alle ihre Schultaschen und Rucksäcke zu Hause und benutzten ebenfalls Bänder.

An der Universität war es nicht viel anders. Sie schien sich nicht einmal darum zu bemühen, aber jeder wollte alles so machen wie sie. Sie studierte Kunstgeschichte, laut ihrer Aussage ein nicht besonders anspruchsvolles Fach, aber sie war immer unter den Besten. Sie wohnte in einem kleinen Einzimmerapartment, das ihren eigenen Worten nach so furchtbar war, dass sie sich nicht vorstellen könne, jemand wolle *freiwillig* einen Fuß hineinsetzen. Und dennoch fand dort jeden Freitag eine kleine Party mit reichlich Alkohol statt, und die Leute taten alles, um dabei zu sein.

Auch Georgias Frisur saß immer perfekt. Im Vergleich zu all den anderen jungen Frauen, die praktisch jeden Tag einen *Bad Hair Day* hatten, sah Georgia aus, als käme sie geradewegs von einem teuren Coiffeur. Das stimmte allerdings auch. Jeden Freitag, wenn am meisten los war, arbeitete sie in einem Luxussalon und bekam dafür – außer einem guten Trinkgeld – ein Mal im Monat einen Super-Haarschnitt und ein Mal in der Woche Waschen und Föhnen.

Sie musste viel Zeit und Arbeit auf ihr Studium verwendet haben, weil sie unter der Woche abends nie ausging; dafür bewirtete sie am Freitagabend die Crème de la Crème ihrer Mitstudenten. Samstags zur Mittagszeit konnte man sie oft in einem Lokal am Fluss antreffen, umringt von College-Stars, und ihre Verabredungen an den Samstagabenden fanden nur in den besten Restaurants statt.

Schwer zu sagen, ob die Leute sie wirklich mochten. Schon damals hatte sie etwas Berechnendes an sich. Georgia war nie unbeherrscht oder vertraulich: Mit ihren großen grauen Augen sah sie einen abwägend an, als wollte sie ihr Gegenüber durchschauen und herausfinden, ob bei der Begegnung für sie selbst etwas heraussprang.

Zumindest war das meine Meinung. Aber es war offensichtlich, dass ich mich nicht für Miss Georgia Hall erwärmen konnte.

Schließlich hatte sie mir James weggeschnappt, meinen Freund.

Man könnte natürlich sagen – und einige taten das wohl –, dass man ihn nicht gezwungen hatte, mich zu verlassen, dass ihm niemand eine Schlinge um den Hals gelegt oder die Pistole auf die Brust gesetzt hatte. James lief in jenem Herbst vollkommen freiwillig zu Georgia über.

Gerade noch waren er und ich spazieren gewesen und hatten fallende Blätter als Glücksbringer aufgefangen, und schon eine Woche darauf führte er sie – ausstaffiert mit einem neuen Sakko – in dieses teure Grillrestaurant aus, in dem wir noch nie gewesen waren, weil wir es uns nicht leisten konnten (und das er immer wieder als ziemlich protzig bezeichnet hatte).

Er verhielt sich in der ganzen Sache nicht besonders rühmlich. »Ich vermute mal, du hast es schon gehört«, sagte er betreten zu mir. Natürlich hatte ich es gehört. Am College lebte man wie auf einem Präsentierteller: Jeder erfuhr alles. Aber ich wollte ihm nicht die Genugtuung geben, zu erfahren, dass man es mir bereits gesteckt hatte.

»Was gehört?«, fragte ich. Das mit der Schauspielerei sollte ich besser lassen. Für einen Oscar hätte es bei mir nie gereicht.

»Ich weiß doch, dass es dir jemand erzählt hat«, sagte er. »Ich sehe Georgia.«

»Natürlich siehst du Georgia.« Ich spielte die Ahnungslose, damit er gezwungen war, das auszusprechen, was ich bereits wusste.

»Nein, ich meine *sehen* im Sinne von – von miteinander gehen.«

»Oh …«, sagte ich. Eine eher verhaltene Reaktion, nachdem ich ihn bis hierher ganz schön manipuliert hatte.

»Tut mir leid«, sagte James kleinlaut.

»Also, wenn es dir leidtut, mit ihr auszugehen – mit ihr zusammen zu sein –, warum machst du es dann?«, fragte ich.

»Nein, es tut mir nicht leid, mit ihr zusammen zu sein«, blaffte er zurück.

»Was genau tut dir dann leid?«, fragte ich, was natürlich kindisch war, aber ich war nun mal sehr verletzt. Ein wenig Rache stand mir schon zu.

»Dass ich dich enttäuscht habe, Moggie, das tut mir leid«, sagte er.

Ich muss auch noch mit diesem blöden Namen leben: *Moggie*. Ein Kosename für Margaret soll das sein. Erst viel später wurde mir klar, dass er ja nicht für alle Zeiten an mir kleben bleiben musste. Ich hätte mich zum Beispiel auch Georgia nennen können, aber als mir dieses Licht aufging, war es schon zu spät.

»Ich? Ich bin doch nicht enttäuscht.«

»Nicht?« Er sah ungeheuer erleichtert aus. Männer sind manchmal so simpel gestrickt.

»Nein, überhaupt nicht.«

Er schaute mich an, als hätte er mich noch nie im Leben gesehen.

Ich fragte mich, was er da eigentlich sah. Ich bin nicht hochgewachsen und grazil wie Georgia, ich bin eher pummelig, klein und robust. Meine Augen liegen meiner Ansicht nach zu eng beieinander, wodurch ich ein wenig finster wirke, vielleicht sogar kriminell, auch wenn James immer meinte, es sei albern, mich selbst so herabzusetzen. Meine Haare sahen nie aus, als wären sie auch nur in die *Nähe* eines Luxusfriseurs gekommen, selbst wenn ich tatsächlich einmal zu einem gegangen wäre. Sie schienen ein Eigenleben zu führen und standen in alle Richtungen ab, wie es ihnen passte.

Im Gegensatz zu Georgia besaß ich auch keinerlei elegante Kleidung: Weder hauchdünne Schals noch schwingende Röcke. Immer nur den ewig gleichen Blazer und eine kleine Auswahl an Röcken und Hosen. Schließlich hatte ich mich für das langweilige BWL-Studium entschieden, nicht für die entrückte Welt der Kunstgeschichte.

Keiner, der seine fünf Sinne beisammen hatte, konnte James seine Wahl übel nehmen.

»Du bist unglaublich, Moggie, wirklich unglaublich«, sagte er bewundernd.

Und da hatte er wohl recht. Ich war unglaublich wütend.

Georgia schnurrte wie eine Katze, als wir uns das nächste Mal trafen, draußen vor dem Milchladen, wo sie den Käse für ihre freitägliche Abendgesellschaft kaufte.

»James hat mir erzählt, dass du absolut super reagiert hast«, sagte sie langsam und bedächtig. Liebend gern hätte ich die große Holzkiste neben uns hochgehoben und ihr über den Schädel gezogen. Es war mir ein echtes Bedürfnis, nicht nur eine momentane Laune. Aber ich hielt mich zurück.

Diese Romanze hat keine Zukunft, sagte ich mir, und dann kommt er auf Knien wieder zu seiner Moggie zurückgekrochen. Und ich werde ihn ein bisschen schmoren lassen, bevor ich ihn zurücknehme. Der Gedanke ließ mich schmunzeln.

»Wenn du lächelst, siehst du richtig nett aus, Moggie«, sagte Königin Georgia gönnerhaft.

Der Satz hing in der Luft, als sollte noch etwas folgen, etwas in der Art wie: *Wenn du dir nur die Zähne richten lassen würdest*, oder: *Wenn du nur nicht so mollig wärst …* Es war an mir, die Lücke selbst auszufüllen.

Sie wird nicht ewig die Siegerin bleiben können, sagte ich mir und lächelte wieder.

Doch wie es aussah, sollte sie noch eine elend lange Zeit auf der Gewinnerstraße verweilen. Natürlich ließ sie James irgendwann fallen, der postwendend zu seiner Moggie zurückkam und sie anflehte, ob sie ihrem Herzen nicht einen Stoß geben und ihm verzeihen könne. Aber ich konnte es nicht. Ich wollte nichts mehr von ihm wissen.

Für mich war er nicht länger der großartige James, der gemeinsam mit mir die Welt verändern würde. Er war nur noch ein lächerlicher, eitler Kerl, dem es gefiel, dass die Ballkönigin ihm zugelächelt und vorübergehend eine Machtposition in ihrem Hofstaat eingeräumt hatte.

Und das Leben ging für uns alle weiter. Ich machte meinen Abschluss in Wirtschaftswissenschaften und arbeitete für ein Forschungsinstitut, wo wir gute Arbeit leisteten. Ich will zwar nicht behaupten, dass wir die Welt veränderten, aber auf jeden Fall gingen wir den Dingen auf den Grund und erstellten Fakten und Statistiken, mit deren Hilfe andere es versuchen konnten. Und James trat in eine ziemlich weit rechts beheimatete Anwaltskanzlei ein, die eine ganze Reihe von Großkonzernen vertrat, genau die Leute, die für uns früher die Bösen gewesen waren. •

Und Georgia Hall?

Nun, Georgia wurde berühmt.

Mit ihrem guten Aussehen war sie praktisch wie geschaffen fürs Fernsehen, und so lud man sie immer wieder ein, um über den Ankauf eines Kunstwerks, über eine Neuentdeckung oder über das vielfältige Engagement eines Kunstmäzens zu sprechen. Dabei drückte sie sich stets klar und verständlich aus und schickte allem den Satz voraus: »Das ist jetzt aber nur meine Meinung«, was sie im Fall eines Fehlurteils absicherte und ihr andererseits alles Lob zusicherte, wenn sie richtiglag.

Sie war auch an der Herausgabe von Kunstbänden beteiligt.

Zwar munkelte man, jemand, der mit ihr zusammenarbeitete, wolle sie verklagen, weil sie, ohne eigentlich etwas beizutragen, alle Lorbeeren geerntet habe, doch das wurde alles vertuscht. Oder vielleicht war es nur Klatsch – ich war mit Sicherheit nicht die Einzige, die unter Georgia Hall gelitten hatte.

Manchmal erwähnte ich, dass ich sie aus der Schule und von der Universität kannte, aber bald hörte ich damit wieder auf. Jedes Mal wollte man Details über sie wissen, und mir wurde klar, wie wenig wir alle sie eigentlich wirklich gekannt hatten.

Hatte sie Geschwister? Keine Ahnung. Mit wem war sie wirklich befreundet? Schwer zu sagen, vielleicht mit Menschen, die etwas darstellten. Das war immer ihr Thema gewesen. Statt der großen Nummern im Debattier-Klub, der Theatergruppe, dem Ruder- oder Rugby-Klub fand Georgia ihre Freunde nun im Kunstbetrieb, in der Politik, unter Industriellen und sogar beim Adel.

Ihr kleines Einzimmerapartment hatte sie schon lange hinter sich gelassen, und irgendwo hörte oder las ich, dass sie eine *äußerst elegante* Wohnung in London besaß. Hätte ich mir denken können.

Wo immer man sie sah, fiel sie als *äußerst elegante* Erscheinung auf: auf der Rennbahn, in der Oper, bei der Biennale in Venedig, bei einer Benefiz-Veranstaltung für ein Kunstwerk, das auf keinen Fall ins Ausland verkauft werden durfte.

Fast könnte man meinen, ich sei über die Jahre von ihr besessen gewesen und hätte ihren kometenhaften Aufstieg verbittert und mit Argusaugen verfolgt. Doch das stimmt nicht. Ich war sehr beschäftigt und hatte wenig Zeit, an die Frau zu denken oder sie gar zu beneiden, die damals zu den allergrößten Hoffnungen Anlass gegeben hatte. Ich hatte mein eigenes Leben.

Die Stiftung, für die ich arbeitete, erregte großes Interesse in den Kreisen, mit denen ich sympathisierte und deren Wertschätzung und Anerkennung mir wichtig waren. Dann wurde ich von einer kleinen, Erfolg versprechenden Organisation abgeworben, wo wir – auch wenn es nach Eigenlob klingt – Großartiges darin leisteten, Chancenungleichheit und Benachteiligung aufzudecken. Wir beschäftigten uns mit Klassenunterschieden, Bildung, Rasse, Religion, Vorurteilen und schlichter Ignoranz. Schon bald waren unsere Forschungsergebnisse sehr gefragt bei Universitäten, Enthüllungsjournalisten und der örtlichen Verwaltung bis hin zu Aktivisten, Geistlichen und Politikern. Und in dieser Organisation lernte ich Bob kennen.

Danach änderte sich alles für mich. Er hatte die gleichen Träume wie ich, war wie ich überzeugt, dass das Leben kurz war und man *sofort* handeln musste, wenn man die Welt verbessern wollte. Bob war ein tatkräftiger, begeisterungsfähiger Mann, der an das Gute in den Menschen glaubte. Man musste sie nur ein wenig ermutigen.

Er schien mich ziemlich gernzuhaben. Nein! Hör auf, dich selbst herabzusetzen. Er liebte mich.

Bob *liebte* mich.

Wenn er zu mir sagte, ich sei wunderschön, fragte ich ihn immer, ob er vielleicht ein Augenproblem habe. Ich rechnete nicht damit, für schön gehalten zu werden. Dass man mich für schwer in Ordnung, hart arbeitend und engagiert hielt, für jemanden mit dem Herz am rechten Fleck – akzeptiert. Aber *schön?* Nein, das ging zu weit.

Bob wurde dann immer ziemlich ärgerlich. »Margaret, noch ein Wort, und ich verdonnere dich dazu, mit einem Eimer über dem Kopf herumzulaufen, das verspreche ich dir. Du hast wunderschöne, samtbraune, gefühlvolle Augen – könntest du also bitte aufhören, daran herumzukritteln?« Und das tat ich dann auch, weil es für das große Ganze ziemlich unerheblich war, ob meine Augen zu eng beieinanderstanden oder nicht.

Und das Leben meinte es weiterhin gut mit uns. Anlässlich verschiedener Projekte war oft ein Foto von mir in der Zeitung, und meine Eltern waren stolz auf mich. Sie mochten Bob, und nachdem ich sie oft genug mit Blicken durchbohrt hatte, hörten sie sogar auf, mich mit Fragen nach einem Verlobungsring zu löchern.

Bob und ich wohnten in einer kleinen Souterrainwohnung ganz in der Nähe unseres Arbeitsplatzes. Oft trafen wir uns zu Arbeitsbesprechungen in unserem Wohnzimmer, und genau dort kam uns die Idee für ein großartiges Projekt, das wunderbar funktionieren könnte. Architekten, Raumplaner und Bauunternehmer sollten mit ihrem Know-how Freiwillige dabei unterstützen, in Afrika Häuser zu bauen. Wir bekamen Fördergelder von allen möglichen Leuten, und viele Schulen kooperierten mit uns. Das Ganze beflügelte die Fantasie der Menschen.

Sogar die Kunstwelt zeigte Interesse und erklärte sich bereit, landesübliches Design und volkstümliche Wandmalereien zu fördern, um den einzelnen Projekten ein weniger funktionales Aussehen zu geben. Was uns jetzt noch fehlte, war jemand, der bei der Suche nach Sponsoren als öffentliches Gesicht der Kampagne fungierte.

»Eigentlich bräuchten wir jemanden wie Georgia Hall«, meinte Bob. »Wenn wir nur jemanden wüssten, der den Kontakt zu ihr herstellen kann.«

Ich dachte kurz nach, um dann laut zu fragen, ob sie sich überhaupt darauf einlassen würde.

»Das würde sie bestimmt«, erwiderte Bob überzeugt. »Da gehe ich jede Wette ein.«

Na, toll. Ich zögerte unverhältnismäßig lange, doch dann regte sich mein Gewissen.

Ich durfte Georgia Hall dieser Aktion nicht vorenthalten, bloß weil ich sie fürchtete, sie nicht ausstehen konnte und wir eine gemeinsame Vergangenheit hatten. Nein, ich war geradezu verpflichtet, Bob zu sagen, dass ich sie schon lange kannte.

»Du hast nie was gesagt!« Er war verblüfft.

»Du hast nie gefragt«, erwiderte ich lahm.

»Mein Leben ist ein offenes Buch für dich, aber du scheinst ja alle möglichen Geheimnisse vor mir zu haben«, beschwerte er sich. »Gibt es da noch mehr, was du mir verschwiegen hast? Bist du womöglich verheiratet? Bist du Millionärin, dealst du mit Drogen?«

»Okay, Bob, ich schreibe ihr einen Brief«, sagte ich.

Sie antwortete postwendend. Untröstlich, aber bereits zu viele Verpflichtungen ... leider absagen ... äußerst ehrenwerte Sache ... alle guten Wünsche. Dazu ein kurzes, handgeschriebenes PS.

Dass du das bist, Moggie! Ich habe den Namen Margaret nicht gleich erkannt, ich hielt dich für jemand anderen. Aber wenn ich mir die Fotos anschaue, hätte ich es natürlich bemerken müssen.

Dass sie mich immer und überall erkannt hätte, stand nicht da, aber das meinte sie vermutlich.

Zum Teil war ich erleichtert. Na ja, gut, seien wir ehrlich, ich war *total* erleichtert, dass sie es nicht machen wollte.

Bob blieb unbeeindruckt. »Keine Sorge, ich überrede sie schon«, sagte er zuversichtlich.

Während er sich anschickte, Georgia Hall zu kontaktieren, hatte ich das Gefühl, einen Bleiklumpen im Magen zu haben. All die Kompetenz und Entschlossenheit, die ich an Bob so bewunderte, waren mir nun zuwider, nachdem er eine fünfzehnminütige Besprechung mit ihr in einem Fernsehstudio durchgesetzt hatte. Mehr sei nicht drin für ihn, hieß es. Mehr würde er auch nicht brauchen, behauptete Bob.

Und der Erfolg gab ihm recht: Sie hatte zugestimmt.

»Sie ist sehr intelligent«, sagte er voller Bewunderung, als er heimkam. »Ganz schön aufgeweckt, diese Georgia.«

Ich sah ihn schweigend an, unfähig, zu sprechen. Das Blei aus meinem Magen war in meine Stimmbänder gewandert. Ich fragte mich, was Georgia wohl sah, wenn sie sich meinen Bob anschaute.

Bob war groß, hatte rotblondes Haar und Sommersprossen auf der Nase. Er hatte eine lockere, lässige Art, trug eine Cordjacke und ein gelbes Hemd mit offenem Kragen: Ganz und gar nicht der Typ Mann, mit dem sie sich sonst immer sehen ließ – weder war er weltmännisch noch raffiniert oder aalglatt.

Aber vielleicht war Bobs offensichtliche Redlichkeit neuerdings Mode; möglicherweise sah Georgia – die schon immer jeden Trend gerochen hatte – in ihm die Zukunft. Ein vertrautes Gefühl der Furcht beschlich mich, das jeden vernünftigen Gedanken blockierte. Würde ich mich wieder genauso verhalten? So tun, als wäre es mir egal, als sei ich nicht betroffen?

Hatte es letztes Mal funktioniert?

Nun ja, in gewisser Weise schon: James war zu mir zurückgekommen. Aber da wollte ich ihn nicht mehr. Bei Bob würde das nicht passieren. War James eine Studentenliebe gewesen, hatte ich mir Bob als erwachsene Frau für den Rest meines Lebens ausgesucht. Ich brauchte keinen Verlobungsring oder ein Reihenhaus, die meine Mutter als Garanten einer sicheren Verbindung ansah. Alles, was ich wollte, waren Bobs Liebe und unsere gemeinsamen Zukunftsvisionen.

Und jetzt passierte wieder genau dasselbe. Bei seiner Rückkehr hatte er gesagt, Georgia sei intelligent – *ganz schön aufgeweckt*, was immer das heißen sollte. Jedenfalls war es der Beweis, dass letztlich nur das Äußere zählte. Wie hatte ich all die Jahre über nur so blind sein können?

An diesem Tag ließ ich mir in einem teuren Laden die Haare schneiden. Der Stylist war ein angenehmer Zeitgenosse, der mir erzählte, dass er und ein paar Freunde als ehrenamtliche Mitarbeiter nach Afrika gehen wollten, um dort Unterkünfte zu bauen. Er hatte ein Zeitungsinterview mit mir gelesen und mich wiedererkannt.

Nach dem Haarschnitt ging es mir besser. Ich erwähnte dem Friseur gegenüber, dass ich meiner Ansicht nach nun weniger schrecklich aussähe als vorher, woraufhin er verunsichert lachte, als hätte ich einen Witz gemacht. Als ich ihn fragte, was er tun würde, wenn er meine kleinen Augen hätte, erwiderte er, seiner Meinung nach seien bei mir sowohl Augen als auch Herz riesengroß und hätten schon ganz viel Gutes bewirkt – was mich so rührte, dass mir dicke Tränen in meine kleinen Augen stiegen und er mir ein Taschentuch geben musste.

Bob traf sich mit Georgia bei ihr zu Hause, um die Details der Aktion zu besprechen.

Den ganzen Tag über versuchte ich, mich auf die Arbeit zu konzentrieren, aber es fiel mir unheimlich schwer. Und später, als er anrief, um mich wissen zu lassen, dass Georgia für sie beide bei sich zu Hause kochen wollte, fiel mir sogar das Atmen schwer.

Als er nach Hause kam, bewunderte er als Erstes meine Frisur.

»Sieht sehr schön aus«, sagte er, weiter nichts.

Vermutlich aus schlechtem Gewissen. Aber ich lächelte matt und hörte mir an, wie er mir von ihrem Scharfsinn, ihrer Raffinesse und tausend anderen guten Eigenschaften vorschwärmte, die er anscheinend an ihr entdeckt hatte.

Tags darauf wollte sie zu uns ins Büro kommen und das Team kennenlernen und nächste Woche nach Afrika reisen.

»Das wird uns einiges kosten, wenn man bedenkt, welche Ansprüche sie hat«, sagte ich säuerlich.

»Aber nein, sie besteht darauf, alles selbst zu bezahlen«, erwiderte er. Er war ihr also bereits verfallen, genau wie alle anderen. Plötzlich verstand ich, warum es Heiler in allen möglichen Gestalten gab und immer noch gibt – als Kummerkastentanten, Berater, Lifestyle-Gurus, alles Menschen die einem dabei helfen sollten, einen noch besseren, noch stärkeren Zauber zu finden, um den Konkurrenten aus dem Feld zu jagen.

Bob redete immer noch über Georgia. Er schien ihre häusliche Umgebung überhaupt nicht wahrgenommen zu haben, nur sie und jedes ihrer Worte.

»Sie hat nur Gutes über dich gesagt«, meinte er dann.

Wie konnte sie es *wagen*, über mich zu reden, bevor sie meinen Platz einnahm! Ich ertappte mich bei Mordgedanken – gleich morgen, wenn sie ins Büro kam, würde ich sie umbringen. Ich könnte sie ans Fenster locken und hinausstoßen. Oder sie einfach die Treppe hinunterwerfen. Besser ging es mir damit nicht, aber wenigstens wurde ich müde und war im Handumdrehen eingeschlafen.

Am nächsten Tag zog ich mich schick an und legte dickes Make-up auf – aber wie immer blieb Georgia Hall unberechenbar. Sie trug ausnahmsweise Jeans und einen schlichten Pullover und hatte ihr glänzendes blondes Haar mit einem Gummiband zusammengefasst. Geduldig hörte sie zu, als die einzelnen Mitarbeiter unseres Teams beschrieben, welche Arbeit in einer afrikanischen Township geleistet wurde, und ihre grauen Augen wurden dabei immer größer.

Als ich hereinkam, taxierte sie mich von oben bis unten und gab mir das Gefühl, ein wertloser Kunstgegenstand zu sein, den sie sogleich als Fälschung entlarven würde.

»Wirklich, Moggie, was für einen wunderbaren Arbeitsplatz du doch hier hast«, sagte sie.

Die anderen sandten mir neidische Blicke zu. Für sie war diese Frau ein Zauberwesen … ihnen war entgangen, dass der zweite Teil des Satzes noch irgendwo in der Luft hing und ungefähr folgendermaßen lautete: *wenn man bedenkt, was für ein hoffnungsloser Fall du bist, dumm und dick …*

Und wie ich bereits vorher wusste, war Bob für sie das Wunderbarste an diesem wunderbaren Ort.

»Was für ein Macher!«, sagte sie am Ende seiner Rede über die Arbeit mit den afrikanischen Dorfgemeinden. »Er sollte eine eigene Fernsehsendung bekommen«, säuselte sie. »Bei der Ausstrahlung.«

Mir war schwindlig. Es würde direkt vor meinen Augen geschehen, und ich würde tatenlos zusehen müssen. Bob war kein Macher, er war überzeugt von dem, was er sagte. Doch unter ihrem schlechten Einfluss würde er bald zu einem Selbstdarsteller mutieren, und alles, wofür er gekämpft hatte, wäre verloren.

Ich habe sie natürlich nicht umgebracht; dafür war ich zu müde und zu traurig. Wahrscheinlich brachte ich den Tag – der sich eher wie achtzehn Monate anfühlte – wie auf Autopilot hinter mich. Er schien einfach kein Ende zu nehmen. Und wie ich mir schon gedacht hatte, begleitete Bob sie nach Hause, um noch einmal alle Informationen mit ihr durchzugehen, damit sie für das Interview am Flughafen gerüstet wäre; ihr Flug nach Afrika ging gleich am nächsten Morgen.

Ich wartete auf seinen Anruf, darauf, dass er mir mitteilen würde, er wolle sie begleiten, alles *organisieren* und beaufsichtigen. Natürlich würde er nicht sagen, dass er dabei sein müsse, *um ihre Hand zu halten,* doch genau darauf lief es schließlich hinaus.

Als das Telefon klingelte, war ich vorbereitet.

Aber Georgia war dran. Er hatte doch tatsächlich Georgia Hall gebeten, mich anzurufen. Er brachte es nicht einmal fertig, es mir selbst zu sagen. Er wusste, wie schwer es mich treffen würde, also musste sie es für ihn tun.

»Ach, *Moggie*« – eine Stimme weich wie Samt –, »du hast sooo ein Glück, Moggie, aber ich habe dich ja schon immer beneidet. Immer schon, von Anfang an.«

»Tja, mag sein.« Offensichtlich rechnete sie mit heftigem Widerspruch, nach dem Motto: *Unsinn, Georgia, du warst es doch, die wir alle beneidet haben, damals wie heute.* Also beschloss ich, das Spiel mitzumachen, so verrückt es auch sein mochte, und das Objekt der Bewunderung zu mimen.

»Du hattest immer alles: Eltern, die sich um dich kümmerten und zu den Schulaufführungen kamen, die sich dafür interessierten, welche Fortschritte du machtest, kleine Brüder, die zu dir aufschauten. Und an der Uni hattest du einen tollen

Freundeskreis – *echte* Menschen, nicht nur *Wichtigtuer*. Jetzt hast du eine Arbeit, die etwas zählt, die einen Wert hat, statt immer nur Äußerlichkeiten zu bedienen, wie es mein Job ist.«

Daher also pfiff der Wind: Weil mein Leben ein einziges Zuckerschlecken gewesen war, sollte ich zugunsten der armen Georgia, die nie etwas hatte, ohne Murren auf Bob verzichten.

»Ja, und?« Eiseskälte lag in meiner Stimme.

»Bob bat mich, dir auszurichten, dass er auf dem Heimweg ist, von unterwegs aber noch was zum Essen mitbringt. Das nenne ich *wahre* Liebe.«

Was für eine Heuchlerin! Hätte ich es nicht besser gewusst, hätte ich fast geglaubt, dass sie mich tatsächlich beneidete. So aber war mir klar, dass er bald mit dem Essen hier sein, mir aber kaum, dass wir den Wein geöffnet hätten, sagen würde, dass er sie begleiten müsse.

Als er dann kam, sprudelte er nur so über vor Ideen für die morgige Pressekonferenz am Flughafen und fügte hinzu, er hoffe nur, dass Georgia dabei nicht so einen Riesenzirkus veranstalten würde.

»Vielleicht liegt es an mir, womöglich bringe ich das Schlimmste in ihr zum Vorschein. Aber mal im Ernst, sie ist doch wirklich ein schwieriger Fall, oder?«, meinte er.

Ich hatte nicht die geringste Ahnung, worauf er hinauswollte.

»Ich weiß, eigentlich sollten wir Mitleid mit ihr haben«, argumentierte er. »Aber sie führt so ein oberflächliches Dasein und denkt immer nur an sich selbst. Immer muss sie im Mittelpunkt stehen: Was die Leute von ihr halten, was sie anziehen soll, wie sie den Anschein erwecken könnte, sich mit afrikanischer Volkskunst auszukennen – von der sie übrigens nicht die geringste Ahnung hat. Ob sie wohl je mit einem Orden oder einem Ehrenzeichen ausgezeichnet wird? Fragen über Fragen! So etwas macht einen doch wahnsinnig! Kein Wunder, dass du mir nie von ihr erzählt hast.«

Er hatte den Wein inzwischen entkorkt, aber noch nicht verlauten lassen, ob er morgen mit ihr abreisen würde. Doch das käme sicher noch; er wollte mich erst einmal besänftigen, indem er mir erklärte, wie schwach und kraftlos sie war, viel zu schwach, um allein dorthin zu fahren.

Doch er sprach es immer noch nicht aus, und bis zum Ende der Mahlzeit redeten wir weiter über die mediale Aufmerksamkeit, die das Projekt durch sie bekommen werde, und wie traurig es doch sei, zu solchen Tricks greifen zu müssen, um gute Menschen zu guten Taten anzustiften.

Und dann sagte er auf einmal: »Den ganzen Abend über, bei dem einzig und allein ihr Ego und ihr Selbstmitleid im Mittelpunkt standen, sagte sie nur ein einziges Mal etwas wirklich Interessantes, und zwar, dass sie dich immer darum beneidet hätte, wie sicher du dir in allem warst – was du einmal werden wolltest, dass deine Familie und Freunde immer für dich da wären, in deinem Glaube, dass man die Welt verbessern könne. Sie gab zu, immer nur auf Äußerlichkeiten bedacht gewesen zu sein, und dass das nicht unbedingt die richtige Art zu leben war.«

»Das alles hat sie dir anvertraut? Sie muss wirklich eine hohe Meinung von dir haben!« Ich wunderte mich sehr.

»Nun ja, ich habe sie natürlich von Anfang an durchschaut. Ich habe sofort gesehen, dass ihr Image das Wichtigste für sie ist. Damit habe ich sie überzeugen können. Ich habe ihr nämlich klargemacht, dass ihr Stern im Sinken begriffen ist, dass sie zu abgehoben und unbeteiligt wirkt, weil sie nur noch auf der Rennbahn, bei Premieren und auf Partys zu sehen ist. Es sei an der Zeit, sich mit substanzielleren Dingen zu befassen, habe ich ihr erklärt, sie müsse sich für etwas engagieren – und sie hat es mir abgekauft.«

Er lächelte vergnügt.

»Wir kriegen jetzt viel mehr Unterstützung, es werden mehr Häuser gebaut, und generell steht unser Projekt viel besser da, aber, du meine Güte, zu welchem Preis. Komm her und drück mich, das wird mich aufmuntern.«

Als ich ihn umarmte, konnte ich über seine Schulter hinweg mein Spiegelbild erkennen. Vielleicht lag es am Licht, aber möglicherweise hatte ich ja doch schöne samtbraune, gefühlvolle Augen …

Der Nachzügler

Wenn die Kinder alt genug wären, würden sie mit ihm fortgehen, sagte sie. Wie alt ist alt genug?, hatte er wissen wollen. Alt genug, um zu verstehen, hatte sie geantwortet, doch das machte ihn sehr traurig. Sie wären niemals alt genug, um zu verstehen, dachte er, nicht einmal, wenn sie alt wie Methusalem würden. Es ist schlicht nicht zu begreifen, wenn die eigene Mutter mit dem besten Freund der Familie davonläuft. So etwas liegt außerhalb jeglicher Vorstellungskraft. Und so blieben die Dinge eine lange Zeit, wie sie waren.

Die Situation war wirklich sehr außergewöhnlich. Sommers wie winters nahm er jeden Sonntag den mittäglichen Lunch bei der Familie ein, bis auf die drei Sonntage im Jahr, die sie während der Sommerferien im Westen verbrachten. Und zwischendurch sahen sie ihn mindestens ein Mal in der Woche, entweder bei einem seiner Nachtessen, wie er sie nannte, oder sie gingen zusammen ins Theater oder in die National Concert Hall. Und im Sommer bekam er sie sogar noch öfter zu Gesicht, denn sie hatten einen Garten und er nur eine Wohnung, sodass es sich geradezu anbot für ihn, auf einen Drink vorbeizuschauen und zu bewundern, was Rita an diesem Tag wieder im Blumenbeet vollbracht hatte. Früher hatte ihn Gartenarbeit nicht sonderlich interessiert, aber dann hatte er sich ein Buch für Gartenanfänger gekauft und Rita zu ihrer größten Freude bald kluge Fragen gestellt. Meistens war er bereits da, bevor Alec aus dem Büro nach Hause kam. Es lief immer nach demselben Schema ab: Alec parkte den Wagen, sah ihn und freute sich. Manchmal verspürte Frank dabei ein schuldbewusstes

Ziehen in der Brust, aber es fiel ihm nicht schwer, dieses Gefühl im Zaum zu halten. Es hatte schließlich keinen Sinn, jemanden zu lieben, wiedergeliebt zu werden und diesem Menschen ein neues Leben in Aussicht zu stellen, wenn man alles mit Schuldgefühlen überschattete und damit zerstörte. Nein, Glück und Zufall hatten hier ihre Hand im Spiel gehabt. Alec hatte Glück gehabt und Rita aus purem Zufall vor Frank kennengelernt, sonst wäre alles anders gekommen, und er hätte Rita geheiratet. Das hatte nichts mit Treulosigkeit zu tun, reiner Zufall war das. Man musste das positiv sehen.

Selbstverständlich traf er sich mit Rita auch am Dienstag zum Mittagessen und donnerstags am Abend. Am Dienstag unternahm Rita immer ihren – wie es offiziell hieß – kleinen Streifzug durch die Geschäfte und musste, wenn sie schon unterwegs war, immer auch die eine oder andere Besorgung für zu Hause erledigen. Dieser Einkaufsbummel hatte bereits eine lange Tradition, ehe Frank einen kleinen Umweg über seine Wohnung einführte. Alles völlig harmlos und unschuldig, das perfekte Alibi, denn sollten sie jemals miteinander gesehen werden, welche Erklärung wäre natürlicher, als dass sie sich zufälligerweise getroffen hatten und in seine Wohnung gegangen waren, um die Neuerwerbungen zu bewundern? Dasselbe galt für den chaotischen Bridge-Unterricht am Donnerstagabend. Frank hatte Rita ausreichend Wissen in diesem Kartenspiel vermittelt, sodass sie nur kurz den vollkommen überfüllten Raum betreten und flüchtig ein paar Leuten, die sie kannte, zunicken musste, ehe sie gleich darauf wieder gehen konnte. Die anderen Spieler waren alle viel zu sehr damit beschäftigt, stirnrunzelnd über ihren Karten zu brüten, um zu bemerken, welchem Tisch, wenn überhaupt, Rita zugeteilt worden war. Die Angelegenheit war narrensicher, um nicht zu sagen, frustrierend, und ging nun schon seit drei Jahren so.

Manchmal, wenn Frank im Büro saß, gab er sich folgendem Tagtraum hin: Bleich im Gesicht tauchte Alec in seiner Wohnung auf und erzählte ihm, dass ihm etwas Schreckliches widerfahren sei. Er, Alec, habe sich hoffnungslos in diese Frau aus Brasilien verliebt und würde in der kommenden Woche mit ihr zusammen das Land verlassen und als Partner in eine Anwaltskanzlei im Zentrum von Rio de Janeiro eintreten. Doch, ja, er spreche ziemlich gut Portugiesisch. Der Haken an der Sache sei lediglich der, dass diese Frau von ihm verlange, jeglichen Kontakt zu seinen Kindern aufzugeben. Und nun überlege er hin und her, ob er Frank wohl bitten könne, ein Auge auf seine Familie zu haben; ob es ihm unter Umständen eventuell sogar möglich wäre, bei ihnen einzuziehen, um sich besser um sie kümmern zu können. Als krönenden Abschluss würde Alec schließlich anmerken, er habe eben erst realisiert, dass er und Rita eigentlich nie rechtmäßig verheiratet gewesen waren, da zum damaligen Zeitpunkt ein Ehehindernis vorgelegen habe.

Frank sah sich bereits in der Rolle des edlen Ritters: ein männlicher Handschlag, gegenseitige Solidaritätsbekundungen, schließlich eine diskrete Hochzeit mit Rita. Und den Kindern gegenüber in der Rolle des starken, väterlichen Freundes: Solche Dinge passieren nun mal, kein Grund, zu harsch mit eurem Vater ins Gericht zu gehen. Schreibt ihm stattdessen lieber ein Mal im Monat einen fröhlichen Brief und berichtet ihm, wie es euch so geht. Ich weiß, ich kann euch den Vater nie ersetzen, würde er sagen, aber ich bin euer Freund. Das bin ich immer gewesen.

Allmählich wird sich so etwas wie Routine einschleichen, von allen akzeptiert, und bald denkt kein Mensch mehr an jene längst vergangenen Dienstage und Donnerstage, Relikte einer kindlichen Vergangenheit. Behutsam wird sich das eine oder andere verändern. Bald würde die Art von Bildern an den Wänden hängen, die ihm und Rita gefielen, und sie würden einen Mann dafür bezahlen, dass er zwei Mal die Woche kam, um die grobe Gartenarbeit zu erledigen, damit Ritas Hände geschont wurden. Statt nach Galway zu fahren, würden sie mit dem

Auto auf der Fähre nach Frankreich übersetzen. Es würde Knoblauchbrot und Vinaigrette statt Mayonnaise geben. Und falls das Immobilienbüro ein für sie passendes Haus angeboten bekäme, würde er es eventuell kaufen und ein neues Kapitel in ihrem Leben aufschlagen. Doch das Haus war nicht wichtig, auch nicht das Essen oder der Urlaub im Ausland. Es waren die Kinder, die zählten – oder zumindest das jüngste, Eoin.

Eoin war schon immer ein ernsthafter, zarter Junge mit großen Augen gewesen. Er sah aus wie diese italienischen Kinder, die in den untertitelten Filmen aus den Fünfzigern reihenweise Herzen und Kassenrekorde brachen. Inzwischen war er neun Jahre alt und sehr einsam. Die anderen beiden waren zwei stämmige Teenager von sechzehn und siebzehn Jahren. Sie hatten keine Zeit für Eoin, der einen Großteil des Sommers im Garten bei seiner Mutter verbrachte, ab dem späten Nachmittag immer in Gesellschaft von Frank. Eoin hatte von sich aus darauf verzichtet, ihn »Onkel« zu nennen. Sein großer Bruder Jim und seine große Schwester Orla fanden das altklug, aber Frank war begeistert. Eine großartige Idee sei das, bei der Anrede käme er sich immer vor wie der Weihnachtsmann persönlich, aber wenn junge Leute ihn Frank nannten, fühle er sich gleich wieder wie ein flotter Jüngling.

Bei der Vorstellung, er könne einmal ein flotter junger Mann gewesen sein, hatten sich die beiden gebogen vor Lachen – eine in seinen Augen völlig überflüssige Reaktion –, aber von da an war er Frank, und das war viel besser. Wenn man vorhat, mit der Mutter eines Kindes davonzulaufen, ist es besser, wenn dieses Kind einen nicht Onkel nennt.

Eoin schien sich immer darüber zu freuen, wenn Frank zu Besuch kam. Dann stellte er ihm bohrende Fragen zu seiner Arbeit bei dem Auktionator. Soll das heißen, da will jemand ein Haus verkaufen und ein anderer will es kaufen, und *du* bekommst auch noch einen Anteil daran? Das ist ja genial, Frank. Irgendwie hatte Frank das Gefühl, Eoin die Arbeit eines Immobilienmaklers nur unzureichend erklärt zu haben. Aber seinem Vater erging es offensichtlich ähnlich. Alec musste gestehen, dass Eoins Rechtsverständnis der Anwaltskammer den kalten Schweiß auf die Stirn treiben würde. Rita lachte über sie beide. Sie sollten sich mal anhören, wie Eoin mit ihr redete, meinte sie. Er fand es offensichtlich sehr clever von ihr, seinen Daddy geheiratet zu haben, sodass sie jetzt nie mehr arbeiten musste.

Trotzdem waren sie alle drei vernarrt in den Jungen, und Frank und Rita genossen es immer sehr, ihn um sich zu haben, wenn sie sich im Sommer am Nachmittag trafen. Dabei flüsterten sie nie oder steckten verschwörerisch die Köpfe zusammen; sie plauderten wie enge Freunde und lachten wie gute Kumpel. Manchmal blickte Eoin von seinem Buch auf und stimmte in ihr Lachen mit ein.

Von sich selbst erzählte Eoin nicht viel. In der Schule schien er sich recht wohlzufühlen, und es gab ein paar Freunde, die ihn zu Hause besuchten, wenn auch nicht viele. Zumindest nicht genügend, um ihn zu trösten, dachte Frank; nicht genügend, um ihm eine Stütze zu sein, wenn seine Mummy fort wäre. Eoin las für sein Leben gern und wollte zwei Berufe ausüben, wenn er groß war: Er würde Kinderbücher schreiben, die von echten Kindern handelten und nicht von diesen Hampelmännern wie in so vielen Büchern, und in seinem Zweitberuf würde er Schwerverbrechern das Lesen beibringen. Höchstwahrscheinlich in Kalifornien.

Einmal erzählte er allerdings, dass sie ihn in der Schule immer ET nannten. Er klang traurig.

»Das ist wegen deiner Initialen, Eoin Treacy.«

»Nein, ich glaube, das ist wegen meiner Augen«, erwiderte er sachlich. »Als Augen sind sie ein bisschen zu groß geraten, wisst ihr«, erklärte er.

Die drei Erwachsenen, die sich ihre sommerlichen Getränke schmecken ließen, beugten sich zu ihm vor, winkten entrüstet ab und widersprachen heftig. Er lächelte und akzeptierte gnädig ihre Beteuerung, dass seine Augen von großer Schönheit wären.

»Mit diesen Augen könntest du ein Filmstar werden, ein echter Valentino.«

»Ja, aber ist das denn ein richtiger Beruf?«, wollte Eoin wissen.

Bisweilen stellte er gefährliche Fragen. Warum musste Mummy eigentlich immer am Dienstag zum Einkaufen gehen, wenn sie am Freitag ohnehin alle ihre Einkäufe im Supermarkt erledigten? Warum heiratete Frank nicht und bekam seinen eigenen Garten, wo er doch jetzt alles über das Gärtnern wusste? Warum lernte Mummy Bridge bei diesen schrecklichen Leuten in diesem Saal, wo es ihr nicht gefiel, wenn sie nie Bridge spielte? Er schien sich immer zufriedenzugeben mit ihren Antworten. Und plapperte unschuldig weiter. Selbst wenn der Junge nicht Ritas Sohn gewesen wäre, hatte Frank das Gefühl, sich stundenlang mit ihm unterhalten zu können. Er vergaß sogar oft, in welcher Beziehung sie zueinander standen, während der Junge unbekümmert weitersprach.

Es sei nicht leicht für ihn, gestand er Frank, niemanden in seinem Alter zu haben, dass er sich aber glücklich schätze, überhaupt auf der Welt zu sein. Er sei eben ein Nachzügler. Frank hatte gelacht und über die erwachsene Ausdrucksweise des Jungen geschmunzelt, der seiner Ansicht nach bestimmt nicht die geringste Ahnung hatte, was das Wort bedeutete. Doch er sollte sich täuschen. »Als Orla und Jim so sechs, sieben Jahre alt waren, da hatten Daddy und Mummy einen fürchterlichen Streit. Es hieß, entweder sie würden sich trennen oder mich bekommen.«

»So ein Unsinn!« Frank war zutiefst schockiert. Wie konnte ein neunjähriges Kind solche Dinge wissen oder zu wissen glauben. Und außerdem stritten sich Rita und Alec nie. In ihrem gesamten Eheleben hatte es zwar weder viel Liebe noch viel Frohsinn gegeben, das hatte Rita ihm anvertraut, aber viel

Streit eben auch nicht. Aus diesem Grund fiel es ihr so schwer, Alec zu verlassen.

»O doch, ehrlich.« Eoin sah ihn aus großen Augen ernsthaft an.

»Aber woher willst du das wissen, selbst wenn es stimmen sollte? Wer hat dir das erzählt?«

»Niemand hat es mir erzählt, aber manchmal vergessen die Leute glatt, dass ich da bin, und sagen in meiner Gegenwart alle möglichen Dinge.« Dabei sah er Frank unverwandt an. Ja, das stimmte. Das taten sie, Frank war sich dessen nur allzu bewusst.

»So habe ich auch das von Mummys Freund erfahren. Er war bei Daddy im Büro. Aber er ist fort, als sie sich entschieden, mich als Nachzügler zu bekommen.« Eoin war der Ansicht, nun genug erklärt zu haben, und beschloss, stattdessen lieber über das Radfahren zu reden und zu erörtern, ob man das bereits in jungen Jahren sehr gut beherrschen müsse, so wie Schwimmen, oder ob man damit auch erst später im Leben anfangen könne, so mit neun vielleicht. »Du solltest dich nicht als Nachzügler sehen«, sagte Frank. »Aber diese Sache mit dem Freund deiner Mummy – wer sollte das denn gewesen sein? Das ist doch bestimmt nur Unsinn.«

»Er hieß Stephen Sowieso. Keine Ahnung. Ich war ja noch nicht hier damals, aber das habe ich aufgeschnappt, als die Leute sich darüber unterhielten. Kannst ja Mummy fragen, oder?«, fügte er unschuldig mit fragendem Unterton hinzu, da er ganz genau wusste, wie unwahrscheinlich es war, dass Frank Mummy fragen würde.

»Wer war Stephen?«, wollte Frank am folgenden Dienstag von Rita wissen.

Sie seufzte. »Ich wusste, das Alec früher oder später auf Stephen zu sprechen käme. Er muss einen Verdacht haben.«

»Alec hegt keinerlei Verdacht. Er hat noch nie etwas gesagt.«

»Aber wie …?«

»Eoin hat es mir erzählt.«

»Mach dich nicht lächerlich.« Sie warf den Kopf in den Nacken und lachte. »Eoin war noch nicht einmal auf der Welt, als ich Stephen kannte.«

Frank schwieg.

»Nicht, dass da etwas gewesen wäre«, fügte sie hinzu.

»Nein«, sagte Frank.

»Aber wer steckt wirklich hinter diesem Klatsch? Wer hat versucht, das alles wieder aufzuwühlen?«

»Wie gesagt, es war Eoin. Aber er wollte damit nichts aufwühlen. Ich denke eher, er hat versucht, die Wogen zu glätten.«

Sie betrachtete ihn amüsiert. »Und, ist es ihm gelungen?«

»Ich denke schon, zumindest für eine Weile. Aber irgendwie scheint die Luft raus zu sein, die Spannung ist weg. Ich weiß nicht recht, auch die Romantik.«

»Ach ja, mein Lieber, Romantik ist wichtig«, neckte sie ihn sanft.

»Also«, sagte er, »gab es damals auch schon deine kleinen Streifzüge und die Bridge-Abende, um dich mit Stephen treffen zu können?«

»Nein. Nein, das lief völlig anders.«

»Gut«, sagte er.

»Wirst du mich trotzdem noch besuchen kommen?«, fragte sie.

»Eine kleine Weile schon noch«, erwiderte er.

Ein wenig später erklärte er Eoin, dass er überlege, in das Büro seiner Firma in Cork zu wechseln und Dublin für immer zu verlassen. Eoin horchte interessiert auf. »Glaubst du, dass Mummy dann noch ein Baby kriegt? Sie ist schon vierzig, weißt du. Ist das zu alt, um noch einen Nachzügler zu bekommen?«

Der Spiegel

Hätte sie das Paar bei der Besichtigung nicht sagen hören, wie wertvoll der Spiegel sei, wäre alles beim Alten geblieben. Geri wäre niemals auf die Idee gekommen, sich dafür zu entscheiden. Er war riesig, sehr altmodisch und viel zu überladen. Bevor die Auktion stattfand, sollte sich jeder von ihnen ein Möbelstück aus Tante Noras Besitz aussuchen.

Geris Schwester hatte das Klavier genommen, ihr Bruder den Schaukelstuhl, und sie hatte sich gerade für den kleinen, achteckigen Nähtisch entscheiden wollen, als sie hörte, dass der Spiegel eine Menge Geld wert sei. Geri war eine begeisterte Schnäppchenjägerin, und die anderen zogen sie deswegen immer auf. Aber das Wissen, etwas wirklich Wertvolles erworben zu haben, bereite ihr nun mal so viel aufrichtige Freude, dass ihr das sicher niemand verübeln könne, erklärte sie.

So erzählte sie niemandem von der Bemerkung, die sie mit angehört hatte, und sagte nur, dass sie sich für den Spiegel entschieden habe.

»Wir *wollen* diesen Riesenspiegel aber nicht«, sagte ihr Mann Seán.

»Warum nimmst du nicht die Badewanne mit den komischen Füßen?«, fragte ihr Sohn Shay, der achtzehn Jahre alt war und die merkwürdigsten Ideen hatte.

»Er könnte runterfallen und jemanden erschlagen«, wandte ihre Tochter ein, die sechzehnjährige Marian, die aus Prinzip gegen alles war, was ihre Mutter vorschlug.

Aber es war nun mal Geris Tante, die in das Seniorenheim zog, und somit letztendlich Geris Entscheidung. Und so wurde der riesige Spiegel aus dem Vorraum abgenommen und in ihr Haus gebracht.

Sogar Tante Nora war überrascht gewesen. »Dein Entree ist dafür aber nicht groß genug, meine Liebe«, hatte sie gesagt.

Natürlich stimmte das, aber Geri hatte den Spiegel auch nicht für den Vorraum vorgesehen: Sie wollte ihn als Prunkstück für ihr Esszimmer haben. Sie wusste genau, wo er hängen sollte, und rechts und links davon wollte sie Kerzen platzieren. Allen würden die Augen übergehen bei seinem Anblick, und nach und nach würde sie durchsickern lassen, wie wertvoll der Spiegel aus feuervergoldeter Bronze sei, wie selten, und welches Glück sie habe, in seinen Besitz gelangt zu sein.

Ihren Nachbarn Frances und James würde sie das nicht extra erklären müssen – die würden auf den ersten Blick Bescheid wissen. Und sie würden staunen. Geri konnte es kaum erwarten, dieses Paar, das lässige Eleganz und unangestrengtes Selbstvertrauen gepachtet zu haben schien, zu beeindrucken, auch wenn sie sich das selbst gegenüber nur ungern eingestand.

Geri freute sich jetzt schon auf ihre Reaktion, wenn sie den Spiegel bei der Dinnerparty entdecken würden.

»Aber *wo* willst du den Spiegel denn hinhängen, meine Liebe?«, wollte Tante Nora wissen.

Manchmal ärgerte sich Geri sehr über ihre Tante, die immer alles zu wissen und in allem recht zu haben schien.

»Ins Esszimmer«, antwortete sie und wappnete sich gegen mögliche Einwände. Eine so prompte, unverhohlene Reaktion hatte sie jedoch nicht erwartet.

»Das kann doch nicht dein Ernst sein!«, rief die alte Dame, die sich inzwischen mit einer kleinen Auswahl handverlesener Stücke in dem Seniorenheim häuslich eingerichtet hatte. Tante Nora besaß einen hervorragenden Geschmack, das war nicht zu leugnen, war aber auch sehr, sehr dogmatisch.

»Dort soll der Spiegel aber hin, Tante«, erklärte Geri mit größerem Selbstvertrauen, als sie es tatsächlich empfand.

Sie wunderte sich selbst, warum sie immer das Gefühl hatte, sich verteidigen, sogar entschuldigen zu müssen.

Geri stellte sich diese Frage oft. Sie war eine Frau von achtunddreißig Jahren und sah noch recht passabel aus. Sie arbeitete fünf Vormittage in der Woche in einem Büro, und an zwei Nachmittagen in der Woche ging sie ins Fitnessstudio. Verheiratet war sie mit Seán, einem Angestellten im öffentlichen Dienst, der sie zweifellos sehr liebte. Insofern man so etwas überhaupt wissen konnte. Sie hatte einen gutaussehenden Sohn, Shay, der irgendwann sicher zur Vernunft kommen und erkennen würde, dass er für seinen Lebensunterhalt arbeiten musste, und eine missmutige Tochter namens Marian – aber alle Mädchen dieses Alters hassten ihre Mütter. Sie besaß ein hübsches Haus und arbeitete hart daran, es in Schuss zu halten.

Geri würde Gott weiß wie weit fahren, um einen günstigen Teppich zu erstehen, den die Leute für edler hielten, als er tatsächlich war. Aber war das vielleicht ein Verbrechen? Sollte sie sich deswegen schuldig und erbärmlich fühlen? Noch dazu in Gegenwart einer ältlichen Tante?

»Warum ist das eine schlechte Idee, Tante Nora?«, fragte sie, bemüht, die Fassung zu bewahren.

»Mein liebes Mädchen, *kein Mensch* hängt sich einen Spiegel ins Esszimmer. Das solltest du doch wissen.«

Geri hatte es nicht gewusst und bezweifelte auch, dass es stimmte. Geduldig hörte sie zu, während ihre Tante vom Standpunkt einer anderen Generation aus erklärte, wie unklug es sei, den Leuten die Gelegenheit zu geben, sich im Spiegel zu betrachten. Sie würden nur ständig hineinschauen und an ihrer Frisur herumzupfen und darüber total das Interesse an einer gepflegten Unterhaltung verlieren. Und um die sollte es bei einer Dinnerparty doch eigentlich gehen.

»Das weiß doch jeder, Geri«, erklärte Tante Nora tadelnd.

Geri beschloss, die Verständnisvolle zu mimen; schließlich

hatte sie es mit einer alten Dame zu tun, die gerade erst gezwungen worden war, aus ihrem eigenen Haus auszuziehen. Also sollte sie ihr das letzte Wort lassen und Zustimmung heucheln.

»Ich bin sicher, du hast recht, Tante Nora. Ich werde eben einen anderen Platz dafür suchen müssen«, flunkerte sie besänftigend.

Tante Nora schnaubte. Sie war schon sehr lange auf dieser Welt und wusste genau, dass Geri nicht die geringste Absicht hatte, ihre Pläne zu ändern.

Zufälligerweise lief an diesem Abend im Fernsehen eine Sendung über Innenarchitektur, und dabei fiel auch die Bemerkung, dass man in einem Esszimmer niemals einen Spiegel aufhängen solle. Einen Moment lang kam Geri ins Wanken, aber sie fing sich rasch wieder. Das war doch nur ein alter Aberglaube wie der, niemals unter einer Leiter hindurchzugehen, ein altmodischer Schnickschnack wie die Armlehnenschoner auf dem Sofa.

Als der Spiegel schließlich in Geris und Seáns Haus eintraf, hängten sie ihn über dem Kaminsims auf.

»Findest du nicht, dass der Raum plötzlich viel kleiner wirkt?«, fragte Seán zögernd.

»Du hast ja keine Vorstellung, wie wertvoll der Spiegel ist«, erwiderte Geri.

»Nun, dann ist ja alles in Ordnung.« Seán machte sich nur ungern das Leben schwer.

»Mir wäre die Badewanne lieber gewesen. Die sah aus wie aus einem Horrorfilm«, meinte Shay wehmütig, während Marian im Brustton der Überzeugung erklärte: »Lasst es euch gesagt sein, der Spiegel wird mitten in der Dinnerparty von der Wand fallen.«

Doch Geri achtete nicht auf sie und traf weiterhin unbeirrt Vorbereitungen für ihre Party. Seán hatte einen jungen Mann kennengelernt, der gute Aussichten auf einen Botschafterposten hatte, und Geri bestand darauf, ihn und seine Frau einzuladen. Stundenlang malte sie sich glückselig aus, wie sie beiläufig diese Information ins Gespräch mit Frances und James einfließen lassen würde.

Dazu hatte sie zwei weitere Gäste eingeladen, eine ältere und im Grunde ziemlich nervtötende Dame, die jedoch ein Schloss besaß und an Amerikaner vermietete, und einen Herrn, der irgendetwas mit Film zu tun hatte. Ihre Gästeliste würde alle beeindrucken; dazu der neue Spiegel – Frances und James würden Augen machen.

Den Kindern wurde eine anständige Bezahlung in Aussicht gestellt, damit sie bei Tisch bedienten, und wenn später der Kaffee auf dem Tisch stand und Shay und Marian sich höflich von der Gesellschaft verabschiedet hatten, sollten diskret ein paar Scheine den Besitzer wechseln.

Zu Geris großer Enttäuschung erwähnte niemand den Spiegel, als die Gäste nacheinander das Esszimmer betraten. Sie konnte es nicht fassen. Frances und James waren bereits in ihrem Haus gewesen: Der Spiegel *musste* ihnen aufgefallen sein. Vielleicht war es blanker Neid, und sie verkniffen sich jede Bemerkung darüber. Was die jungen Möchtegern-Diplomaten betraf – sie waren bestimmt zuvor in Häusern mit Erbstücken und Antiquitäten eingeladen gewesen und erwarteten womöglich immer so viel Eleganz.

Die ältliche Schlossbesitzerin und der zukünftige Filmemacher verloren ebenfalls kein Wort.

Und so wurde die Mahlzeit serviert. Geri fiel auf, dass Frances sich ständig hinter die Ohren fasste und ihre Haare ins Gesicht zog, zweimal griff sie zu ihrem Lippenstift, und einmal sogar nach ihrer Puderdose. Sie ließ das eigene Spiegelbild nicht ein einziges Mal aus den Augen und bekam von dem, was gesagt wurde, nicht das Geringste mit.

Der Filmmensch betrachtete sich ebenfalls stirnrunzelnd, schob die Hand unters Kinn, sog die Wangen ein und brachte das Gespräch immer wieder auf Themen wie Fettabsaugung, Lasertherapie und die Ungerechtigkeit, dass es allein den Frauen vorbehalten sein sollte, hier und da ein wenig an sich herumschnipseln zu lassen.

Die betagte Schlossbesitzerin versank in immer tiefere Verzweiflung und verlangte nach einem Whiskey. Ohne Wasser.

»Ich hatte ja nicht die geringste Ahnung, wie schrecklich ich aussehe«, sagte sie gleich vier Mal zu Geri. »Ein Anblick zum Fürchten. Man sollte mich erst gar nicht mehr aus dem Haus lassen. Was für eine zutiefst deprimierende Erkenntnis.«

Der junge Diplomat konnte sich im Spiegel nicht sehen, wurde jedoch immer nervöser, als er bemerkte, dass alle, die ihm gegenübersaßen, ständig rechts und links an ihm vorbeiblickten, sodass er sich schließlich ebenfalls umdrehte, um zu sehen, was hinter ihm war. Was seine Frau wiederum veranlasste, ihm zuzuraunen, er solle besser aufhören, so nervös hin und her zu rutschen, wenn sie jemals den anvisierten Traumjob bekommen wollten.

Seán, der entspannt vor sich hin plauderte, bekam von der allgemeinen Verwirrung nichts mit. Stolz lächelte er Geri von Zeit zu Zeit zu. Sie saß wie auf glühenden Kohlen. Noch nie im Leben hatte sie eine derartige Pleite erlebt.

Vielleicht war es einfach zu dunkel im Raum, und sie sollte mehr Kerzen anzünden. Als sie aufstand, um ihr Vorhaben in die Tat umzusetzen, erblickte sie ihren Sohn Shay im Spiegel. Im Gegenzug für den exorbitanten Lohn, den sie ihm für sein gutes Benehmen bezahlte, hatte er sich in Schale geworfen und trug Hemd und Krawatte. Nun fiel ihr auf, dass er für jedes Glas Wein, das er ihren Gästen servierte, sich selbst eines einschenkte.

Sie kniff die Augen zusammen und setzte sich wieder.

»Vielleicht könntest du die Karaffen einfach auf dem Tisch stehen lassen«, schlug sie mit eisiger Stimme vor. Als eine der Kerzen zu tropfen begann, machte Geri Anstalten, sie auszutauschen. Wieder fiel ihr Blick in den Spiegel, und sie wurde Zeugin, in welche Richtung sich die – ihrem naiven Irrglauben nach – eleganteste Dinnerparty Irlands weiterentwickelte.

Dieses Mal sah sie Marian in ihrem schwarzen Rock, um einiges kürzer, als es Geri lieb war, die genau in dem Moment von dem lüsternen Filmemacher begrapscht wurde. Doch statt sich seiner Avancen zu entziehen, lächelte Marian auf eine sehr beunruhigende, wissende Weise. Abrupt setzte Geri sich wieder hin. Alles schien aus dem Ruder zu laufen.

Ihre Tante hatte recht gehabt. Man sollte sich nie einen Spiegel ins Esszimmer hängen, das endete nur in einer Katastrophe. Wieso hatte sie das nicht gleich begriffen?

Frances hatte für einen Moment aufgehört, sich selbst im Spiegel anzuschmachten, und schenkte Seán ein aufreizendes Lächeln.

»Seán, wären Sie wohl so freundlich und würden mir Wein einschenken, jetzt, da Shay seine Tätigkeit als Kellner eingestellt hat?«, bat sie. Gehorsam stand Seán auf.

Das war der Augenblick, in dem die Seidenblumen auf dem Kaminsims Feuer fingen und Geri aufsprang. Alle Blicke und alle Aufmerksamkeit waren auf sie gerichtet.

Tränen der Wut und der Beschämung standen in Geris Augen. Und während sie die Kerzen löschte und die verkohlten Seidenstängel barg, sah sie, wie Frances Seán zulächelte und ihre Hand nach der seinen ausstreckte. Geri hatte gedacht, es gäbe nichts mehr, das jetzt noch schiefgehen könnte; sie hatte geglaubt, bereits so viel Ungemach wie nur menschenmöglich in diesem schrecklichen Spiegel gesehen zu haben.

Geri blickte auf ihre breiten, robusten Hände. Sie wünschte sich, sie wären zart, schmal und weiß mit langen, pinkfarbenen Fingernägeln. Sie wünschte sich, ihre Uhr würde ebenfalls zu schwer und zu groß an ihrem zarten Handgelenk erscheinen, so wie es bei Frances der Fall war. Doch Seán, dem es inzwischen gelungen war, sich der Reichweite dieser perfekt manikürten weißen Finger zu entziehen, war an seinen Platz zurückgekehrt.

»Gut gemacht, Geri, meine kleine Feuerwehrfrau«, lobte er sie. Nicht unbedingt die Rolle, die sie an diesem Abend hatte spielen wollen, ebenso wenig die Worte, die sie sich zu hören gewünscht hätte, auch wenn er sie voller Lob und Liebe aussprach.

»Und der Spiegel hat wirklich nichts abbekommen?« Ein Versuch, sie aufzuheitern.

Bitte, lass ihn nicht damit anfangen, wie wertvoll der schreckliche Spiegel sein soll. Lass ihn bitte verstehen, dass sie ihre Meinung vollkommen geändert hatte. Es gab so vieles, das sie erst einmal verdauen musste – dass Shay trank, dass Marian mitnichten ein unschuldiges junges Mädchen war, dass die von ihr bewunderte Nachbarin Frances ein Auge auf Seán geworfen hatte, dass die anderen beiden Gäste noch immer ihr Konterfei in dem vermaledeiten Spiegel anstarrten und dass die angehenden Diplomaten mitten im schönsten Streit steckten.

»Geri hat diesen Spiegel aus dem Besitz ihrer Tante übernommen«, erklärte Seán stolz.

Geri schloss die Augen.

»Wie ausgesprochen freundlich von Ihnen«, sagte Frances herablassend.

»Geri ist die freundlichste Person auf der Welt«, sagte Seán.

Geri öffnete die Augen, stand langsam auf und stellte sich vor den Spiegel ihrer Tante, den sie morgen zu verkaufen gedachte. Sie warf einen tiefen Blick hinein und betrachtete die Trümmer dieser vermeintlich so wichtigen Dinnerparty. Die Frau, die ihr daraus entgegensah, war besser informiert und besser gegen alle Unbill des Lebens gewappnet.

So wusste sie mehr als noch vor vier Stunden. Sie wusste, dass die alte Närrin recht gehabt hatte mit ihrer Behauptung, man solle sich keinen Spiegel ins Esszimmer hängen. Sie wusste, dass man Menschen wie James und Frances nicht beeindrucken konnte, sosehr man sich auch bemühte. Dass der alte Drachen mit dem Schloss nur um sich selbst kreiste und für keinen anderen Menschen interessant war. Dass der Filmemacher ein jämmerlicher alter Lustmolch war, der Teenager befummeln musste, um sich selbst zu bestätigen, dass er noch nicht zum alten Eisen gehörte. Und dass die zukünftigen Diplomaten es weder im Auswärtigen Dienst noch als Paar weit bringen würden.

Doch nicht zuletzt wusste sie, dass Frances, die elegante Frances, die es auf Seán, ihren Seán, abgesehen hatte, ihn nie bekommen würde.

Weil Seán Geri liebte.

Geri setzte ungern eine Investition in den Sand, und vielleicht war der Spiegel tatsächlich eine schlechte Wahl gewesen. Dann würde sie eben den Nähtisch nehmen, sollte der bei Tante Noras Auktion noch keinen Abnehmer gefunden haben.

Seán half den Gästen in ihre Mäntel und verabschiedete sie mit einem Winken. Dann kehrte er zu Geri zurück, trat hinter sie, während sie unverwandt in den Spiegel blickte, und umfasste ihre Schultern.

»Der Spiegel war ein Fehler, Seán«, gab sie kleinlaut zu.

Er lächelte und drückte sein Gesicht in ihr Haar.

»Vielleicht nicht *hundertprozentig* ein Fehler«, erwiderte er und umschlang sie fester.

»Ich weiß nicht.« Sie war nicht überzeugt.

»Na, sehen wir beide nicht fabelhaft darin aus?«, meinte er. »Das ist doch das Schnäppchen des Jahrhunderts!«

Erstens kommt es anders

Es sollte ihr letztes Weihnachten als Familie werden, noch einmal alle zusammen. Nächstes Jahr wäre Sean bereits verheiratet, Kitty in Australien, und nur sie beide wären dann übrig, und natürlich Martin. Also beschloss Nora, etwas ganz Besonderes daraus zu machen – etwas, woran sich Kitty beim Dosenbier am Bondi-Beach und Sean in den Klauen seiner kleinkarierten Schwiegereltern noch lange erinnern würden. Ein winziger Teil von ihr – auf den Nora nicht gerade stolz war – hoffte sogar insgeheim, dieses Weihnachtsfest würde so wunderbar werden, dass alle für den Rest ihres Lebens mit Sehnsucht daran denken und zutiefst bereuen würden, jemals das Nest verlassen zu haben.

In den Zeitungen stand immer, es komme vor allem darauf an, die entsprechenden Vorbereitungen zu treffen: im September die Alufolie kaufen, im Oktober die Weihnachtskarten schreiben, im November die Lichter für den Baum testen, den Backofen ausprobieren und die Tiefkühltruhe abtauen. Alles sehr lobenswert, vor allem für ein Ehepaar wie Nora und Frank, das immer schrecklich viel zu tun hatte. Nora war sehr zufrieden damit, wie es voranging; sie hatte bereits den Fensterputzer bestellt, eine Packung dekorativer Knallbonbons gekauft und ein Kind aus der Nachbarschaft beauftragt, ihr tonnenweise Stechpalmenzweige und Efeu zu besorgen. Und dann erfuhr sie, dass Girlie sie zu Weihnachten besuchen würde.

Girlie war Franks Tante. Sie als exzentrisch zu bezeichnen, das war noch das Netteste, was man über sie sagen konnte. Sie mochte gegen Ende sechzig sein, womöglich älter, blieb immer vage, was solche Details betraf, aber messerscharf, wenn es darum ging, sich an Dinge zu erinnern, die man lieber vergessen hätte.

Im Prinzip hatte Girlie ihren Wohnsitz in New York, befand sich aber hauptsächlich auf Reisen um die Welt an Bord luxuriöser Kreuzfahrtschiffe. Von Orten wie Fidschi oder Bali trafen Postkarten mit erbosten Bemerkungen von ihr ein, in denen sie sich beklagte, das Essen an Bord sei entweder ungenießbar oder so fabelhaft, dass alle seit dem Auslaufen des Schiffes zwanzig Pfund zugenommen hätten. Für sie gab es nirgendwo je etwas Gutes oder Richtiges.

Trotzdem sprang Girlie – deren verstorbener Gatte ihr eine unglaublich hohe Lebensversicherung hinterlassen hatte – in ihrer Familie immer wieder mal als Retterin in der Not ein. Ihr Geld kam gerade recht, als sie es dringend für Seans und Kittys Schulgebühren brauchten. Allerdings gab es dazu auch gleich noch einen Vortrag über die verheerenden Auswirkungen des irischen Schulsystems, denen Girlie überall auf der Welt begegnete und die sie an der eigenen Nation verzweifeln ließen. Sean bekam von ihr die Anzahlung für sein Haus spendiert und Kitty ein Ticket für Australien, mit dem sie ein paar Zwischenstopps einlegen konnte, um wenigstens etwas von der Welt zu sehen, bevor sie sich an diesem gottverlassenen Fleck Erde niederließ. Girlie verabscheute Australien ebenso wie Irland und die Vereinigten Staaten und generell jedes Land, in dem sie je gewesen war.

Martin fragte sich bisweilen, ob sie ihn wohl vergessen hatte. Für ihn gab es keinen warmen Geldregen aus Girlies Richtung. Aber schließlich sei er auch erst vierzehn, trösteten ihn die anderen, da seien seine Bedürfnisse noch nicht so wichtig. Für Martin selbst waren seine Bedürfnisse allerdings äußerst wichtig. Doch er würde sein Geld keinesfalls darauf verschwenden, wie sein Bruder Sean einen hässlichen Kasten von Haus zu kaufen und eine fürchterliche Zicke wie Lucy zu heiraten;

und nie würde er wie Kitty den weiten Weg nach Australien auf sich nehmen, nur um frei zu sein. Frei konnte man überall sein, vorausgesetzt, man besaß ein gutes Fahrrad und ein Zelt und durfte im Sommer die ganze Nacht draußen bleiben. Aber Girlie hatte seine Hinweise in diese Richtung wohl nicht verstanden, obwohl er diese mehrfach und geschickt in seinen Briefen an sie platziert hatte.

Frank schäumte vor Empörung. Diese Frau erwartete immer, dass man nach ihrer Pfeife tanzte, doch dieses Mal sollte es nicht nach ihrem Kopf gehen. Wie konnte sie es wagen, sich ihnen an diesem letzten Weihnachten aufzudrängen, das sie als Familie verbrächten? Sie, die vollkommen durchgeknallte Schwester seines Vaters, die bereits vor Jahren jeden Kontakt mit der Familie abgebrochen hatte und seither nur noch mittels herrischer Postkarten und Luftpostbriefen von sich hören ließ.

»Und äußerst großzügigen Schecks«, erinnerte Nora ihn.

Frank ließ sich nicht so leicht überreden. Diese Frau mache doch nur, was sie wolle, und Zuneigung könne man sich nun mal nicht erkaufen, murmelte er trotzig vor sich hin. Aber Nora blieb unnachgiebig. Girlie habe sie nie zuvor um etwas gebeten; dieses Jahr passe es ihr eben ins Konzept, nach Irland zu kommen und Zeit mit der Familie zu verbringen. Das sei das Mindeste, was sie für sie tun könnten.

Sie könne es sich nicht nur leisten, im Shelbourne Hotel abzusteigen, sie könne das Shelbourne sogar *kaufen*, erwiderte Frank – doch das schien nicht der Punkt zu sein. Girlie wollte Mitte November kommen und vor Neujahr wieder abreisen.

Beim Rest der Familie löste die Nachricht typische Wutreaktionen aus. Kitty schnaubte, dass ihr Zimmer nicht zur Verfügung stehe. Auf keinen Fall dürfe diese alte Schachtel dort wohnen und in ihren Sachen herumschnüffeln. Ihr Zimmer sei heilig, immerhin lebe sie seit zwanzig Jahren darin. Schade nur, dachte Nora, dass Kitty dieses Zimmer anscheinend nicht schnell genug verlassen konnte, um sich in die unerforschten Weiten Australiens zu begeben, sagte aber nichts.

Und Sean jammerte, ihn zu bitten, sein Zimmer zu räumen, sei absolut unfair. Schließlich habe er wahnsinnig viel zu tun und befinde sich gerade in einer ausgesprochen wichtigen und stressigen Lebensphase. Er könne sich von dieser verrückten Tante doch nicht seinen Freiraum nehmen lassen.

Nora verkniff sich die Bemerkung, dass es für Sean schwierig wäre, Lucy in der Abstellkammer mit dem Feldbett weiterhin sooft bei sich übernachten zu lassen. Lucy blieb allerdings nie zum Frühstück, und die Familie tat immer so, als wäre sie nicht da gewesen – wodurch alle ihr Gesicht wahrten und Nora Lucys Mutter einigermaßen entspannt in die Augen sehen konnte.

»Dann muss ich wohl in den sauren Apfel beißen«, meinte Martin mürrisch.

»Du bekommst dafür auch das Fahrrad«, versprach sein Vater dankbar.

»Und darf ich dann im Sommer in den Wicklow Mountains und an einem See in Cavan campen?«, fragte Martin.

»Man wird sehen«, erwiderte seine Mutter.

»Das heißt also nein.« Martin machte sich keine Illusionen. »Was will sie eigentlich hier?«, murrte er. »Stirbt sie vielleicht bald oder was?«

Viel zu beschäftigt mit ihrem eigenen Leben, hatten sich die anderen diese Frage bisher noch nicht gestellt.

»Gott, hoffentlich nicht«, rief Frank. »Jedenfalls nicht hier.«

»Bitte nicht vor der Hochzeit«, erklärte Sean.

»Ich kann wegen ihrer Beerdigung aber auf keinen Fall den Flug nach Australien verschieben. Ich kenne sie nicht einmal«, warf Kitty ein.

»Wir wissen doch noch gar nicht, ob ihr überhaupt etwas fehlt«, sagte Nora rasch, entsetzt, dass ihre Familie die Frau bereits unter die Erde gebracht hatte, ehe sie überhaupt angekommen war. Aber insgeheim fragte sie sich doch – ohne eine

Antwort darauf zu finden –, warum diese begeisterte Anhängerin von Luxuskreuzfahrten Weihnachten in einem Vororthaus in Dublin verbringen wollte – und zwar nicht, wie üblich, vier oder fünf Tage, sondern gleich vier oder fünf *Wochen*.

Girlie wünschte nicht, vom Flughafen abgeholt zu werden, sondern hatte sich eine Limousine mit Chauffeur bestellt. Nora und Frank hätten nicht einmal gewusst, wo man eine Limousine bekommt, aber für Girlie in Amerika stellte das offensichtlich kein Problem dar.

Unterwegs hatte sie sich mit dem Fahrer über das anstehende Referendum in der Scheidungsfrage ausgetauscht und kam bestens informiert über die Argumente beider Seiten bei ihnen zu Hause an. Kaum hatte man sich begrüßt, fragte sie bereits nach, ob ihre Gastgeber mit Ja oder mit Nein stimmten. Diese betrachteten die kleine, mollige, viel zu stark geschminkte Frau, die zwischen fünfzig und achtzig Jahre alt sein konnte, und suchten vergeblich auf ihrem Gesicht mit seinen Falten und dem wasserfesten Eyeliner nach Anzeichen, auf welche Seite sie sich selbst schlagen würde. Also antworteten sie ungern, aber wahrheitsgemäß, dass es in ihrer Familie zwei zu zwei stehe: zweimal Ja und zweimal Nein. Nora war für Ja, weil sie bei ihrer Arbeit jede Menge Frauen traf, die eine zweite Chance verdienten; Frank war für Nein, weil sich seiner Ansicht nach die Gesellschaft so entwickelte, wie es die Gesetze erlaubten, und das ganze Land daher bei einem Ja in ein paar Monaten Ähnlichkeit mit Kalifornien hätte. Sean wählte Nein, weil er und Lucy sich schließlich das Jawort für den Rest ihres Lebens geben wollten und nicht nur bis zum nächsten Streit. Und Kitty war für Ja, weil sie frei sein wollte. Martin konnte sowieso erst in vier Jahren wählen.

Girlie wollte von Martin wissen, wie er sich entscheiden würde, wenn er schon wählen dürfte. Ihre ohnehin kleinen Augen verengten sich noch mehr, und er spürte, es würde Streit geben, egal, was er jetzt antwortete.

Martin war im Übrigen zutiefst deprimiert von seiner Situation: Von der winzigen Kammer, in der er jetzt schlief, während seine Sachen auf einer Kleiderstange hingen, die sie aus einem Laden geliehen hatten, und von dem Dienstplan, den seine Mutter in der Küche aufgehängt hatte, um auf alle Eventualitäten vorbereitet zu sein.

»Wenn ich nicht alt genug zum Wählen bin und im Sommer nicht im Zelt übernachten darf, bin ich auch nicht alt genug, um eine Meinung zu haben«, verkündete er und glaubte, einen Funken Respekt in ihrem Blick zu erkennen, der ganz im Gegensatz zu den wütend funkelnden Augen der übrigen Familienmitglieder stand, denen die provozierende Aufmüpfigkeit nicht entgangen war.

Als Hausgast war Girlie gleichzeitig viel einfacher und viel schwieriger, als sie es sich vorgestellt hatten. Zum einen bat sie um einen Wasserkocher und einen Toaster für ihr Zimmer und ließ sich vor dem Lunch nie blicken. Das war schon mal eine große Erleichterung. Den Wagen mit Chauffeur hatte sie behalten und machte damit Ausflüge, fand aber alles schlecht, was sie zu sehen bekam. Als sie vom Wallfahrtsort Glendalough zurückkehrte, bezeichnete sie den Gründer, den Heiligen Kevin, als total verrückt und als hoffnungslosen Fall. Wenn man aber dachte, man könne jetzt ohne Weiteres die Kirche kritisieren, lag man falsch: Alle diese bedauernswerten Priester waren Opfer einer Verschwörung; keiner von ihnen hatte je etwas Unrechtes getan, alles nur ein Komplott, um sie in Misskredit zu bringen.

Einmal war Irland armselig und rückständig, das nächste Mal eine Gesellschaft, die nur das Geld anbetete und von der EU einen Härtefallausgleich verlangte, obwohl es viel reicher war als die meisten anderen Länder. Beim Einkaufen bezeichnete sie das Shoppingcenter mal als unerträglich wegen all der Leute im Konsumrausch, beim nächsten Mal fühlte sie sich an sowjetische Mangelwirtschaft auf dem Höhepunkt des Kalten Kriegs erinnert.

»Ganz bei Verstand ist sie nicht, oder?«, fragte Frank abends im Bett flüsternd Nora.

»Auf jeden Fall widerspricht sie sich dauernd selbst«, pflichtete Nora ihm bei.

Frank hatte sich ihren Verwandten gegenüber immer anständig gezeigt, also würde sie diese übellaunige und unberechenbare Person schon ein paar wenige Wochen ertragen. Allerdings machte es das mit den Vorbereitungsmaßnahmen um einiges schwieriger. Wie konnte man mit Girlie im Haus auf irgendetwas vorbereitet sein? Letzte Nacht hatte sie den Fahrer der Limousine mit nach Hause gebracht, und die beiden hatten den gesamten Vorrat an Toffee-Röllchen verputzt, die Nora sorgfältig in einer Dose verstaut hatte.

Selbstverständlich wartete Girlie zum Ausgleich mit einer großzügigen Überraschung auf. Eines Abends, als Nora eigentlich Irish Stew servieren wollte, kam ein ganzer Schwarm chinesischer Kellner ins Haus und tischte ihnen ein üppiges Festmahl auf. Nora und Frank hatten keine Ahnung, dass es so etwas in Dublin überhaupt gab. Girlie hingegen kannte alles und konnte kaum etwas davon genießen.

Am meisten hatte Martin mit ihr zu tun, mehr als die anderen. Sean steckte ständig mit Lucy und ihrer Familie zusammen, um die Schrifttypen auf der Hochzeitseinladung zu besprechen; Kitty traf sich mit ihrer Clique, um sich mit ihnen in Manly, Randwick oder Kings Cross zu verabreden, wobei alle so taten, als würden sie Sydney wie ihre Westentasche kennen. Und Nora und Frank kamen immer erst spät von der Arbeit nach Hause.

»Was sind denn das für Listen?«, wollte Girlie einmal von Martin wissen, als sie in der Küche vor dem Dienstplan stand.

»Das ist die Einteilung, wann wer abends den Abwasch macht«, erklärte Martin.

Girlie holte sich ein Lineal und fing zu messen an. In Minutenschnelle hatte sie den zuständigen Mann beim passenden

Elektrohändler ausfindig gemacht. Was sie ihm im Einzelnen versprach oder zukommen ließ, blieb im Dunkeln, aber er schickte Handwerker vorbei, und noch am gleichen Abend war die Geschirrspülmaschine einsatzbereit.

Alle heuchelten überschwängliche Freude. Doch in Wahrheit plagten Sean nun Minderwertigkeitsgefühle, weil Lucy so begeistert von dem Gerät war, er sich aber nie eines würde leisten können. Kitty hielt sie ohnehin alle für verrückt. Wie konnte man sich nur an Besitz ketten, obwohl doch jeder Mensch frei sein sollte. Frank war traurig, weil er sich um seine Weihnachtsüberraschung gebracht sah; er hatte allerdings ein viel billigeres Modell ausgesucht, das er nun wieder abbestellen musste. Und Nora tat es leid um Frank, weil sie sein Geheimnis kannte und ihm gewünscht hätte, er könnte der Familie diese Freude machen.

Trotzdem waren alle dankbar für die nette Geste und die Schnelligkeit, mit der sie ihren Einfall in die Tat umgesetzt hatte. Fast hätten sie schon so etwas wie Sympathie für sie empfunden, bis Girlie sagte, was für eine Beruhigung es doch sei, so eine Maschine im Haus zu haben, weil man nun sicher sein konnte, dass Gläser und Tassen auch wirklich sauber waren.

Und als der Tag des Referendums kam und das Ergebnis feststand, warf sie Frank und Sean vor, es sei eben typisch Mann, in der Steinzeit zu verharren und Frauen unterdrücken zu wollen. War Girlie jedoch mit Kitty und Nora allein, bezeichnete sie die beiden als egoistisch, als die Art von Frauen, die schuld daran waren, wenn sich in Zukunft keiner mehr um den Nachwuchs kümmern wollte.

Ließ jemand verlauten, in den Medien werde zu viel Wirbel um den Staatsbesuch von Präsident Clinton veranstaltet, hielt Girlie ihm entgegen, er solle doch froh sein, wenn die guten alten USA ihrem lächerlichen Gezänk endlich ein Ende setzten. Äußerte sich aber jemand wohlwollend darüber, kam von ihrer Seite, er falle auf ganz billige Wahlkampftricks herein. Sie begann regelmäßig die Leserbriefspalte in der *Irish Times* zu lesen und schlug sich stets auf die Seite derer, deren Meinung allem Anschein nach weniger populär war.

Über sich selbst und ihren Lebensstil gab sie jedoch kaum etwas preis. Keine noch so höfliche Nachfrage nach ihrem verstorbenen, extrem vorausschauenden Gatten fruchtete.

»Er war eben ein Mann«, erwiderte sie seufzend, und die Familie – unter dem Eindruck, die Ehe sei vielleicht nicht ganz so glücklich gewesen – drang aus Taktgefühl nicht weiter in sie. Girlie ihrerseits kannte solch taktvolle Zurückhaltung nicht. Ohne jegliche Skrupel stellte sie genau die Fragen, um die sich alle anderen gedrückt hatten. So fragte sie Sean: »Deine Schwiegereltern setzen dich wegen der Hochzeit wohl sehr unter Druck, wie? Warum machst du das mit? Hast du Angst vor Lucy?«

Oder Kitty: »Du fährst doch nur deshalb ohne Rückflugticket nach Australien, weil es alle anderen auch so machen, oder? Eigentlich willst du nur für drei Monate rüber und dann wieder zurück und dir hier was suchen.«

Oder zu Nora sagte sie: »Dein Job hört sich ja fürchterlich an. Du kannst mir nicht erzählen, dass er dir Spaß macht. Du machst ihn doch nur, um die Hypothek auf dem Haus hier abbezahlen zu können, oder?«

Und zu Frank: »Du bist wirklich der Sohn deines Vaters, Frank. Er war genauso entscheidungsschwach. Eigentlich hättest du viel lieber ein kleineres Haus, bildest dir aber ein, dass die anderen an diesem Haufen Ziegelsteine hängen und du es ihnen schuldig bist. Also machst du dich verrückt mit Rechnungen und Kostenvoranschlägen. Ich durchschaue dich – vor Girlie kann man nichts verheimlichen.«

Am Freitag vor dem Fest befand sich der gesamte Haushalt dank Girlie am Rande eines Nervenzusammenbruchs. Nur Martin schien von allem unberührt.

»Warum bist du eigentlich nicht beleidigt und sauer auf mich wie alle anderen?«, fragte ihn Girlie auf dem Weg nach draußen, wo wie üblich ihre Limousine auf sie wartete.

»Du hast mich ja auch nicht so geärgert wie die anderen«, erwiderte er.

»Willst du mich auf meiner Spazierfahrt begleiten?«

»Nein, danke.«

»Wie bitte?«

»Nein, danke, Girlie. Ich gehe nicht gern einkaufen, ich habe kein Geld mehr, ich will auch nicht, dass du mir Geld gibst. Und ich werde dir auch nichts über mich erzählen, woraus du schließen kannst, was mit mir los ist, um mich hinterher genauso fertigzumachen wie die anderen.«

»Ich gehe nicht einkaufen«, erwiderte sie. »Jetzt komm schon.«

Martin stieg ein, und sie fuhren hinaus zum Wicklow-Gap-Pass. Weit weg von allem, inmitten der spektakulären Hügellandschaft, hielt der Chauffeur an und brachte ihnen weiße Leinenservietten, eine Box mit Räucherlachs-Sandwiches und eine Flasche Wein.

»Ich trinke keinen Alkohol«, sagte Martin.

»Heute schon«, meinte Girlie.

»Warum hat man dich eigentlich Girlie genannt?«

»Ich war das einzige Mädchen in einer sechsköpfigen Familie: Keiner von ihnen war besonders einfallsreich«, erwiderte sie.

»Und warum bist du so biestig zu allen? Alle strengen sich an, damit du ein schönes Weihnachtsfest hast.«

»Ich sage nur die Wahrheit. *Dir* ist das doch klar, oder?«

»Mag schon sein«, gab er zu.

»Du kannst die kleine Giftschlange Lucy doch auch nicht ausstehen, oder? Sean ist viel zu gut für sie, und Kitty ist total aufgeregt und ängstlich wegen ihrer Reise in die große weite Welt. Deine Mutter hasst ihren Job, und dein Vater kriegt Panik, weil er meint, das Haus braucht unbedingt ein neues Dach.«

»Warum gibst du ihnen dann kein Geld? Du hast doch genug.«

»Geld würde ihre Probleme nicht lösen, Geld hat noch nie ein Problem gelöst«, erklärte Girlie im Brustton der Überzeugung.

»Du hast leicht reden«, entgegnete Martin mutig.

»Nein, es stimmt doch: Wenn ich Sean Geld gäbe, würde er dieser schrecklichen kleinen Zicke nur einen noch größeren Ring schenken, und Kitty würde sich zusätzlich zum australischen Busch auch noch die Kalahari-Wüste antun müssen, obwohl sie sich eigentlich nur mit ihren Freunden in der Sonne amüsieren will. Dein Vater würde das Dach reparieren lassen und sich dann über etwas anderes Sorgen machen, und deine Mutter würde ihre Arbeitsstelle kündigen und sich tief in meiner Schuld fühlen. Sie sollen lieber selbst herausfinden, was nicht stimmt. Und wo liegt *dein* Problem, Martin?«

»Das sage ich dir nicht.«

»Warum nicht? Immerhin war ich vollkommen ehrlich zu dir.«

»Okay, aber erst musst du mir ein paar Fragen beantworten.«

»Schieß los.«

Er zögerte. Sollte er sie nach ihrem Ehemann fragen, der ihr das ganze Geld hinterlassen hatte? Oder wie viel davon noch übrig war? Sollte er nachfragen, warum sie überhaupt zu Besuch gekommen war?

»Musst du bald sterben?«, platzte er zu seiner eigenen Verwunderung heraus.

»Ja«, lautete die Antwort.

Wicklow Gap sah so paradiesisch aus wie immer. Allerdings hatte Martin die Landschaft noch nie aus einer beheizten Limousine heraus gesehen, während er Lachssandwiches speiste und Weißwein trank – und das würde auch nie wieder passieren.

»Das tut mir leid«, entschuldigte er sich.

»Ist schon gut«, erwiderte Girlie. »Sag mir lieber, was du auf dem Herzen hast.«

Er erzählte ihr, dass er nächsten Sommer fünfzehn Jahre alt wurde, man ihm aber nicht erlaubte, an Orten wie diesem in einem Zelt die Nacht unter einem Sternenhimmel zu verbringen. Sie hätten fürchterliche Angst, er könnte ermordet werden oder sich Rheuma oder so etwas holen. Girlie hörte interessiert zu, ohne etwas zu erwidern. Dann gab sie dem Chauffeur die Gläser und die Schachtel mit den Krümeln zurück, und sie fuhren ohne Umwege zu einem Geschäft in Dublin, in dem man die teuersten Zelte der Welt kaufen konnte.

»Sie werden mich umbringen dafür, dass du jetzt auf meiner Seite bist«, meinte Martin.

»Ich war schon immer auf deiner Seite«, erwiderte Girlie. Sie brauchte ihm nicht zu sagen, dass er über ihre Unterhaltung Stillschweigen bewahren sollte. Manche Dinge muss man nicht aussprechen.

Es wurde dann ein ziemlich seltsames Weihnachtsfest. Nora sagte zu Frank, dass es eigentlich für die Katz sei, sich großartig auf etwas vorzubereiten. Wenn man bedenke, wie sich dieses Jahr entwickelt habe …

So hatten sie beschlossen, das Haus zum Verkauf anzubieten, Sean und Lucy hatten ihre Hochzeit auf unbestimmte Zeit verschoben, und Kitty kündigte an, an Ostern wieder zurück aus Australien zu kommen.

Und Martin? Der hatte sich letztendlich als rettender Engel im Umgang mit dieser schrecklichen Girlie erwiesen, die ihm ein viel zu großes, teures Zelt gekauft hatte. Es mache schließlich nichts aus, wenn er sich beim Übernachten im Freien eine Lungenentzündung hole, wofür gebe es heutzutage schließlich Antibiotika? So gesehen hatte sie recht.

»Meinst du, es hat ihr bei uns gefallen?«, fragte Frank. »Sie ist schon wirklich sehr schrullig.«

»Meiner Ansicht nach hat es ihr viel zu gut gefallen«, antwortete Nora. »Wir sollten darauf vorbereitet sein, dass sie nächstes Jahr wiederkommt.«

Und Martin schaute aus dem Fenster hinaus in den Garten und sagte kein einziges Wort.

Guter Rat ist teuer

Mutter war die Älteste ihrer Familie gewesen, Tante Miriam die Jüngste. Deswegen war Miriam, die für eine Unternehmensberatung arbeitete, mehr Cousine als Tante für sie. Sara hatte immer fasziniert ihren Geschichten gelauscht, wenn sie davon erzählte, wie sie die Wurzel eines Übels hier erkannt, den Ärger dort festgemacht und an einer anderen Stelle unnötigen Ballast abgeworfen hatten. Was für ein aufregendes Leben Miriam führte, hatte Sara jedes Mal gedacht. Verglichen mit dem aller anderen in ihrer Umgebung besaß das eindeutig Starqualität. Mutter hingegen seufzte jedes Mal, wenn sie ihr von Miriam vorschwärmte.

»Sie denkt, sie weiß alles, das war schon immer ihr Problem«, höhnte sie.

Manchmal sagte sie das Miriam auch direkt ins Gesicht. »Du bist zu direkt, meine Liebe, das ist dein schwacher Punkt. Männer mögen keine Frauen, die ihre Meinung so freimütig kundtun.«

»Oh, ich denke schon, dass sie das mögen«, erwiderte Miriam.

»Na, bisher bist du uns den Beweis dafür noch schuldig geblieben.« Mutter schniefte.

»Ach, weil ich nicht *verheiratet* bin, meinst du?«

»Versteh mich nicht falsch, meine Liebe, du bist eine sehr attraktive Frau – bei Weitem die Attraktivste in unserer Familie, aber wie kommt es, dass wir anderen in deinem Alter alle längst verheiratet waren?«

»Keine Ahnung.« Miriam tat so, als dächte sie ernsthaft darüber nach. »Das ist mir auch ein Rätsel.«

Sara freute sich immer sehr, wenn Miriam zum Mittagessen kam, noch mehr, wenn sie das ganze Wochenende blieb. Sara befand sich gerade im Abiturstress, und keiner sonst schien zu verstehen, wie sich das anfühlte. Das Gefühl, zu alt zu sein für diese Art von Büffelei, die einem nur die Zeit für wichtigere Dinge raubte, wie die Disco und Simon, der Sara deutlich zu verstehen gab, dass er sie zwar mochte, aber nicht ewig warten würde.

Miriam lümmelte sich auf Saras Bett, als wäre sie siebzehn und nicht fünfundzwanzig. Sie nörgelte auch nie an Sara herum, dass sie doch fleißiger sein solle, und erkundigte sich nach Simon in völlig normalem Tonfall, statt die Augen zu verdrehen wie ihre Mutter oder heftig zu schnauben wie ihr Vater.

»Was glaubst du, warum er dich so unter Druck setzt?«, wollte Miriam wissen. »Weil er sauer auf dich ist? Oder könnte es sein, dass er andere gern schikaniert?«

Immer wieder diskutierten sie Themen wie dieses, und am Schluss stellte Sara jedes Mal die Frage: »Was denkst *du*, Miriam? Was würdest du an meiner Stelle tun?«

Miriams Antwort fiel jedes Mal sehr bestimmt aus. »Ich bin gefühlte hundert Jahre älter als du, da willst du doch sicher keinen Rat von *mir*, oder?« Doch Sara wollte ihren Rat, und er erwies sich jedes Mal als zutreffend.

In diesem ersten Jahr erklärte sie Simon, dass sie freitags gern mit ihm ausgehen würde, aber nur an diesem einen Abend in der Woche, weil sie an den anderen Abenden lernen wolle. Sie würde auch mit keinem anderen Jungen ausgehen, und er könne sich als ihr fester Freund betrachten, solange er respektierte, dass sie seinetwegen ihre Bücher nicht vernachlässigen würde.

Simon fand das absolut in Ordnung. So konnte er sich ebenfalls auf seine Arbeit in einem großen Elektromarkt konzentrieren. Als der Juli kam, war Simon innerhalb der Kette befördert worden, hatte genügend Geld für ein kleines Auto zusammengespart, und Sara hatte ein gutes Abitur abgelegt.

Simon war zwanzig und somit zwei Jahre älter als sie; mit einundzwanzig wollte er heiraten, erklärte er ihr. Dieses Mal lag Sara auf dem Bett, und Miriam saß im Sessel und hörte sich alles an. Simon hatte sich ihr gegenüber bis dato sehr anständig verhalten und alle Einschränkungen akzeptiert, die sie ihm auferlegt hatte. Er war sogar einverstanden gewesen, jegliche Diskussion darüber, mit ihr zu schlafen, auf die Zeit nach dem Abitur zu verschieben. Jetzt, da sie die Schule beendet hatte, kam er allerdings ziemlich regelmäßig auf das Thema zu sprechen, ebenso wie auf die Sache mit der Hochzeit.

»Ja, *würdest* du denn gern mit ihm schlafen?« Aus Miriams Mund hörte sich das an, als wäre das etwas, das man nach Belieben tun, aber auch lassen konnte.

»Ich weiß nicht recht.«

»Na, du musst nicht, erst wenn du dir wirklich sicher bist. Ich will damit sagen, das ist nichts, was man tut, nur weil man denkt, jemand war nett zu einem und erwartet das möglicherweise. Euer Postbote ist bestimmt auch ein netter Typ, und er findet dich sicher sehr hübsch, aber seinetwegen zermarterst du dir bestimmt nicht den Kopf, ob du mit ihm schlafen sollst oder nicht, oder?«

Bei Miriam klang alles immer beneidenswert einfach. Man traf eine Entscheidung und setzte sie in die Tat um. Laut Miriam funktionierte das nicht viel anders als in einer Unternehmensberatung. Das Wichtigste war stets, das Problem zu erkennen. Danach war es relativ einfach, es auch zu lösen.

Miriam war eine zierliche Frau mit dichtem, dunkelbraunem, glänzendem Haar, das sie zu einem Bob geschnitten trug. Miriam war der Ansicht, dass man sich in allen Belangen immer nur an die Besten halten sollte. So war sie einmal zu einem sehr teuren Friseur gegangen und hatte ihn um Rat gefragt, welche Frisur ihr wohl am besten stünde. Sie ließ sich von ihm beraten und versprach, ihn alle drei Jahr aufzusuchen. Daraufhin hatte er gelacht und gemeint, wenn alle so praktisch dächten wie Miriam, dann könne er sein Geschäft gleich zumachen. Doch er hatte Glück, denn die Welt war voller Tanten mit guten Ratschlägen, die genau wussten, was sie wollten und wie sie es bekamen.

Nach einiger Überlegung erklärte Sara Simon gegenüber, dass sie vorerst noch keine Beziehung eingehen wolle. Sie wolle sich zunächst ihrer Karriere widmen. Simon war alles andere als begeistert und hatte ihr vorgeworfen, ihn mit leeren Versprechungen hinzuhalten.

Miriam hatte es sich dieses Mal auf dem Erkerplatz gemütlich gemacht und lauschte der traurigen Geschichte.

»Ich weiß wirklich nicht, worüber er sich beschwert. Dir hat er es schließlich zu verdanken, dass er Geld auf die Seite gelegt hat, dass er befördert wurde, und außerdem durfte er jeden Freitag mit dir ausgehen. Es ist schließlich nicht so, dass du nur genommen und nichts gegeben hast. Nein, da hat er irgendwas falsch verstanden.« Bei Miriam gab es kein Wenn und Aber.

Bei ihrem nächsten Treffen mit Simon wiederholte Sara wortwörtlich, was ihre Tante gesagt hatte. Und zu ihrer Überraschung zeigte ihre Erklärung Wirkung. Das sei alles richtig, meinte Simon, er habe höchst unvernünftig reagiert. Und so einigten sie sich darauf, gute Freunde zu bleiben. Sie würden weiterhin miteinander ausgehen, wann immer sie Lust dazu hatten, sie würden nebenbei andere Freunde oder Freundinnen haben oder auch nicht, ganz wie es ihnen beliebte. Simon war fest davon überzeugt, diese schwindelerregenden Höhen höchster Reife vollkommen ohne fremdes Zutun erreicht zu haben, und an Weihnachten erklärte er Sara, dass er ein Mädchen kennengelernt habe. Und *sie* wolle ihn heiraten. Wenn es ihr also nichts ausmache … Es machte ihr nichts aus; Sara brachte Simon sogar persönlich ein Weihnachtsgeschenk für seine Verlobte vorbei.

Simons Verlobte, ein albern kicherndes, junges Ding, lobte Sara in höchsten Tönen und sprach Simons erster Liebe ihre größte Verehrung aus. »Was glaubst du? Werde ich jetzt als alte, aber von allen höchst verehrte Jungfer enden?«, wollte Sara bekümmert von Miriam wissen. »Ich will aber kein unerreichbares Idol mit hehren Prinzipien sein, ein einsames Leben führen und in Zukunft neidisch junge Liebespaare beim Händchenhalten beobachten.«

Miriam lachte schallend. »Du müsstest dich mal hören! Du – eine bildhübsche Achtzehnjährige, deren Leben gerade erst anfängt! Schau mich an, ich bin sechsundzwanzig, ich habe die eine oder andere Beziehung hinter mir, und *ich* sehe doch wahrhaftig nicht aus wie eine alte Jungfer, die prüde auf der Stange hockt und zuschaut, wie ein Liebespaar nach dem anderen an ihr vorbeizieht, oder?«

Sara konnte ihr nur zustimmen. Auch wenn Mutter fand, dass es Miriams Verhältnisse weit überstieg, mit teuren Kleidern und großartiger Frisur herumzulaufen. Sie hätte lieber eine brave Hausfrau werden sollen wie alle anderen.

Auch Weihnachten war immer viel lustiger, wenn Miriam dabei war, die nichts Spannenderes kannte, als sich geduldig ihrer aller Probleme anzuhören und eine Lösung dafür zu suchen. Sie machte sich sogar Notizen zu Vaters Firma, stellte ihm zahllose Fragen und präsentierte schließlich stolz einen Vorschlag: Der Betrieb sollte die firmeneigene Transportabteilung schließen und auf eigene Lieferwagen, die nur viel Zeit kosteten und alles andere als rentabel waren, verzichten. Stattdessen sollten sie mit einer Leasingfirma einen Vertrag abschließen. Das ließ sich gut an, und Vater war der Held der Firma.

Ähnlich lief es bei Saras Bruder Jack und den Problemen seines Vereins. In diesem Fall stellte Miriam fest, dass die Schwierigkeiten des Klubs daher rührten, dass er keine eigenen Räumlichkeiten besaß, die er hätte vermieten und somit Einnahmen erzielen können. Für seine Weitsichtigkeit wurde Jack dann zum Präsidenten gewählt.

Und auch ihre Mutter hatte sich bitter über ihre Küche beklagt. Unpraktisch sei sie, zu klein, um darin zu essen, und alles immer hinüber ins Zimmer nebenan tragen zu müssen, sei mehr als ermüdend.

Wiederum war es Miriam, die auf die Idee kam, dass ein Durchbruch in der Wand zwischen den beiden Zimmern für mehr Licht sorgen würde. Nebenbei hätten sie noch Platz für Bücher und den Plattenspieler und könnten das Essen durchreichen.

»Aber die Essensgerüche«, jammerte ihre Mutter.

»Installiert eine Lüftung«, schlug Miriam vor.

»Und wenn wir aus irgendeinem Grund mal allein im Wohnzimmer sein wollen?«, hatte Mutter eingewandt.

»Wieso? Wollt ihr auf dem Fußboden miteinander schlafen oder was?«

Als der Umbau beendet war, stellte Mutter Zimmerpflanzen und Kletterefeu auf die Regale und nahm gnädig die Komplimente ihrer Freundinnen entgegen.

Für Sara war und blieb Miriam die Tante mit den guten Ratschlägen für alle Lebenslagen: für Kleidung, Karriere, vor allem aber für das Leben und die Liebe.

Das mit der Karriere ließ sich noch relativ einfach an. Miriam empfahl Sara, sich bei einer Firma zu bewerben, die jungem Führungsnachwuchs eine Chance gab. Und bald schon hatte Sara einen ersten Fuß auf die Karriereleiter gesetzt und sich bestens eingearbeitet.

Als Sara einundzwanzig Jahre alt wurde, malte Miriam ihr aus, welche Vorteile es ihr brächte, wenn sie eine Hypothek aufnehmen und sich eine kleine Wohnung kaufen würde. Sie wolle doch bestimmt nicht für immer und ewig zu Hause bei ihren Eltern leben.

»Da ich keusch wie eine Nonne lebe, kann ich genauso gut daheim bleiben«, hatte Sara gejammert.

Miriam war inzwischen neunundzwanzig Jahre alt, eine elegante Erscheinung mit einem Schopf rabenschwarzer Locken, und sah smarter aus denn je.

»Das hört sich für mich so an, als wärst du allmählich bereit für eine Beziehung«, stellte die Tante mit den guten Ratschlägen fest.

»Dann such mir jemanden, Miriam«, bat Sara in gespielter Hilflosigkeit.

»Nein, ganz sicher werde ich das nicht tun. Aber irgendjemand wird dir schon über den Weg laufen, während du bei den Banken um Darlehen nachfragst und dir eine Wohnung suchst. Auf jeden Fall ist das klüger, als sich auf irgendwelche Arbeitskollegen einzulassen.« Miriams dunkle Augen funkelten nostalgisch. Sara konnte nur zustimmen.

Mit Miriams Hilfe fand sie schließlich die ideale Wohnung, die passende Hypothek, die geeigneten Möbel, einen arbeitslosen Kunststudenten, der ihr die Räume strich, und Peter. Peter war der Notar, der den Kaufvertrag verbriefte, um die dreißig, blond, sehr attraktiv und sehr bindungsunwillig. Sara verliebte sich hoffnungslos in ihn.

Und hoffnungslos war die ganze Angelegenheit, wie sie Miriam während des ersten Weihnachtsfestes nach ihrem Auszug von zu Hause erklärte. Es bestand nicht die geringste Aussicht, dass der eingefleischte Junggeselle Peter den ersten Schritt tun würde; dafür hing er viel zu sehr an seiner Unabhängigkeit.

Sie feierten wieder in Saras Elternhaus, denn wie Miriam Sara erklärt hatte, hätte ihre Mutter ohne Aussicht auf ein Weihnachtsfest im Familienkreis nichts gehabt, worüber sie sich den ganzen Herbst über Gedanken machen konnte. Und so saßen die beiden wie üblich in Saras altem Zimmer beieinander und lösten die Probleme der Welt.

»Das Problem kannst selbst du nicht lösen«, begann Sara traurig. »Du wirst ihn nicht dazu bringen, mich für immer zu lieben und zu begehren.«

»Und ob ich das kann!«, rief Miriam, und ihre Augen funkelten kampfeslustig. Eine aufregendere Schlacht hatte sie noch nie geschlagen. Doch dafür musste Sara sich exakt an ihre Anweisungen halten. Sonst würden sie scheitern.

Die Verführung war für den Silvesterabend geplant; Sara sollte ihn zu der schicken Party ihrer Freundin einladen.

»Welcher Freundin?«, fragte Sara unschuldig.

»Deiner Freundin Miriam, du Dummerchen«, erwiderte Miriam.

Jeder Gast auf ihrer Liste war handverlesen, damit Peter sich wohlfühlte. Doch dann sprang sein Wagen nicht an. Miriam war auch in technischen Dingen sehr versiert. Also mussten Peter und Sara bei ihr übernachten, denn wer würde an Silvester schon eine offene Autowerkstatt oder ein freies Taxi auftreiben? Miriams Haus war groß, und sie hatte für den Abend extra einen Kellner engagiert, damit es nicht aussah wie in einem Schweinestall, wenn sie am nächsten Morgen aufwachten.

Sie selbst, so war der Plan, würde sich diskret zurückziehen und einen Zettel mit dem Hinweis auf Orangensaft und Champagner im Kühlschrank zurücklassen.

Alles klappte wie am Schnürchen, genau so, wie Miriam vorhergesagt hatte.

Peter hatte nicht lange um den heißen Brei herumgeredet. Er hoffe, die Situation nicht ausgenutzt zu haben, wolle aber auf keinen Fall eine dauerhafte Bindung eingehen. Sie nickte zustimmend. Eine Beziehung sei absolut das Letzte, was sie im Sinn habe.

Den Winter verbrachten sie mit gegenseitigen Besuchen in ihren Wohnungen.

Miriam brachte Sara bei, Peter ohne mütterliches Getue, das jeden Junggesellen für gewöhnlich aus dem Haus trieb, mit Feinschmeckermenüs zu verwöhnen.

Und so übernahm Sara unter Miriams detaillierter Anleitung nach und nach die Regie über Peters Leben, ohne dass es nach außen hin so erschienen wäre.

Seine Wäsche war in der letzten Zeit makellos gepflegt, nicht etwa deshalb, weil Sara für ihn gewaschen hätte, nein, bei so viel Häuslichkeit hätte Miriam einen Tobsuchtsanfall bekommen. Sara hatte vielmehr mit einer Wäscherei die Abmachung getroffen, seine Wäsche zu bestimmten Zeiten abzuholen und wieder zu liefern und Peter ein Mal im Monat die Rechnung zu schicken.

Der Wäschereidienst kam allerdings nur, wenn Sara im Land war, denn Peter fühlte sich nicht in der Lage, das zu organisieren. So freute er sich jedes Mal sehr, wenn Sara von ihren Geschäftsreisen zurückkam.

Miriam machte zudem den Vorschlag, dass Sara sich um Peters soziale Kontakte kümmern solle, der, wie viele Männer, zwar höchst erfolgreich in seinem Beruf war, jedoch vollkommen unfähig, mit seiner Freizeit etwas Sinnvolles anzufangen.

Und wieder begann Sara unter Miriams genauester Anleitung, kleinere Einladungen zu arrangieren, Theaterbesuche zu organisieren, Picknicks zu planen …

Als es Herbst wurde, konnte Peter nicht mehr ohne sie leben. Und das sagte er ihr auch.

Miriam hatte ihr geraten, es ihm nicht zu leicht zu machen und stattdessen so zu tun, als wolle sie sich nicht binden.

»Aber dann verliere ich ihn ja!«, jammerte Sara.

»Nein, das wirst du nicht, er wird dich nur umso mehr begehren. Glaube mir, ich habe mich umgesehen auf dem Markt, und ich weiß, was da draußen alles herumläuft.«

Sie hatte recht.

Zu Weihnachten kaufte Peter einen Ring, mit dem er bei ihrem Vater um ihre Hand anhalten wollte. Der Mann, der noch vor einem Jahr nicht müde geworden war, zu betonen, dass er sich auf keinen Fall binden wolle.

Sara kam das plötzlich viel zu einfach vor.

Und deshalb besprach sie sich um die Weihnachtszeit herum wieder einmal mit Miriam in ihrem alten Zimmer.

Miriam war inzwischen dreißig Jahre alt, eine umwerfende Erscheinung, unvorstellbar, dass sie jemals noch besser würde aussehen können.

Mitfühlend lauschte sie Saras Worten.

»Ich glaube«, sagte sie schließlich, »dass du ihm über den Kopf gewachsen bist.«

Genau das war es. Es war zu einfach gewesen – und auch ein wenig unbefriedigend –, einen Mann mit Spielchen zu erobern.

Das hatte nichts mit Liebe, Vertrauen und dem Wunsch zu tun, sein Leben miteinander zu teilen.

Sara war sehr niedergeschlagen.

»Es könnte aber auch heißen, dass er nicht der Richtige für dich ist. Was soll's, es gibt noch andere«, fügte Miriam hinzu.

Sara überlegte. »Ist dir das passiert, Miriam? Dass du am Ende keinen von ihnen mehr haben wolltest, weil sie eine zu leichte Beute für dich waren?«

»Nein, so sehe ich das nicht. Wäre er der Richtige, wäre es vollkommen egal, wie du ihn erobert hast«, erwiderte Miriam.

Peter war wie vor den Kopf gestoßen.

Wie sollte Sara ihm das erklären? Jeder Versuch geriet ihr noch unbefriedigender als der vorherige.

Sie trennten sich in aller Freundschaft.

»Du bist zu ehrgeizig, du denkst nur an deine Arbeit«, hatte er bei ihrem letzten gemeinsamen Abendessen zu ihr gesagt. Die Trennung war sehr zivilisiert verlaufen; sie hatte ihm alle Schallplatten und Bücher, die ihm gehörten, zurückgebracht, außerdem zwei dicke Pullover und einen Wecker, der »Land of Hope and Glory« spielte. Ihre eigenen Sachen, die sie ohne große Emotionen zusammengepackt hatte, waren bereits im Kofferraum ihres Wagens verstaut.

An dem Abend stellte sie fest, dass er nicht einmal die Ge-schirrspülmaschine bedienen konnte, die zu kaufen sie ihm geraten hatte, aber sie verhärtete ihr Herz. Er würde es lernen; es gab eine Betriebsanleitung

»Ich denke nicht nur an meine Arbeit«, widersprach sie und betrachtete sein weiches, blondes Haar und sein freundliches Gesicht. Er wäre ihren Kindern ein guter Vater geworden. Doch sie hatte ihn zu leicht erobert. Ebenso leicht hätte sie ihn auch betrügen können.

»Aber ich werde mich in Zukunft stärker auf meine Arbeit konzentrieren«, fügte sie nach einer Weile hinzu. »Die nächsten zwei, drei Jahre wird in meinem Kopf wenig Platz für andere Dinge sein.«

Miriam musste ihr kaum dabei helfen, weiterhin die Karriereleiter in ihrer Firma zu erklimmen.

Inzwischen hatte Sara alles über Power Dressing gelernt und dass sie als Frau niemals und unter keinen Umständen jemals bei einem Meeting Kaffee einschenken oder gar die Tassen wegräumen sollte.

Im Alter von fünfundzwanzig Jahren war Sara eine Frau, mit der zu rechnen war.

Miriam, inzwischen dreiunddreißig, sah einfach nur überwältigend aus. Ihr Haar trug sie mittlerweile strahlend rot gefärbt.

Man hatte ihr die volle Partnerschaft und eine Stelle in der Geschäftsführung ihrer Firma übertragen. Zeitungsartikel waren über sie erschienen, und man hatte sie für die Sonntagsbeilagen interviewt.

Sara lernte Miriams Partner Robert bei der Weihnachtsfeier in ihrem Büro kennen. Die Partys in Miriams Büro waren legendär: Es gab keine Pappbecher, kein wodkatrunkenes Gefummel, und obwohl das Fest bereits Monate im Voraus minutiös geplant worden war, verlief alles locker und zwanglos.

Zum Räucherlachs mit Rührei gab es leckeres Schwarzbrot. Und damit schien man den Geschmack aller Anwesenden genau getroffen zu haben.

»Ist Miriam nicht fantastisch?«, fragte Sara, an Robert gewandt. Und noch während sie redete, spürte sie, wie in ihr etwas Außergewöhnliches geschah, irgendwo in ihrer Brust, in der Nähe ihres Herzens. Sie hatte das Gefühl, irgendetwas würde reißen wie ein Reißverschluss, der plötzlich aufging, oder ein Riemen, der riss, und obwohl sie den Atem anhielt, wollte das Gefühl nicht vergehen.

Als sie in die dunkelblauen Augen von Robert Gray blickte, Seniorpartner und Geschäftsführer von Miriams Firma, wusste sie, dass sie sich unsterblich verliebt hatte.

An Weihnachten vertraute sie sich Miriam an.

»Und seine Frau?«, fragte Sara bebend.

»Was ist mit ihr?«, fragte Miriam.

»Ist sie … ich meine, ich will nicht … Vielleicht ist sie ganz schrecklich und liebt ihn nicht. Vielleicht?«

Flehend sah sie Miriam an.

Miriam schüttelte den Kopf. »Es ist nichts dadurch gewonnen, dass man sich weigert, den Tatsachen ins Gesicht zu sehen. Susie ist in jeder Hinsicht eine reizende Frau, charmant, humorvoll, gesellig, eine hingebungsvolle Mutter und Ehefrau, und sie betet Robert an.«

»Tja, das war's dann wohl«, sagte Sara, der Tränen der Wut und des Schocks in die Augen stiegen.

»Nicht unbedingt«, erwiderte Miriam. Und so setzten sie sich zusammen und besprachen die Angelegenheit, wie sie es zuvor so viele Male in diesem Zimmer getan hatten, während von unten gedämpft die Klänge der Weihnachtslieder aus dem Plattenspieler zu ihnen heraufdrangen.

Die nächsten drei Monate waren sie vollauf beschäftigt. Die meisten Aktivitäten widerstrebten Sara sehr. So wie der Besuch bei Robert und Susie zu Hause. Als Susie sie bat, ihren Mantel im Schlafzimmer abzulegen, und als ihr Blick dabei auf das breite Bett mit der Patchworkdecke und die hübschen Vorhänge fiel, drehte es ihr fast den Magen um. Am Ende dieses

Jahres würde es in diesem Zimmer anders aussehen. Ob Susie Gray dann wohl hier sitzen und sich fragen würde, wo sie einen Fehler gemacht hatte und warum alles so gekommen war?

Doch Miriam hatte ihr immer gepredigt, dass man nichts anfangen solle ohne die Absicht, die Sache bis zum Ende auch wirklich durchzuziehen.

Sara hatte zunächst noch gezögert, vor allem nach dem Besuch bei den beiden zu Hause.

»Nun, du musst dich entscheiden«, sagte Miriam schroff. »Lautet deine Antwort Nein, dann lassen wir die Sache fallen und suchen dir einen anderen. Oder du kaufst dir einen Wellensittich und fängst zu stricken an. Aber wenn du ihn willst, dann holen wir ihn uns.«

Drei Monate, nachdem sie Robert Gray bei der Weihnachtsfeier im Büro kennengelernt hatte, saß Sara mit ihm in einem kleinen romantischen Restaurant. Zuvor hatten sie einander selbstverständlich ein paar Mal im Büro und bei Geschäftsessen getroffen, unter jeweils immer wieder neuen Vorwänden, die Miriam sich hatte einfallen lassen. Doch irgendwann stellte es sich als nötig heraus, mal ein wenig länger und auch ungestörter über eine Angelegenheit, die Firma betreffend, miteinander zu sprechen.

»Ich würde Sie ja gern zu mir nach Hause einladen, aber dort wimmelt es von Kindern und Müttern«, meinte er lächelnd.

»Ich würde Sie ebenfalls zu mir einladen, aber ich fürchte, das könnte man missverstehen. Besser an einem neutralen Ort wie in einem Restaurant«, hatte Sara erwidert und, wiederum mit Miriams Hilfe, den bezauberndsten Ort der Welt mit ruhigen Tischen, üppigem Blumenschmuck und leiser Musik gefunden.

Als der Sommer kam, waren sie ein Liebespaar.

Im Herbst gestand er ihr, nicht mehr ohne sie leben zu können, doch er könne seine Frau auf keinen Fall verlassen. Miriams Anweisungen im Ohr, entgegnete Sara, dass er Susie und die Kinder unmöglich verlassen dürfe. Sie zwang sich, auf Geschäftsreisen zu gehen, allein in Urlaub zu fahren und eine Woche Auszeit auf einer Schönheitsfarm zu nehmen. Das alles wirkte wahre Wunder. Als es Winter wurde, begehrte er sie so verzweifelt, dass er ihr erklärte, zu allem bereit zu sein.

Miriam riet ihr, an Neujahr eine Entscheidung von ihm zu fordern: entweder Susie oder sie.

»Es ist so schwer, einen Menschen zu verletzen, der so lieb und vertrauensselig ist.« Sara verspürte noch immer Schuldgefühle.

»Was machen wir denn im Geschäftsleben anderes, als Tag für Tag die Leute auszunutzen, die vertrauensseliger und schlichter im Gemüt sind als wir? Wo wären wir heute, wenn wir uns da jedes Mal Gedanken machen würden?«

Das war eine Tatsache.

An Weihnachten saßen sie wieder in Saras altem Zimmer. Miriam schien vor Aufregung völlig aus dem Häuschen zu sein.

»Du hattest vollkommen recht – keine Anrufe, keine Briefe, nichts. Das wird die ultimative Bewährungsprobe für ihn. Dann weiß er, dass er mit dir keine Spielchen spielen kann.«

»Bist du *sicher*, Miriam? Mir kommt das unglaublich kaltschnäuzig vor, die ganze Weihnachtszeit über nicht mit ihm zu reden, vor allem jetzt, da wir wissen, dass er kurz davor steht, sie zu verlassen.«

»Das ist *absolut* der richtige Weg und wird ihn in seiner Entscheidung nur noch bestärken«, erklärte Miriam. Ihre Augen funkelten wie im Fieber. Allmählich fragte Sara sich, ob das Interesse ihrer Tante, das Leben anderer Leute zu manipulieren, wirklich so gesund war.

Aber sie hielt durch: keine Anrufe, keine Briefe. Kurz vor Neujahr kehrte sie in ihre komfortable Wohnung zurück. Sie rechnete mit Briefen von ihm, mit Blumen. Mit besorgten Nachrichten auf ihrem Anrufbeantworter. Doch da war nichts.

Saras Herz schlug schneller. Sie griff zum Telefon, um Miriam anzurufen. Ihre Tante meldete sich nicht. Heute arbeitete niemand. Wo konnte Miriam nur stecken? Sie rief bei Robert zu Hause an, um wenigstens seine Stimme zu hören. Susie ging ans Telefon, ihr Stimme klang belegt, als wäre sie erkältet oder hätte geweint. Sara legte rasch auf.

Also fuhr sie zu Miriams Wohnung, die einen verwaisten Eindruck machte. Seltsam. Miriam war erst gestern wieder hierher zurückgekommen, sie hätte da sein müssen. Sara klingelte bei Miriams Nachbarn, einem freundlichen älteren Herrn, der oft Pakete für Miriam entgegennahm, wenn sie nicht zu Hause war.

»Sie ist in den Süden geflogen. Für drei Wochen. Oh, sie hat wirklich Glück, unsere Miriam.«

In den *Süden*. Sara konnte es nicht fassen.

»Und ein netter Mann hat sie abgeholt. Ich habe ihn schon mal bei ihr gesehen, aber ich dachte, er ist nur ein Geschäftspartner.«

Wieder wählte Sara Susies Nummer. Sie war nicht erkältet, sie hatte geweint. Sara fuhr zu ihr. Wie ein Blitz aus heiterem Himmel sei das über sie gekommen, schluchzte Susie.

Sara fuhr zu ihrem Büro und öffnete die Tür mit ihrem Generalschlüssel. Wie erwartet, waren die Nachrichten hier eingegangen.

Er könne es nicht glauben, schrieb Robert, wie kalt sie gewesen sei, wie lieblos und abweisend genau in dem Moment, in dem er bereit gewesen war, ihretwegen seine Ehe zu zerstören, sie bereits zerstört hatte, nur um dann mit diesem hartherzigen und unerklärlichen Schweigen ihrerseits bestraft zu werden. Jetzt würde er ein neues Leben anfangen, doch zuerst wolle er Urlaub machen. Er hatte Tickets für die Karibik besorgt. Er bedauere es sehr, wie sich die Dinge entwickelt hatten, und er würde immer an die guten Zeiten zurückdenken.

Die Nachricht von ihrer Tante war kürzer. Eine Mitteilung

wie die ihre hätte jederzeit auch vor Gericht verlesen werden können, ohne nur das Geringste auszusagen. Im Geschäftsleben, stand da, müsse man immer diejenigen ausnützen, die vertrauensseliger und schlichter gestrickt seien als man selbst. Und wenn man nicht bereit sei, eine Sache bis zum Ende durchzuziehen, habe es auch keinen Sinn, damit anzufangen.

PS: Mit den besten Wünschen für das neue Jahr an Sara.

Klare Worte

Als Beth Larry kennenlernte, hatte er ein Foto von Frau und Kindern auf seinem Schreibtisch stehen. Ein sehr gestelltes Bild: das strahlende Lächeln der blonden Gattin, die gesmokten Kleidchen der Kleinen.

Ein echtes Vorzeigefoto, dachte sie, wenn ab und zu ihr Blick darauf fiel.

Und während die Jahre vergingen und Beth nicht länger Larrys Sekretärin, sondern seine persönliche Assistentin war, veränderte sich auch das Bild. Die Kinder waren nun um die sieben, acht Jahre alt, mit akkurat geschnittenem Haar und teurer Freizeitkleidung. Sie hatten die Arme um ihre Mummy gelegt, die noch ebenso strahlend lächelte und ebenso faltenfrei aussah wie früher.

Interessant, dass das Lächeln noch immer das gleiche war.

Doch worüber sollte man sich auch Sorgen machen, außer, das Geld wieder auszugeben, das Larry verdiente und das sich in zunehmendem Maße vermehrte?

Als Beth und ihr langjähriger Freund Martin sich getrennt hatten, hatte das Foto abermals eine Veränderung erfahren.

Dieses Mal nur die Mädchen.

Keine Gattin.

Niemand äußerte sich dazu. Beth leitete nun ihre eigene Abteilung in dem Reisebüro und war niemandem mehr als Assistentin unterstellt. Sie verzichtete jedoch darauf, ihre Pausen mit ihren jungen Kolleginnen zu verbringen, die eventuell hämische Bemerkungen über das Verschwinden von Larrys Frau gemacht hätten.

Schon seltsam, dass sie ihn nicht einfach selbst danach fragen konnte.

Immerhin saßen sie fast jeden Abend auf einen Drink zusammen.

Aber sie hatte ihm auch nie etwas von Martin erzählt, von dem ewigen Hin und Her, den endlosen Diskussionen und Streitereien darüber, Kinder in die Welt zu setzen oder nicht, sich endlich fest zu binden oder nicht. Auch nicht von den sonntagmorgendlichen Mußestunden im Bett oder von seiner weniger angenehmen Angewohnheit, sich auszuziehen, seine Sachen überall herumliegen und volle Aschenbecher in jeder Ecke herumstehen zu lassen.

Beth und Larry redeten über das Geschäft und wie man es verbessern konnte. Sie sprachen über die Konkurrenz, über neue Reiseziele, unzuverlässige Fluggesellschaften, über die Oper und teure Eintrittspreise, über Fußball und Blumenschmuck. Jeden Monat veranstaltete die Firma nämlich einen Wettbewerb, wer die beste Schaufenstergestaltung auf die Beine stellen konnte. Man hatte schon öfter in der Zeitung über sie berichtet – ein Reisebüro mit richtig fröhlich wirkenden Schaufenstern.

Über ihren Martin, der sich aus ihrem Leben verabschiedet hatte, und über seine Jane, die aus dem Fotorahmen verschwunden war, sprachen sie nie.

Die Leute behaupteten immer, Beth und Larry seien seit Jahren ein Paar, schon seit sie in diesem Büro zu arbeiten angefangen hatte.

Hatte sie ihn nicht immer angeschmachtet, und war es nicht seltsam, wie schnell sie aufgestiegen war? Man brauchte nur eins und eins zusammenzuzählen.

Aber es stimmte nicht. Nie hatte Beth ihn in diesem Licht gesehen, jedenfalls nicht, bis sie das mit Jane erfuhr.

Deshalb war sie vollkommen unschuldig. Sie hatte bei der Trennung keine Rolle gespielt und keinen Grund, etwas zu verheimlichen.

Allerdings wussten das nur Beth und Larry.

Eines Tages eröffnete ihm Jane, dass sie seine Büroaffären leid sei, sein schäbiges Verhalten und die Art, wie er sie einfach ignorierte. Sie wolle die Scheidung und würde alles tun, damit er seine Töchter so wenig wie möglich zu sehen bekäme.

Larry schwor Stein und Bein, dass außer ein paar idiotischen Ausrutschern auf Tagungen oder Auslandsreisen nie etwas gewesen sei, doch er habe keine Affäre und nichts, das der Rede wert sei. Ihr könne man nicht so leicht etwas vormachen, widersprach Jane, schließlich käme er fast nie vor neun Uhr abends nach Hause. Doch nur deswegen, konterte Larry, weil sie unbedingt weit draußen in Sussex wohnen wollte, sodass er unmöglich früher zu Hause sein konnte. Aber irgendwie wussten beide, dass es aus war.

Wenig später erfuhr Larry, dass Jane einen neuen Freund hatte, einen Mann, der einen Country-Klub leitete, Tennis spielte und gern in Gesellschaft war.

Sobald Jane frei wäre, würden sie heiraten.

Beth wusste nichts von alledem, jedenfalls sehr lange nicht.

Sie wusste nur, dass Larry jeden Abend den Vorschlag machte, auf zwei Drinks zu gehen, und manchmal auch zum Abendessen. Allerdings zog sie keinerlei Schlüsse daraus, weil alles immer sehr geschäftsmäßig ablief und sich auf die Arbeit oder ein anderes ihrer Gesprächsthemen bezog.

Nachdem das drei Wochen so gelaufen war, fragte sie ohne jeden Hintergedanken: »Ist Jane momentan nicht da?«

»Nein, wenn du so fragst, dann bin ich es, der nicht da ist.«

»Oh.«

Sie sahen einander mit demselben Gefühl von Solidarität an, das in Notsituationen schon immer zwischen ihnen bestanden hatte. So wie damals, als in sämtlichen Broschüren die Preise der vergangenen Saison abgedruckt gewesen waren. Oder als dem kirchlichen Würdenträger, der das neue Gebäude eröffnen wollte, von Wachleuten der Zutritt verweigert worden war.

»Ja«, sagte Larry.

»Für immer oder nur für eine Weile?«, fragte Beth.

»Für immer, glaube ich.«

»Wir werden das überleben – wie immer.« Es hörte sich an, als ginge es um die Firma, aber ihre Worte hatten eine andere Bedeutung.

»Du und ich, wir werden immer Freunde bleiben«, sagte er.

»Ich weiß.« Sie hatte einen Kloß im Hals, und als sie ihn ansah, wurde ihr klar, wie wichtig ihr diese Freundschaft war. Larry war ein enger Freund und ein guter Mensch. Sie stellte ihm keine weiteren Fragen nach Jane, sondern lenkte das Gespräch auf andere Themen: auf Fußball, und ob sie noch mehr Fleißige Lieschen in den Korb an der Tür pflanzen sollten. Es gab kaum etwas Schöneres, wenn man sie dicht nebeneinandersetzte. Dann sprachen sie über ihre Werbekampagne im Herbst und verabschiedeten sich vor dem Restaurant.

Beth hatte ihn nicht gefragt, wo er jetzt wohnte, und er hatte es ihr nicht gesagt.

Sechs Wochen später gingen Larry und Beth nach der Arbeit zusammen in seine Wohnung, die er sich in der Nähe des Reisebüros gemietet hatte, und er kochte für sie.

Nach dem Essen meinte er, es sei doch schade, so weit nach Hause zu fahren, da sie am nächsten Morgen gleich in der Arbeit wären, und Beth erwiderte, sie habe für alle Fälle Kleidung zum Wechseln dabei.

Danach ging alles sehr schnell, und sie konnten es nicht fassen, dass das alles nicht schon viel früher passiert war.

Und er erzählte ihr von den beiden großen Lieben seines Lebens: seine Töchter Lara und Katie, fünfzehn und vierzehn Jahre alt.

»Sie werden dich vergöttern«, meinte Larry.

»Sie werden mich hassen«, erwiderte Beth.

Er konnte es nicht verstehen: Warum sollten sie Beth hassen? Sie hatte schließlich nichts mit seiner Trennung von ihrer

Mutter zu tun. Die hatte immerhin einen neuen Freund, und die Eltern liebten ihre Töchter nach wie vor.

Aber Beth hatte nicht Karriere in der Reisebranche gemacht, ohne ein wenig Lebenserfahrung gesammelt zu haben.

»Wir müssen uns ja jetzt noch keine Sorgen um Laras und Katies Gefühle für mich machen«, sagte sie. »Du musst deine eigene Beziehung zu ihnen aufbauen und darfst ihnen nie das Gefühl geben, du hättest sie vergessen. Das muss an oberster Stelle stehen.«

In den folgenden Monaten gab Beth sich die allergrößte Mühe, den Kontakt zwischen Larry und seinen Töchtern nicht abreißen zu lassen.

Immer wieder fiel ihr etwas Neues ein, was sie unternehmen, wo sie hingehen konnten, und sie machte Larry sogar den Vorschlag, die beiden zu sich in die Wohnung einzuladen und sich von ihnen bekochen zu lassen. Sorgfältig tilgte sie alle Spuren ihrer Anwesenheit und bestand darauf, ihre Sachen in ihrer eigenen Wohnung aufzubewahren, falls die beiden unverhofft vorbeikämen.

Die Zeit war noch nicht reif.

Sie besorgte alle Zutaten für ein einfaches Gericht, zeigte Larry, wie man es zubereitete, und er überließ die Küche seinen Töchtern.

Sie fanden es wunderbar, ihren Dad zu bekochen, berichtete er ihr.

Beth regte auch an, er solle die beiden ein Hemd für ihn aussuchen oder sich von ihnen zum Friseur begleiten lassen. Auf diese Weise würden sie weiterhin an seinem Leben teilhaben.

Es funktionierte bestens, und weil sie wusste, dass sie in der Wohnung nach Spuren einer anderen Frau suchen würden, achtete sie peinlich genau darauf, keine zu hinterlassen. Larry meinte, er habe sich noch nie so gut mit seinen Töchtern verstanden – sogar in die Ferien wollten sie mit ihm fahren.

Er würde sie nach Griechenland mitnehmen.

»Warum willst du denn nicht mitkommen?«, bat er Beth.

»Glaube mir bitte, Larry, es ist noch zu früh.«

»Aber irgendwann werden sie es erfahren müssen. Wir werden schließlich heiraten, nicht wahr?«

»Ja, sicher, aber später. Lass sie erst einmal spüren, dass du ihnen gehörst, dann werden sie es dir nicht übel nehmen, dich teilen zu müssen.«

Er murrte ein wenig, war aber einverstanden. Ohne ihn wurde die Woche sehr lang, und Beth arbeitete ununterbrochen, wenn sie nicht gerade schlief. Auf keinen Fall wollte sie in Selbstmitleid versinken.

Braun gebrannt und glücklich kam er nach Hause zurück.

Sie hätten nie schönere Ferien gehabt, hatten ihm die Mädchen versichert.

Keine Rede mehr davon, dass er sie verlassen und ihr Leben ruiniert habe. Stattdessen vertrauten sie ihm ihre kleinen Geheimnisse an und erzählten ihm ihre Erlebnisse.

So zum Beispiel, dass ihre Mutter und der Mann aus dem Klub Unmengen Gin tranken und viel lachten und sich viel stritten.

Lara hatte ihn sogar gefragt: »Warum legst du dir eigentlich keine Freundin in deinem Alter zu, Daddy?« Womöglich mache er das sogar, hatte Larry darauf geantwortet.

»Aber keine Kinder mehr, das wäre schrecklich«, hatte Katie zur Bedingung gemacht, woraufhin Larry versichert hatte, dass er ihren Wunsch berücksichtigen würde.

Beth hätte seine Töchter zwar am liebsten unter einen Lastwagen gestoßen, aber sie wusste, wie sehr Larry die beiden liebte.

»Sind sie nicht reizend?«, fragte sie scheinheilig und erntete dafür einen Blick von solch inniger Zuneigung, dass es ihr schier das Herz brach.

»Ich verdiene es nicht, so glücklich zu sein«, erklärte Larry, der in seiner Branche als knallharter Geschäftsmann bekannt war.

Nach der Scheidung heiratete Jane den Mann aus dem Klub. Larry nahm dessen Namen kaum je in den Mund – nicht etwa, weil es ihm unangenehm gewesen wäre, sondern weil er ihn nicht als eigenständige Person wahrnahm, nur als jemanden, der irgendetwas mit Tennisplätzen, Swimmingpools und Minigolf zu tun hatte.

Die Töchter schienen an ihrem neuen Leben wenig Gefallen zu finden.

»Er ist stinklangweilig«, gestand Lara.

»Und interessiert sich nicht die Bohne für uns«, fügte Katie hinzu.

Vielleicht sei jetzt der Zeitpunkt gekommen, meinte Larry, den Mädchen die gute Nachricht zu überbringen, dass ihr Vater einen wunderbaren Menschen gefunden habe, der sich wirklich für sie interessiere.

Wieder riet Beth zur Vorsicht.

»Stell mich doch erst einmal als gute Freundin vor«, bat sie ihn.

Sie vereinbarten, dass Beth ihnen wie zufällig in einem Buchladen begegnen sollte und sie dann alle zusammen zum Pizzaessen gehen würden.

Das fühlte sich zwar reichlich konstruiert an, war aber immer noch besser als Larrys Vorschlag, der ihr am liebsten gleich in aller Öffentlichkeit eine Liebeserklärung gemacht hätte.

Beth ging ohne große Erwartungen zu der Verabredung. Gedanken über ihre Garderobe brauchte sie sich auch keine zu machen, die Mädchen würden sie so oder so hassen.

Es hatte auch wenig Zweck, Interesse an ihnen zu heucheln. Das würde sie nur abschrecken, weil sie es als aufdringlich und als Einmischung bezeichnen würden. Genauso unerwünscht wie bei dem Mann aus dem Klub.

Beth schob die Hände in die Taschen und machte sich auf den Weg, auf das Schlimmste gefasst.

Sie kannte die beiden Mädchen bereits recht gut von den

Fotos, nicht nur von den schönen, gestellten Aufnahmen, sondern auch von den vielen Schnappschüssen, die Larry bei seinen Ausflügen mit ihnen gemacht hatte.

Beth sah sofort, welche die eher aufgeschlossene Lara und welche die aufmüpfige Katie war. Teenager, die bis vor Kurzem ihr behütetes Leben für selbstverständlich gehalten hatten.

Sie atmete tief durch und sagte: »Hallo, Larry, so ein Zufall, dich ausgerechnet hier zu treffen.«

Sie hörte sich an wie eine drittklassige Laiendarstellerin in einer Schulaufführung.

Katie kniff die Augen zusammen.

»Na, so was, Mädels«, rief Larry, »wisst ihr, wer da hereingekommen ist?«

»Deine frühere Sekretärin«, sagte Lara. Larry und Beth sahen sie mit offenem Mund und schuldbewusster Miene an.

»Woher weißt du das?«, fragte Larry schließlich.

»Mum hat uns erzählt, dass du jahrelang eine Affäre mit ihr hattest, die inzwischen aber wahrscheinlich vorbei ist«, antwortete Lara.

»Die sich inzwischen erledigt hat«, korrigierte Katie sie. Larry rang nach Worten.

»Wir hatten keine Affäre … jedenfalls damals nicht«, widersprach er wenig überzeugend.

Lara zuckte die Schultern, und Katie widmete sich wieder dem Buch, in dem sie gerade geblättert hatte.

»Und außerdem ist Beth keine Sekretärin, sie ist Abteilungsleiterin.«

»Das war sicher nicht leicht … Abteilungsleiterin zu werden«, bemerkte Katie.

Beth sah zu Larry, zu dem Mann, den sie über alles liebte, sah seinen gequälten Gesichtsausdruck.

Auf einem Regal neben ihr lag gefährlich schief ein hoher Stapel Bücher. Beth dachte kurz daran, ihn herunterzustoßen, sodass er beide Mädchen unter sich begraben und auf der Stelle umbringen würde. Oder riskierte sie damit, sie nur zu verletzen, was zur Folge hätte, dass sie sie ein Leben lang im Krankenhaus besuchen müsste?

Jetzt zu gehen hieße, Larry vor den Kopf zu stoßen.

Zu bleiben bedeutete, sich ein Leben lang mit dieser Situation arrangieren zu müssen.

Beth sah sich mit einem Problem konfrontiert, das weitaus größer war als alles, was sie und Larry über die Jahre hinweg gemeinsam gemeistert hatten.

Und mit seiner Hilfe konnte sie nicht rechnen, weil er blind vor Liebe war. In dem Fall war sie vollkommen auf sich allein gestellt.

Sehr langsam und ruhig begann sie zu sprechen, so als hielte sie einen Vortrag vor Ausländern.

»Euer Vater und ich sind uns erst nähergekommen, nachdem er und eure Mutter sich getrennt hatten, aber mir ist klar, dass das für euch keinen großen Unterschied macht –«

»Wie wahr«, sagte Lara.

»Schon klar, dass sie das sagt, oder?«, meinte Katie.

»Aber euer Vater liebt euch beide über alles.« Die Worte kamen Beth nur schwer über die Lippen. Lieber hätte sie ihr Unverständnis dafür gezeigt, dass ein sonst so vernünftiger Mann wie er in dem Punkt so blind für die Realität war.

»Er liebt uns so sehr, dass er sich mit Ihnen davongemacht hat!«, höhnte Katie.

Larry setzte zu einer gestammelten Antwort an, doch Beth unterbrach ihn: »Lass gut sein, Larry. Zahlen, Daten, Fakten – das spielt hier keine Rolle. Das ist den beiden vollkommen egal.«

»Aber es ist so unfair dir gegenüber …«

Ihr war klar, dass er damit alles nur noch schlimmer machte. Ohne dass es ihr bewusst war, wurde ihre Stimme lauter.

»Katie, Lara, was ihr jetzt hört, das sage ich nur ein einziges Mal. Ich weiß genau, was in euch vorgeht. Mein Vater hat uns verlassen, als ich elf war. Zweimal im Jahr hat er mir geschrieben, zum Geburtstag und zu Weihnachten, und als ich siebzehn war, nur noch zu Weihnachten. Wahrscheinlich hat er meinen Geburtstag vergessen. Ich habe die Frau gehasst, mit der er abgehauen ist – in meiner Gegenwart durfte man ihren Namen nicht erwähnen. Erst Jahre später habe ich erfahren, dass er mit einer vollkommen anderen Frau fortgegangen ist, die er erst später kennengelernt hatte. Ich will damit Folgendes sage: Wann immer er mich angerufen hat, sagte er: ›Barbara lässt dich herzlich grüßen‹, und ich daraufhin: ›Sie kann sich ihre Grüße an den Hut stecken …‹«

Jetzt war sie sich der Aufmerksamkeit der beiden kleinen Monster sicher.

»Ich glaube nicht, dass er mich sehr geliebt hat, mein Vater. Ich meine, wenn sich jemand nur zweimal im Jahr meldet, kann das nicht der Fall gewesen sein. Bei euch beiden verhält sich die Sache anders. Aber den kleinen Funken Liebe, den mein Vater für mich empfunden haben mag, den habe ich ganz sicher durch mein andauerndes Motzen über Barbara auch noch im Keim erstickt.«

Beth servierte ein Ass nach dem anderen, von der anderen Seite keine Reaktion.

»Und jetzt sage ich euch noch etwas: Ich werde euren Vater immer lieben, und wenn ihr erwachsen seid und mit eurem eigenen Leben beschäftigt und nicht unbedingt eure Samstage für ihn opfern wollt, dann werdet ihr ganz schön froh sein, dass sich eine alte Schachtel – wie ihr mich dann immer noch nennen werdet – um ihn kümmert. Und ich will ihn auch nicht bitten, sich zwischen euch und mir zu entscheiden, dazu habe ich nicht den Mut. Ich glaube, es ist für uns alle Platz. An verschiedenen Orten und zu verschiedenen Zeiten.

Und sollten wir heiraten, will ich auf keinen Fall was mit eurem fürchterlichen, langweiligen Teenagerleben zu tun haben. Ich habe schon meine eigene Teenagerzeit gehasst und würde sie für niemanden wieder durchmachen wollen, schon gar nicht für zwei Mädels, die mich nicht ausstehen können. Und vielleicht habe ich ja auch mal eigene Kinder. Oder auch nicht. Aber das ist meine Sache und die eures Vaters und geht euch gar nichts an.

So, jetzt wissen wir alle, wo wir stehen. Es ist eure Entscheidung, ob ihr ein Problem daraus machen wollt nach dem Motto: ihr oder ich. Das Risiko ist zu groß, Mädchen – ihr könntet verlieren. Was wäre dann? Ihr hättet nur noch einen Elternteil, obwohl ihr zwei haben könntet. Und sogar, wenn ihr gewinnen solltet: Wollt ihr dafür verantwortlich sein, dass euer Vater unglücklich und einsam wie ein Häufchen Elend daherkommt? Wie könntet ihr das je wieder an ihm gutmachen?

Denkt darüber nach, mehr will ich nicht. Denkt nach, bevor ihr mit diesem erbärmlichen Affentheater weitermacht, herummosert, beleidigt seid und andere beleidigt. Wer braucht das schon? Euer Vater nicht, und ich schon gar nicht.«

Larry, Beth, Lara und Katie verließen den Buchladen, in den sie wahrscheinlich nie wieder einen Fuß setzen würden. Schweigend blieben sie draußen auf dem Gehsteig stehen.

»Hast du vorhin nicht was von einer Pizza gesagt, Dad?«, fragte Katie.

Und einer beunruhigend normalen Familie gleich, gingen sie zu viert in Richtung Restaurant.

Die einzige Befürchtung, die Beth jetzt noch hatte, war die, dass sie womöglich bei ihr einziehen wollten.

Wer kennt Grace?

Hat denn nie jemand von euch Grace je persönlich getroffen? Wollt ihr mir allen Ernstes erzählen, dass nicht ein Mensch hier im Büro sie jemals gesehen hat?« Mr Streets Augenbrauen zuckten heftig auf und ab.

Er war, nach eigener Aussage, ein sehr sanftmütiger Mann. Ein Mann, den zu reizen oder zu verärgern äußerst schwierig war, wie er ebenso regelmäßig betonte, doch jetzt schien diese Schwierigkeit überwunden zu sein. Mr Street war sowohl gereizt als auch verärgert, und jeder Anflug von Sanftmut, der ihm noch anhaftete, war bloßem Zufall geschuldet.

»Seit zwei Jahren korrespondieren wir nun mit dieser Frau«, sagte er und schwenkte einen dicken Stapel Briefe, »und jetzt, am Vorabend der Veröffentlichung, stellt sich heraus, dass nicht eine Person im Verlag sie jemals getroffen hat. Vielleicht ist es ja gar keine Sie, möglicherweise ist es ein Er, möglicherweise sind es mehrere, vielleicht ein bekanntes Syndikat, oder es leistet sich jemand einen raffinierten Scherz mit uns. Doch erst jetzt, in dem Moment, als ich darum bat, mir die Werbemaßnahmen zu unterbreiten, erst *jetzt*, drei Wochen bevor die gesamte Öffentlichkeitsarbeit fertig sein muss, zwei Monate vor Erscheinen des Buches, von dem wir uns eine Sanierung des Verlags erhoffen, erst jetzt kommen wir dahinter, dass *kein Mensch* Grace je persönlich getroffen hat.«

»Ich habe am Telefon mit ihr gesprochen«, sagte ein Mann aus der Buchhaltung.

»Ich ebenfalls«, meldete sich die Sekretärin von Mr Evans zu Wort.

»Ich habe auch ganz oft mit ihr telefoniert«, warf Mr Evans ein.

»Ihre Briefe hören sich nach einem echten Menschen an«, fügte Mr Trader dümmlich hinzu.

Mr Street runzelte die Stirn und warf dem Grüppchen einen wenig vertrauensvollen Blick zu. »Freut mich zu hören, dass ihre Briefe nicht von einem Computer stammen«, sagte er zu Mr Trader. Und an Mr Evans gewandt, meinte er: »Und für Sie freut es mich, zu hören, dass Sie jedes Mal, wenn Sie in den vergangenen zwei Jahren bei ihr anriefen, tatsächlich eine gewisse Grace an der Strippe hatten.« Nach einer Pause fügte er hinzu: »Ich will diese Frau morgen in diesem Büro sehen. Mir ist es egal, wer das bewerkstelligt oder wie, mir ist es egal, um wie viel Uhr oder um welchen Preis. Sie *hat* sich hier einzufinden.«

Mr Street kehrte in sein Büro zurück, und sofort breitete sich hinter ihm erregtes Gemurmel aus. Erst machte jeder jedem Vorwürfe, dann folgte eine Flut gegenseitiger Beschwichtigungen. Selbstverständlich gibt es diese Grace Smith, und natürlich findet jeder den Namen Smith lächerlich, aber offensichtlich hat Grace Smith dieses Buch geschrieben. Oder etwa nicht? Schließlich war es das Buch, welches den Street-Verlag in die Riege der ganz Großen seiner Branche katapultieren sollte. Es war das Buch, dessen Film- und Fernsehrechte sie bereits verkauft hatten, das Buch, das zum Buch des Monats gekürt werden, als Fortsetzungsroman in einer Zeitschrift erscheinen und in mehr als ein Dutzend Sprachen übersetzt werden sollte. Das Buch war bereits vor seinem Erscheinen ein Bestseller. Wie konnte es sein, dass niemand Grace je begegnet war? Schließlich fanden sie die Lösung: Jeder ging davon aus, dass ein anderer sich mit ihr getroffen hatte. Grace selbst war in dem Punkt wohl reichlich vage geblieben, denn sie hatte durchblicken lassen, wenn auch nicht ausdrücklich bestätigt, dass sie in engem persönlichem Kontakt mit beinahe dem halben Verlag stünde.

Ein Dutzend verschreckter Mitarbeiter machte sich daran,

gemeinsam das wenige zusammenzutragen, das sie über Grace Smith wussten. Sie war noch keine vierzig Jahre alt. Woher sie das wussten? Sie hatte sich jedenfalls so angehört. Zumindest ging es in dem Buch, dem großartigen Bestseller in spe, um eine Frau dieses Alters. Deshalb nahm man an, dass Grace vielleicht … tja … nun. Und sie war Single. Und woher sie das nun wieder wissen wollten? Nun, sie hatte nie einen Ehemann erwähnt. Das bedeute heutzutage gar nichts, warf Mr Trader ein und rang traurig seine Hände. Seines Wissens könnte Grace leicht fünf Ehemänner gehabt haben. Eine Frau, die einen alteingesessenen Familienbetrieb glauben machen konnte, dort ein und aus gegangen zu sein, ohne jemals einen Fuß über seine Schwelle gesetzt zu haben … der Anzahl deklarierter Ehemänner waren keine Grenzen gesetzt.

Für Mr Evans schien Grace Smith das Format einer echten Lady zu haben. Jedes Mal, wenn er mit ihr wegen der Verträge oder Rechte telefoniert hatte, war sie sehr höflich und auch intelligent, wie er nach einer kurzen Pause hinzufügte, auf seine Erklärungen eingegangen. Sie hatte die Verantwortung für ihr Werk nicht ohne gezieltes Hinterfragen übereignet. Er hatte ihr noch zu ihrer raschen Auffassungsgabe gratuliert, mit der sie die Finessen des Verlagswesens erfasst hatte, vor allem, da dies ihr erster Kontakt mit der Branche war. »Oh, ich hatte von nichts eine Ahnung, Mr Evans«, hatte Grace munter geantwortet. »Ich habe mir einfach ein Buch darüber gekauft, damit ich nicht vollkommen dumm dastehe.«

Mr Evans' Sekretärin fragte sich, ob Grace nicht vielleicht körperbehindert war. »Sie hatte immer so eine nette Art am Telefon, Sie wissen schon, wie Leute, die seit Jahren ans Haus gefesselt sind. Und sie wusste jedes Mal meinen Namen. Ich denke, das könnte ein Hinweis sein, dass sie behindert ist.« Da keiner der sogenannten gesunden Mitarbeiter sich an den Namen von Mr Evans' Sekretärin erinnern konnte, kam ihnen dieses Argument durchaus plausibel vor.

Mr Trader bot an, sich der Aufgabe zu stellen, Miss Smith persönlich darum zu bitten, am nächsten Tag im Verlag zu erscheinen, und kehrte in sein eigenes Büro zurück, wo er zunächst zwei Tassen Tee trank, ehe er zum Telefonhörer griff.

»Ähem, Miss Smith, hier Trader von Streets am Apparat«, meldete er sich mit schauriger Jovialität.

»Hallo, Mr Trader, ist das nicht ein schöner Tag heute?«, sagte Grace.

»Ja, vermutlich ist er das«, erwiderte Mr Trader skeptisch. Er hatte keine Ahnung, was für ein Tag das heute war, aber er wollte sie nicht vor den Kopf stoßen. »Ja, in der Tat, es ist ein sehr guter Tag. Wäre es Ihnen eventuell möglich, Miss Smith, morgen zu uns ins Büro zu kommen? Wann immer es Ihnen passt, wie immer es am bequemsten für Sie ist, ganz gleich, was es kostet …«, fügte er verzweifelt hinzu.

»Tja, wie viel darf es denn kosten?«, fragte Grace ängstlich. »Ist denn damit zu rechnen, dass die Buspreise über Nacht exorbitant ansteigen? Vermutlich wird es das kosten, was es immer kostet.«

»Ha!«, röhrte Mr Trader. »Ha! Miss Smith. Sie wissen ja gar nicht, was es kostet, Sie waren ja noch nie hier.«

Er verstummte, überzeugt, sie damit in die Ecke getrieben zu haben. Grace verstummte ebenfalls verwundert. »Nun, ich nehme an, es kostet um die zwanzig Pence mit dem Bus, oder wenn Sie das Taxi nehmen, ungefähr ein Pfund und, sagen wir, fünfzehn Pence. Nein, selbstverständlich war ich noch nie da, aber ich weiß, wo es ist. Ich habe es oft vom Bus aus gesehen, wenn ich in die Stadt fuhr.«

Das ging ja schon gut los, dachte Mr Trader. Schließlich gab sie ziemlich unumwunden zu, nie vor Ort gewesen zu sein. »Ja, könnten Sie dann morgen so gegen … gegen elf Uhr hier sein?«, fragte er.

»Warum?«, fragte Grace.

»Mr Street besteht darauf«, sagte Mr Trader, »es ist ihm

egal, sagt er, wie Sie das machen oder wie viel es kostet, aber er will Sie morgen da, ich meine, hier sehen.«

»Sie scheinen ja alle ganz besessen von den Fahrtkosten zu sein. Mir ist schleierhaft, warum«, erwiderte Grace, stimmte aber zu, gegen elf Uhr zu kommen. Gerade als Mr Trader Anstalten machen wollte, sich den Schlips zu lockern und sogar den einen oder anderen despektierlichen Gedanken daran zu verschwenden, wie schikanös Mr Street sie alle behandelt hatte, sagte Grace: »Oh, morgen ist Dienstag. Nein, tut mir leid. Ich habe ganz vergessen, dass Dienstag ist. Dienstagvormittag kann ich unmöglich kommen. Ich muss jeden Dienstag um halb elf ins Zentrum. Nein, keine Chance, das dauert gewöhnlich den ganzen Vormittag.«

Mr Trader fing leicht zu schwitzen an, als er daraufhin den Mittwoch vorschlug.

»Aber weswegen will Mr Street mich denn sehen? Sie waren bisher immer so hilfsbereit, Mr Trader, im Ernst – und Sie wissen, dass ich eine vielbeschäftigte Frau bin. Ich bin beinahe fertig mit dem nächsten Buch, und das heißt, vier Stunden Arbeit täglich. Es macht mir nichts aus, jemandem einen Gefallen zu tun, aber ich wüsste doch gern, warum. Hören Sie, bitten Sie Mr Street, dass er mich doch selbst anrufen soll. Ich bin den ganzen Tag zu Hause, und dann können Mr Street und ich darüber reden, was er von mir will. Vielleicht ist es gar nicht nötig, dass ich vorbeikomme, vielleicht können wir das am Telefon besprechen – ohne diese teure Busfahrt, von der Sie andauernd reden.«

Grace legte auf, und Mr Trader hatte das Gefühl, auf der ganzen Linie ein Versager zu sein. Traurig bat er seine reizende, besorgt dreinblickende Sekretärin, ihm eine weitere Tasse Tee zu machen und ein Rosinenbrötchen zu besorgen. Es dauerte zwanzig Minuten, ehe er eine Reaktion aus Mr Streets Büro bekam.

»Kann nicht sagen, dass Sie gute Arbeit bei Miss Smith geleistet haben«, blaffte Mr Street ihn an.

»Es ist schwierig, diese Lady zu fassen zu kriegen, Mr Street, falls sie denn tatsächlich eine Lady ist«, entgegnete Mr Trader in dem hoffnungslosen Versuch, einen kleinen Scherz zu machen.

»Nun, ich war zunächst ziemlich empört, als ich Ihre Mitteilung erhielt, dass sie von mir angerufen werden will, aber da ich anscheinend einen Verlag leite, dem nicht im Geringsten daran zu liegen scheint, seine erfolgreichste Autorin wenigstens ein Mal in zehn Jahren zu treffen, dachte ich mir, dass zumindest ich ihr mit einer Geste entgegenkommen sollte.«

»Sehr freundlich von Ihnen, Mr Street, und wann kommt sie nun morgen?«, fragte Mr Trader.

»Äh, sie wird … nicht im Augenblick jedenfalls. Sie kommt überhaupt nicht«, fügte Mr Street hinzu. »Ganz offensichtlich haben die Dinge hier einen Grad an Lächerlichkeit erreicht, dass die Frau uns alle für verrückt hält. Und außerdem ist morgen Dienstag.« Er schaute Mr Trader finster an.

»Es ist was?«, fragte Mr Trader.

»Dienstag, der Tag, an dem sie in die Tagesklinik geht«, erwiderte Mr Street ungeduldig, als hätte diese Tatsache seit jeher allseits bekannt sein müssen. »In die Tagesklinik, von halb elf Uhr an, und es dauert den ganzen Vormittag.«

Nicht zum ersten Mal machte Mr Trader sich so seine Gedanken über die Natur von Macht und Autorität. Hätte er, der glück- und machtlose Terence Trader, Grace' idiotische Nichterklärung in diesem Tonfall wiederholt, hätte ihn jeder für einen alten Schwafler gehalten, aber Mr Street konnte das Ganze auf eine treuherzige Art wiedergeben, als würde er etwas vollkommen Naheliegendes verkünden, und weil Mr Street war, wer er war, nickten alle respektvoll. Zum Teufel aber auch! Mr Trader würde nicht respektvoll nicken. Nur dieses eine Mal wollte er das Leben herausfordern.

»Haben Sie denn nun ein Arrangement für ein Treffen mit Miss Smith getroffen, Sir?«, fragte er, gerade noch höflich genug, aber mit einem unüberhörbaren Unterton nach dem Motto: Jetzt wollen wir doch mal sehen, wie du dich aus der Nummer wieder herauswindest, du Schlaumeier.

»Ich werde zu *ihr* fahren«, verkündete Mr Street.

Das also war das Wesen der Macht – sie veränderte das ganze Spiel. Noch vor einer Stunde hieß es: *Bringen Sie mir diese Frau her. Egal, was es kostet.* Jetzt würde Mr Street zu ihr fahren.

»Zu ihr nach Hause?«, fragte Mr Trader.

»Zu ihr in die Tagesklinik«, fauchte Mr Street. »Ins Zentrum für Adipositas-Patienten.«

Mr Trader verzehrte ein weiteres Rosinenbrötchen, um dieses Stück Information besser in sein Unterbewusstsein verschieben zu können. Er wollte es irgendwo tief in einer Unterabteilung vergraben, da er es nicht ertragen konnte, auf einer bewussten Alltagsebene darüber nachzudenken.

Nun hatte Mr Trader sich noch nie großartig engagiert, was den Öffentlichkeitsaspekt, wie es intern gern genannt wurde, seiner Arbeit betraf. Street warb eigentlich fast nie für seine Produkte. Man schrieb höchstens den einen oder anderen Journalisten in Bildungs- und Wissenschaftsressorts persönlich an, wenn wieder einmal ein Soziologe einen Band über bestimmte Entwicklungen im Denken oder Geldausgeben verfasst hatte. Wichtig war in erster Linie, den diversen Publikationen des Verlags einen sanften Stoß in die richtige Richtung zu geben. So hatte man es immer gehandhabt. Und vor ein paar Monaten, als es plötzlich so aussah, als würde sich Grace Smiths außergewöhnliche Geschichte über eine Frau, die sich jede Menge unpassende Liebhaber nahm, um der Langeweile zu entfliehen und nicht verrückt zu werden, zu einem Titel mausern, der bald jede Menge Publicity bekäme, da hatte man Mr Trader völlig übergangen. Zu diesem Zeitpunkt mischten bereits alle möglichen Leute mit – Verlagsvertreter, Vertriebsmenschen –, und fast jeder wollte mitreden. Die Geldsummen, die über die Bücher und durch die Akten flossen, waren enorm.

Mr Trader schüttelte traurig den Kopf, als er sich die dicke, fette Grace vorstellte, wie sie jeden Dienstag in die Tagesklinik für Fettleibige und wieder zurück watschelte. Das Leben war schon eigenartig. Eine Frau, so sensibel und, ja, leidenschaftlich … dass sie ein solches Buch schreiben konnte! Ein Buch, das es als vollkommen angemessen für eine Frau erscheinen ließ, einen unersättlichen sexuellen Appetit zu entwickeln, weil ihre öden sozialen Kontakte, eine Scheinexistenz, aufgezwungen von einem reichen, selbstsüchtigen, engstirnigen Ehemann, sie ansonsten in den Wahnsinn getrieben hätten. Was für eine Vorstellung, dies sei von einer bedauernswerten Frau zwischen zwei Besuchen in einer Tagesklinik für Adipositas-Patienten geschrieben worden! Mr Trader war sich nicht sicher, ob diese peinliche Tatsache nicht lieber verschwiegen werden sollte, statt sie an die große Glocke zu hängen, oder ob sich die Medien bereitwillig auf diese Geschichte stürzen und sie in allen Details auf allen Kanälen verbreiten würden. Mr Trader war altmodisch: Eine breite Veröffentlichung widerstrebte ihn aber er wusste, dass andere Leute nicht unbedingt so dachten wie er.

Mr Traders Sekretärin war ein liebes, nettes Mädchen namens Hope, das ständig hin und her wuselte, um ihn aus den kleinen Läden in der Nähe mit nervenstärkenden Rosinenbrötchen oder Mitteln gegen Sodbrennen zu versorgen. Hope lag sein Wohlergehen am Herzen, und obwohl sie wahrscheinlich zwanzig Jahre jünger war als er, bemutterte sie Mr Trader auf eine Art und Weise, die er äußerst angenehm fand.

Manchmal verließ er sein Büro mit Absicht ohne Mantel oder Schal, sodass Hope hinter ihm herlaufen und ein wenig Aufhebens darum machen konnte. In seinem Privatleben machte niemand viel Aufhebens um Mr Trader. Er beratschlagte sich selten mit Hope, sondern behandelte sie eher wie eine ihm teure Hausangestellte, wie ein intelligentes Tier und weniger als menschliches Wesen auf Augenhöhe. Doch heute lag die Sache anders.

»Hope, meine Liebe«, rief er.

»Noch ein Rosinenbrötchen?«, fragte Hope besorgt und nagte an ihrer Lippe. Also wirklich. Mr Trader musste seinen Verzehr an süßen Teilchen unbedingt einschränken. Langsam machte sie sich große Sorgen.

»Nein, meine Liebe, könnten Sie bitte zu mir kommen und etwas mit mir besprechen?«, bat er.

Er hatte ziemlich müde Augen, wie Hope traurig feststellte. Sie wünschte sehr, er würde besser auf sich achtgeben, oder, in kühneren Momenten, dass er *ihr* gestatten würde, sich seiner anzunehmen.

»Wussten Sie, dass Grace Smith übergewichtig und ein unförmiger Klotz ist?«, begann er.

»Oh, nein, ganz bestimmt nicht, Mr Trader.« Hope atmete scharf ein. »Wie kommen Sie denn auf die Idee?«

»Es ist sogar so schlimm um das arme Ding bestellt, dass sie fast nicht mehr aus dem Haus geht und nie jemanden besucht. *Deshalb* hat keiner von uns sie je zu Gesicht bekommen. Aber sie ist in Behandlung, ein Mal in der Woche, in einer Tagesklinik für Fettleibige. Den ganzen Vormittag über.«

Hopes Augen weiteten sich vor Staunen. Ermutigt von diesem Übermaß an wortlosem Interesse, fuhr Mr Trader fort. »Nicht unbedingt der Traum eines Werbeleiters, wie Sie wohl verstehen können, meine liebe Hope. Statt dem Publikum als Autorin eine junge, schöne, gequälte Seele vorstellen zu können, haben wir es mit einer fetten Frau zu tun, die zu viel isst und deren Buch ein bloßes Fantasieprodukt ist, reines Wunschdenken. Ich weiß wirklich nicht, was ich über sie sagen soll. Ich bin keiner dieser modernen jungen Männer, die daraus noch einen Vorteil schlagen können. Diese Mätzchen gehen mir gegen den Strich. Mr Street wird sich morgen mit ihr treffen und mit der Mitteilung zurückkommen, dass von nun alles über meinen Schreibtisch läuft. Als Werbeleiter werde ich Grace Smith wohl oder übel der Welt präsentieren müssen, und zwar so, dass wir nicht allzu schlecht dabei abschneiden. Ich werde mit dieser fetten Frau, diesem Fleisch gewordenen Witz, vor die Leser hintreten müssen und sagen: ›Kaufen Sie ihr Buch, sie weiß, wovon sie spricht.‹«

Hope sah ihn an. »Woher wissen Sie denn, dass sie so fett ist?«

»Oh, Hope. Sie *muss* fett sein. Weshalb sollte sie wohl sonst in ein Zentrum für Adipositas-Patienten gehen, mein Kind? Warum sollte sie sich sonst verstecken? Das ist wirklich Pech. Wir haben einen Bestseller, und wer hat ihn geschrieben? Ein gigantisches Riesenweib.«

Hope erwiderte nichts.

»Nun, ich dachte mir, ich erzähle Ihnen das besser, meine Liebe. Das sind die Dinge, mit denen ich mich heute den ganzen Tag herumschlage, und ich brauche frische Ideen. Sie sind eine Frau, und eine junge noch dazu, Hope. Sie sind das Zielpublikum, das ich vor Augen habe, wenn ich diese Werbetexte verfasse. Würde das Buch Sie weniger ansprechen, gar abstoßen, wenn Sie wüssten, dass Grace Smith dick und fett ist?«

Hope warf ihm einen ruhigen Blick zu, sagte aber noch immer nichts.

Nun doch etwas irritiert, schaute Mr Trader sie neugierig an. Der Ausdruck in ihren Augen gefiel ihm ganz und gar nicht. »Nun, Hope?«, fragte er in einer Mischung aus freundlichem, aber ungeduldigem Schullehrer und einem liebevollen, aber gereizten Onkel.

»Nun, nichts«, erwiderte Hope spitz. »Da gibt es nichts zu sagen.« Der Ausdruck auf ihrem blassen Gesicht wechselte von bitterer Enttäuschung zu blanker Verachtung. Nie mehr würde Hope so etwas wie Wärme oder zärtliche Zuneigung für Mr Trader empfinden. Sie war grenzenlos enttäuscht, dass diese Gefühlsregung hier und jetzt erlosch. Aber sie verachtete ihn auch grenzenlos, weil er nicht zu sehen schien, dass er seine Worte an eine sehr, sehr dicke junge Frau richtete.

Hope war schwer übergewichtig und besuchte seit sechs Monaten eine Tagesklinik für Adipositas-Patienten, mit langsamen und kontinuierlichen Erfolgen, aber ohne dramatisch an Gewicht zu verlieren. Die Sprechstunde fand am Dienstagvormittag statt, weswegen Hope gestaffelte Arbeitszeiten hatte und am Samstagmorgen immer in der Buchhandlung von Street im Verkauf tätig war. Hope hatte sich mit Dr. Helston angefreundet, der warmherzigen Leiterin der Tagesklinik. Dr. Helston war äußerst engagiert in ihrem Beruf, dem sie nicht nur eine medizinische, sondern auch eine soziale Komponente zuschrieb. Aus dem Grund lud sie viele ihrer Patienten am Abend oft zu sich nach Hause ein, wo sie sich unter Dr. Helstons Freunde mischten. Themen wie Krankheit, Fettleibigkeit oder deren mangelnde Akzeptanz in der Gesellschaft durften dabei nicht berührt werden. Für Hopes Selbstvertrauen hatte das wahre Wunder bewirkt. Ohne Dr. Helston hätte sie sich nie um eine Stelle beworben.

Es war ein seltsamer Zufall gewesen, dass einer der ersten Briefe, die sie tippen musste, an Dr. Helstons Adresse ging. Als sie das bei einem ihrer nächsten Besuche erwähnte, erklärte ihr Dr. Helston, dass sie sich aus professionellen Gründen Grace Smith nenne, und bat Hope um Stillschweigen. Für den unwahrscheinlichen Fall, dass das Buch ein Bestseller werden würde, müsse sich die Klinik keine Sorgen machen, hatte sie gesagt. Menschen dabei zu helfen, mit ihrem Übergewicht zurechtzukommen, gelte nun mal ihr Hauptinteresse. Ein Buch könne jeder schreiben, aber nicht jeder könne dicken Menschen dabei helfen, zu sehen, dass es ganz in Ordnung war, dick zu sein. Sie hatte in ihnen allen den Glauben daran geweckt, dass niemand auf beleibte Menschen herabsah, dass keiner über sie lachte.

Bei Hope hatte sie Erfolg gehabt, sie war ein fröhlicher Mensch und sogar einem Golfklub beigetreten – Beweis dafür, wie unbefangen sie geworden war. Und jetzt plötzlich, als sie am allerwenigsten damit rechnete, musste ihr ausgerechnet der von ihr verehrte Mr Trader, den sie in gewisser Weise sogar liebte, beweisen, dass Dr. Helston sich irrte. Oder sollte Dr. Helston doch recht haben? War sein Verhalten schlicht Ausdruck dafür, dass Mr Trader ein dummer alter Stümper und Narr war, ein Wichtigtuer, der nichts begriffen hatte?

Da haben wir den Salat

Irgendetwas Besonderes musste dran sein an seinem siebten Geburtstag, dachte sich Bernard, denn zu Hause schienen sie kein anderes Thema mehr zu kennen. Mutter und Vater waren schwer beschäftigt, liefen hin und her und schrien sich gegenseitig an. Seit dem letzten Weihnachtsfest mit ständigem Kommen und Gehen und Türenknallen und der Unsicherheit, wer wann wo sein würde, hatte es keinen solchen Wirbel mehr gegeben.

Und jetzt schien sein Geburtstag sogar noch mehr Aufhebens zu verursachen. Jedes Mal, wenn er ein Zimmer betrat, hörten die Großen zu reden auf – seine Großmama, seine Tante Helen oder Daddys Freundin aus dem Büro, die sie manchmal besuchte, Katy mit dem dicken Bauch. Mutter musste wirklich bis über beide Ohren mit Arbeit eingedeckt sein, denn Großmama und Tante Helen wiederholten immer wieder, wie wunderbar es doch sei von ihr, unter diesen Umständen auch noch einen Kindergeburtstag zu veranstalten. Hin und wieder legte auch Katy ihren Arm um ihn und erklärte ihm, was für ein glücklicher kleiner Junge er doch sei, weil so viele Menschen ihn von Herzen lieb hatten. Vater sagte kaum etwas, weil er unglaublich viel zu tun hatte und nur selten zu Hause war. Manchmal musste er sogar im Büro übernachten, so hart arbeitete er.

Einmal hatte Bernard von Katy wissen wollen, ob sie ebenfalls im Büro nächtigen müsse. Kaum hatte er die Frage ausgesprochen, legte sich aus irgendeinem Grund tiefes Schweigen über alle, und sie hatten einander angesehen, als versuchten sie, die Antwort zu erraten. Mutter hatte die Situation dann gerettet.

»Nicht mehr, dazu besteht kein Grund mehr«, hatte sie gemeint.

Woraufhin Vater sehr verstimmt reagiert hatte. So tief seien sie nun schon gesunken, hatte er geklagt, und er könne nur zum Wohle aller hoffen, dass es tiefer nicht mehr gehen würde.

Die Geburtstagsparty sollte bei McDonald's stattfinden, wie bei allen seinen Mitschülern, und deshalb begriff Bernard nicht, was es wegen des Menüs noch zu besprechen gab. Bei Geralds Feier hatte seine Mutter im Voraus abgefragt, was jeder haben wollte, und jemand war vorausgefahren, um die Bestellung aufzugeben. Das war alles. Bei Bernard zu Hause diskutierten sie jetzt aber schon seit geraumer Zeit ununterbrochen über das Essen. Er wusste schon gar nicht mehr, wie oft die Rede von diesem gewissen Sorgen-Salat gewesen war. Es musste was ganz Neues und ein großes Geheimnis sein. Denn niemand erwähnte die Sache in seiner Gegenwart, nur am Telefon oder wenn sie nicht wussten, dass er sich in Hörweite befand. Ein wahrhaft komplizierter Salat musste das sein, da Tante Helen nicht müde wurde zu betonen, man könne nie wissen, ob das alles gut ausgehen würde, während Großmama einwarf, so etwas sei doch immer ein abgekartetes Spiel, was irgendwie schrecklich klang, aber Mutter widersprach heftig.

Im Beisein von Vater oder Katy wurde die Sache jedoch nie erwähnt. Vielleicht sollte es auch für sie eine Überraschung werden.

Bernard mochte Katy, auch wenn sie mit ihrem dicken Bauch ziemlich unbeholfen wirkte. Sie hatte jedoch ein nettes Lächeln und interessierte sich für sein Zeugnis und den Sportunterricht an seiner Schule. Ihr sei der Hochsprung am liebsten, meinte sie, was Bernard verwunderte, da sie ihm ein wenig zu plump vorkam, um sich hüpfend auch nur zehn Zentimeter vom Boden zu entfernen. Er sagte aber nichts, sondern nickte nur weise, als sie ihm von ihrer Schule erzählte und von der Gymnastikschau, die sie dort einmal veranstaltet hatten.

»Deswegen kann Katy auch die Beine so hochwerfen«, erklärte er Mutter und Tante Helen.

»Was du nicht sagst«, erwiderte Tante Helen grimmig.

»Pssst«, hatte Mutter warnend gezischt.

Bernard ging mit Vater und Katy am Sonntag immer spazieren; Mutter wollte nie mitkommen, aber Katy nahm ihr das nicht übel.

»Deine Mutter muss sehr hart arbeiten, auch am Sonntag«, erklärte sie. Mutter führte die Besichtigungen für einen Immobilienmakler durch. Manchmal wollten sich Paare am Wochenende ein Haus anschauen. Das war die einzige Zeit, zu der sie freihatten. So lange er zurückdenken konnte, hatte Mutter aufspringen und aus dem Haus laufen müssen, sobald das Telefon klingelte.

»Und musst du jetzt nicht mehr arbeiten?«

Bernard verstand das nicht so recht: Wenn Katy eine Kollegin seines Vaters aus dem Büro war, warum ging sie dann nicht mehr dorthin? Mutter zu fragen hatte wenig Sinn, nach dem betretenen Schweigen auf seine Frage, ob Katy auch im Büro schlief. Deshalb hielt er es für besser, sich direkt bei ihr zu erkundigen.

Katy schien ihm die Frage während ihres gemeinsamen Spaziergangs nicht übel zu nehmen. Sie waren allein. Vater war kurz weg, um ein Eis für sie zu kaufen.

»Nein, ich bekomme nämlich ein Baby, weißt du. Es ist hier drin.« Sie führte Bernards Hand an ihren Bauch. »Deshalb kann ich nicht mehr zur Arbeit gehen. Das wäre nicht fair.«

»Warum wäre es nicht fair?«

»Dem Baby und allen anderen gegenüber.«

»Wann kommt es heraus?« Ängstlich schaute er Katy an.

»In ungefähr zwei Wochen.«

»Also nach meinem Geburtstag!« Zufrieden stellte Bernard

fest, dass sich dieses Ereignis nicht mit seiner Feier überschnitt. Eigentlich wollte er Katy noch nach diesem Salat fragen, wegen dem sich Mutter, Großmama und Tante Helen immer so aufregten. Aber er tat es dann doch nicht. Wenn es eine Überraschung sein sollte, dann beließ er es besser dabei.

Vater kam mit drei Eistüten zurück.

»Katy bekommt ein Baby«, verkündete Bernard. Er dachte, Vater würde sich freuen und interessiert sein an der Neuigkeit.

»Ich weiß«, erwiderte Vater mit seltsam belegter Stimme.

Bei ihm hörte sich das an, als sei es die außergewöhnlichste Sache der Welt und nicht etwas, zu dem jedermann fähig war. Sogar Harriet, die Katze, hatte erst im vergangenen Monat vier Junge geworfen, und die Hamster in der Schule bekamen ständig Nachwuchs.

»Meinst du, wir könnten daheim auch ein Baby haben?«, wollte er von Vater wissen. Wieder folgte eines dieser merkwürdigen Schweigen. Allmählich fand Bernard das ziemlich irritierend. Was stimmte nur mit diesen Leuten nicht? Das waren doch vollkommen normale Fragen. Warum stellten sie sich plötzlich alle so dumm?

Am nächsten Tag erzählte Bernard seinem Freund Gerald in der Schule, dass Katy in zwei Wochen ein Baby bekäme. Es sei schon fast fertig, aber noch nicht ganz. »Wird das dein kleiner Bruder?«, fragte Gerald. Bernard war erstaunt. Wie konnte es ein Bruder für ihn sein, wenn das Baby Katy aus dem Büro gehörte? Er tat das, was er immer tat, wenn er etwas nicht verstand. Er versetzte Gerald einen Boxhieb gegen den Arm, Gerald boxte zurück, und bald rollten sie zusammen über den Spielplatz.

Miss Hayes trennte die beiden. »Weswegen war das denn?«, wollte sie wissen. Bernard und Gerald sahen sie verständnislos an. Sie konnten sich nicht erinnern. Miss Hayes glaubte ihnen. Kinder zankten sich oft grundlos. Sie hätte den Zwischenfall vollkommen vergessen, hätte Bernards Mutter nicht um die Mittagszeit vorbeigeschaut und sich erkundigt, ob mit ihrem

Sohn alles in Ordnung sei. Miss Hayes erwähnte den überraschenden Streit, bedauerte es jedoch noch im selben Moment, als sie das Gesicht der Frau sah.

Bernard freute sich, als er seine Mutter erblickte, die ihn abholen kam.

»Können wir Gerald auf ein Eis mitnehmen?«, fragte er.

»Ich dachte, du und Gerald, ihr hättet gestritten wie die Bürstenbinder?«, fragte Mutter. Bernard seufzte; zu Hause blieb doch wirklich nichts verborgen.

»Das war nichts«, murmelte er.

»Warum hat er dich dann geschlagen?« Mutter hätte nicht im Traum gedacht, dass Bernard der Angreifer war. Aber Bernard besaß einen starken Gerechtigkeitssinn.

»Ich habe ihn zuerst geschlagen. Er sagte, ich würde einen Bruder bekommen – oder so was in der Art.«

Mutter biss sich auf die Lippe und wirkte sehr aufgeregt. Bernard wollte sie trösten und sie wissen lassen, dass er die Sache geklärt hatte.

»Ist schon in Ordnung. Ich habe ihm gesagt, dass Katy das Baby bekommt, nicht du.« Selbstverständlich erwartete er, dass sie sich freute über seine rasche Auffassungsgabe und seine schnelle Reaktion, jeden zu verhauen, der seiner Familie zu nahe trat. Doch zu seinem größten Entsetzen ging Mutter direkt vor der Schule, wo alle sie sehen konnten, in die Hocke und zog ihn in einer peinlichen Umarmung fest an sich.

»Ich liebe dich so sehr, Bernard, vergiss das nie. Du bist der liebste, beste Junge auf der ganzen Welt.« Er spürte, dass sie weinte.

Bernard wand sich wie ein Aal bei dem Versuch, sich aus ihrer Umarmung zu befreien; schließlich sahen ihnen alle möglichen Leute zu. Er flehte seine Mutter an, ihn loszulassen, und hämmerte mit beiden Fäusten auf ihre Schultern ein.

Als sie endlich ihren Griff lockerte, rannte er, so schnell er konnte, davon.

Er sah, dass Mutter wieder aufgestanden war und ihm traurig nachblickte, aber es war ihm egal. Er musste unbedingt weg von all den Leuten, die einen Jungen wie ihn nur auslachen würden, einen Jungen von fast sieben Jahren, dessen Mutter auf der Straße vor ihm kniete und ihn fest an sich drückte. Es war das Schlimmste, was ihm je in seinem Leben widerfahren war.

Als er nach Hause kam, war Vater da, was ihn sehr freute. Um diese Tageszeit war Vater fast nie daheim. Bernard jauchzte, als er den Wagen draußen sah, und rannte, laut rufend, ins Haus.

Großmama und Tante Helen saßen in der Küche, aber Vater war oben.

Auf dem Bett lagen drei aufgeklappte Koffer, in die Vater Anzüge und Kleidungsstücke packte.

Ein Leuchten ging über Bernards Gesicht.

»Fahren wir in Urlaub?«, rief er aufgeregt.

Vater schien sehr verärgert, ihn zu sehen.

»Deine Mutter sagte doch, sie würde dich von der Schule abholen. Nicht einmal dazu ist sie fähig. Und ihr Wort kann sie auch nicht halten.«

Bernard hasste es, wenn seine Eltern schlimme Dinge übereinander sagten. Er wollte gerade erklären, dass Mutter zur Schule gekommen war, aber die Neugier wegen der Koffer überwog.

»Wo fahren wir denn hin, Vater? Wohin? Bitte, sag es mir!«

Vater ließ sich auf das Bett sinken. Plötzlich sah er alt und traurig aus. »Bernard, eigentlich solltest du gar nicht hier sein, du solltest aus allem herausgehalten werden.«

Die Sache mit den Überraschungen wurde allmählich immer verwirrender. Da war dieser Sorgen-Salat bei McDonald's, da war dieser Urlaub … Bernard wünschte sich, seine Umgebung würde ihn in ihre Geheimnisse einweihen, damit er sich darauf freuen und den anderen in der Schule davon erzählen konnte.

Sein Blick fiel auf die Gepäckstücke auf dem Bett. Es waren die großen Koffer, die, mit denen sie nach Spanien und nach Kerry gereist waren, und die holten sie nur vom Speicher, wenn es ab in den Urlaub ging

»Darf ich auch mitkommen und packen, Vater?«, fragte er, in der Hoffnung, dieses Mal das Richtige zu sagen. Vater war ein wenig grau im Gesicht. Vielleicht sollte er ihn einfach eine Zeit lang in Ruhe lassen. Zu Bernards größtem Entsetzen schloss ihn Vater plötzlich ebenso fest in die Arme wie zuvor seine Mutter.

»Oh, Bernard, ich hätte das alles so gern vermieden«, murmelte er in Bernards Haar. Und Bernard versuchte, den Gedanken zu verdrängen, aber er glaubte tatsächlich, zu hören, dass sein Vater weinte. Wie zuvor bei Mutter riss er sich auch aus dessen Umarmung los und rannte in sein Zimmer.

Bernard hatte von Katy vorab ein Geschenk zum Geburtstag erhalten. Einen tollen Walkman samt kleinem Plastikgestell für die Kassetten. Katy hatte ihm erklärt, dass man das Regal überall, wo er war, an die Wand nageln könne, damit er seine Kassetten immer bei sich habe und anhören könne, wann immer er wolle. Woraufhin Bernard gemeint hatte, Mutter habe ihm verboten, Dinge an die Wand zu nageln. Also hatte er das kleine Regal neben sein Bett gestellt, wo es jedoch ständig umkippte. Zu dumm, dass Mutter ihm untersagt hatte, etwas an die Wand zu nageln. Wie hatte Katy noch mal gemeint? Wozu seien alte Wände schon gut, außer etwas daran aufzuhängen?

Während Bernard sich seine Kassetten anhörte, dachte er über den Urlaub nach. Wo es wohl hingehen würde, und ob Katy auch mitkäme? Ob das Baby fertig werden würde, während sie in Urlaub waren? Ob Miss Hayes etwas dagegen hatte, und an welchem Tag sie zurückkämen, um rechtzeitig zu seinem Geburtstag wieder zu Hause zu sein? All das fragte er sich.

Wie er so mit geschlossenen Augen auf dem Bett lag, glaubte er, Großmama und Tante Helen ins Haus kommen und es wieder verlassen zu hören, und dann vernahm er Mutters Stimme, aber sie stritt mit Vater, und so drehte er die Lautstärke auf. Da es nur in seinen Ohren dröhnte, konnte sich keiner darüber aufregen und ihn zurechtweisen, es wieder leiser zu schalten. Jedes Mal, wenn er die Kassetten wechselte, hörte er Mutter schluchzen und Vater brüllen, und obwohl er es kaum glauben konnte, redeten sie noch immer über die Party und den Salat und wer ihn bestellen, holen oder bekommen sollte.

Und dann sagte Mutter unvermittelt, dass ein Mann niemals allein das Sorgerecht bekommen würde, das sei noch nie passiert. Was das jetzt wieder mit dem Salat zu tun hatte, verstand Bernard allerdings nicht. Wieso ein Mann allein, widersprach daraufhin Vater, es warte schließlich eine ganze Familie auf den Neuankömmling, Menschen, die den ganzen Tag zu Hause bleiben und auf die Kinder aufpassen konnten und nicht mit jedem Hinz und Kunz, der gerade in ein Immobilienbüro schneite, zu einer Besichtigung aufbrechen mussten.

Mutter wies darauf hin, dass heutzutage auch Frauen unter den Richtern seien; man lebe schließlich nicht mehr im Mittelalter. Es habe sich herumgesprochen, dass eine Frau arbeiten und gleichzeitig ein Kind großziehen könne.

Richter sind Richter, erwiderte Vater, ganz gleich, welchen Geschlechts. Sie sähen durchaus, wo die Vorteile lägen. Sie wären nicht dumm. Allmählich dämmerte es Bernard, dass es sich bei dem Ganzen um eine Art Wettkampf, einen Kochwettbewerb um den besten Salat, handeln könnte. Eine andere Erklärung gab es nicht.

Er ging in das Zimmer, wo die Koffer auf dem Boden standen und Mutter und Vater wütender waren, als er sie je im Leben gesehen hatte.

»Mir ist dieser Salat völlig egal«, sagte Bernard mit der Miene desjenigen, der alles durchschaute. »Dann haben wir eben keinen Salat.«

Die beiden standen da und starrten ihn verständnislos an, und es kam ihm vor wie eine Standbildaufnahme im Film, wenn man auf den Pausenknopf drückte.

Er wusste, dass keiner von ihnen je diesen Augenblick vergessen würde, auch wenn er keine Ahnung hatte, warum.

In den darauffolgenden Tagen, als keiner mehr zu reden schien wie früher, kehrte die Erinnerung daran immer wieder zu ihm zurück. Sie waren natürlich nicht in Urlaub gefahren; falscher Alarm. Und zu seinem Geburtstag bei McDonald's hatte es auch keinen Salat gegeben, aber nicht einer dankte ihm für seine klärenden Worte. Doch Katys Baby war endlich fertig und kam heraus, und es war ein Mädchen, und Vater freute sich sehr und kündigte an, noch mehr Zeit mit Katy verbringen und sich um alles kümmern zu wollen, da er an dem alten Ort nicht mehr bleiben konnte. Er nannte es nie sein Zuhause, sondern immer den alten Ort.

Und dann waren da die vielen Gespräche mit Leuten, die man Anwälte nannte, und Mutter wurde müder und müder, weil sie so viel arbeiten musste, und Tante Helen und Großmama wurden richtig böse und schnauzten jeden an.

Bernard erinnerte sich lebhaft an den Tag, als er vor Gericht musste und der Richter sagte, dass er ihn in seinem Amtszimmer sehen wolle. Wieder so ein Standbildaufnahmegefühl. Bernard wusste nicht so genau, was Amtszimmer bedeutete, rechnete aber nicht damit, dass es sich dabei um ein ganz normales Büro handelte.

Der Richter war nett. Bernard erzählte ihm alles über Mutter, die so hart arbeiten musste und nie zu Hause war. Dass es so schwierig war, mit Mutter zu reden, weil Großmama und Tante Helen immer dabei waren und ständig schlechte Laune hatten. Der Richter schien sich mit solchen Dingen auszukennen und zeigte sich sehr interessiert, als Bernard ihm erklärte, dass er nichts an die Wand nageln dürfe und dass Mutter vor der Schule in die Hocke gegangen sei und geweint habe. Der Richter erkundigte sich auch nach Katy, und Bernard erwiderte, wie sehr er sich darüber wundere, dass sie so dünn geworden war nach der Geburt des Babys. Auch, dass Katy ihm oft bescheinigte, was er, Bernard, doch für ein glücklicher Junge sei, da so viele Menschen auf der Welt ihn lieb hätten.

Und nein, Katy habe nie ein böses Wort gegen Mutter gesagt. Im Gegenteil. Mutter sei eine tolle Frau, arbeite aber zu hart und sei nie da, wenn man sie brauche, was Bernard, um Fairness bemüht, leider bestätigen musste.

Und danach war draußen vor der Tür ein schrecklicher Krach zu hören, und Großmama und Tante Helen warfen Katy und Vater schlimme Dinge an den Kopf. Mutter war sehr still und sagte gar nichts. Katy erzählte, dass sie Bernards Freund Gerald eingeladen habe, für ein paar Tage zu ihnen zu kommen, und dass sie ganz viele Regale und Gestelle für sie an der Wand aufgehängt habe.

Bernard konnte nicht verstehen, warum alle überzeugt waren, er würde nicht nach Hause gehen. Er schien wohl bei Katy und Vater und dem kleinen Mädchen bleiben zu müssen. Er wusste nicht, wann das beschlossen worden war, aber es schien schon alles abgemacht. Er wusste nicht, wie lange der Besuch dauern sollte, hielt es aber für besser, nicht danach zu fragen.

Dann kündigte Mutter an, Bernard am Samstag besuchen zu kommen, so gegen elf Uhr, um mit ihm irgendwohin zu gehen, wo es schön war. Mutters Augen sahen sehr seltsam aus in dem Moment, als wäre jedes Licht darin erloschen.

Sie winkte zaghaft, als er mit Vater und Katy ins Auto stieg, und starrte ins Leere, als nähme sie nichts mehr wahr.

Vorwarnungen

Sara war schon immer ein furchtsamer Typ gewesen. Beim leisesten Geräusch schreckte sie zusammen und fürchtete sich davor, laut vor der Klasse vorlesen zu müssen. Ständig hatte sie Angst, es könnte etwas Schreckliches passieren.

Was im Großen und Ganzen nie geschah. Doch das konnte man Sara nicht klarmachen.

Wie leicht hätten sie in dem Wohnwagen sein können, der von der Klippe geweht wurde – gut, sie waren es nicht, aber sie hätten es sein können. Das Prinzip war stets dasselbe.

Auch um Nesbit, ihren Hund, machte sie sich Sorgen. Vielleicht hatte er ja doch Tollwut.

»Schätzchen, er läuft einfach nur im Kreis herum. So etwas machen junge Hunde nun mal«, beruhigte ihre Mutter sie. Aber Sara befürchtete, dass sein Verhalten nicht normal war und dass man Nesbit würde einschläfern müssen.

Als Sara begann, in der Bank zu arbeiten, hatte sie immer Angst, sie könnten überfallen werden von Männern mit Maschinenpistolen, die sie zwingen würden, sich auf den Boden zu legen. Die anderen zuckten nur die Schultern. Dann würde sie sich eben auf den Boden legen. Dafür gab es schließlich Verhaltensregeln, keiner musste den Helden spielen. Trotzdem unterzog Sara die Gesichter vollkommen unschuldiger Kunden stets einer genauen Prüfung.

Als sie Richard kennenlernte, der für einen Immobilienmakler arbeitete, fand er es entzückend, dass sie große Angst vor allem und jedem hatte. »Ich werde dich immer beschützen, Sara«, versprach er ihr und strich ihr über den Kopf.

Auch am Tag ihrer Hochzeit wurde Sara von Ängsten geplagt: Dass die Limousine nicht rechtzeitig vorfahren würde, dass der Pfarrer mit dem verdächtig roten Kopf am Traualtar einen Schlaganfall erleiden könnte, dass Richards Mutter sich betrinken würde und dass die Gäste sich eine Lebensmittelvergiftung zuziehen könnten. Nichts von alledem geschah, nur die Brautjungfer verstauchte sich den Knöchel, weil sie zu wild tanzte. Doch wie Sara nicht müde wurde zu betonen – irgendetwas passierte doch immer.

Kaum in das neue Haus eingezogen, brach sie alsbald in helle Panik aus, der Kauf könne nicht richtig beurkundet und das Dach nicht fachgerecht abgestützt worden sein. Die Nachbarn könnten unter ein Zeugenschutzprogramm fallen, ganz zu schweigen davon, dass das gesamte Gebiet ringsum bei der nächsten Flut mit größter Wahrscheinlichkeit von einem Hochwasser heimgesucht werden würde. Keine dieser Ängste bewahrheitete sich, aber ein Wagen fuhr an der Kreuzung in einen anderen, und der Fahrschüler wurde mit einem Schleudertrauma ins Krankenhaus gebracht. Wie Sara stets sagte – man wusste weder den Tag noch die Stunde, aber irgendetwas passierte immer.

Richard hätte am liebsten sofort eine Familie gegründet, aber Sara hatte Bedenken. Sie waren beide noch so jung, es gab noch so vieles zu planen und zu überlegen, bevor sie an Kinder auch nur denken konnten. Und die Welt, in die sie diese Kinder setzen wollten, wurde zunehmend gewalttätiger.

Richard strich ihr übers Haar. Es sei nicht gut, sich ständig so viele Sorgen zu machen, beschwichtigte er sie. Vielleicht sollten sie einmal gemeinsam einen Arzt aufsuchen, der ihr Medikamente gegen ihre Ängste verschreiben könnte, oder zu einer psychologischen Beratung gehen. Längst war nicht mehr die Rede davon, dass er sie beschützen und jedes Unheil von ihr fernhalten würde, jetzt hieß es ständig, er habe da von diesem wunderbaren Mann oder jener fabelhaften Frau gehört, die ihr bestimmt helfen könnten.

Sara war außer sich. Richard hielt sie wohl für verrückt. Aber sie war alles andere als verrückt. Sie war feinfühlig, mehr nicht, und konnte Dinge sehen, bevor sie geschahen. Wie hieß gleich noch mal das Wort dafür?

Prophezeiung?

Richard schüttelte den Kopf. War »Vorahnung« nicht zutreffender? Nein, das traf es auch nicht genau. Sie blätterten gemeinsam im Wörterbuch und stießen auf den Ausdruck »Vorwarnung«. Ja, das war das richtige Wort. Es bedeutete, dass jemand, bevor etwas passierte, gewarnt wurde. Wie ein Wahrsager vielleicht, wie ein Hellseher oder wie jemand, der besonders sensibel auf die Schwingungen in seiner Umgebung reagierte.

Sara lachte erleichtert, der Ausdruck gefiel ihr, während Richard vorschlug, doch nach oben ins Bett zu gehen.

Aber Sara wiegelte ab, es gäbe vorher noch so viel zu tun.

Was denn?, wollte Richard wissen.

Nun, es mussten alle Stecker aus den Steckdosen gezogen werden, um einen Kurzschluss zu verhindern, die Rauchmelder mussten überprüft werden, und sie musste mit Nesbit im Garten patrouillieren für den Fall, dass irgendwelche Leute das Haus beobachteten, um ihnen zu zeigen, dass sich ein großer Wachhund auf dem Gelände befand.

Richard schüttelte den Kopf. Nesbit sei ein so dummer Hund, sagte er, dass er jeden Einbrecher freudig willkommen heißen und sich auf den Rücken legen würde, um sich von ihm den Bauch streicheln zu lassen. Sara erwiderte nichts. Stattdessen erinnerte sie ihren Mann daran, dass sie auch noch die Alarmanlage in der Küche überprüfen müsse: Achtzig Prozent der Einbrecher kämen durch die Hintertür herein, man müsse vorbereitet sein. Also ging Richard allein nach oben und schlief bereits, als Sara ins Bett kam. Das passierte immer öfter im Lauf der folgenden Monate.

Und dann empfing Sara düstere Vorwarnungen, dass Richard

auf seinem Weg zur Arbeit in irgendwelche Unfälle verwickelt werden würde. Eine dieser Vorahnungen war besonders intensiv, und sie konnte den Lastwagen direkt vor sich sehen, wie er auf den Gehweg schoss und Richard ums Leben kam. Sogar seine Schreie konnte sie hören. Deshalb rief sie ihn umgehend an. Er ging gerade mit einem Kollegen die Straße entlang und musste sich in einen Ladeneingang zurückziehen, um ihre unter hysterischem Schluchzen ausgestoßenen Sätze überhaupt verstehen zu können.

»Liebling, deine Fantasien, das ist nicht mehr normal.«

»Stehst du vor dem Zebrastreifen?«, rief Sara.

»Ja, ich sehe ihn von hier aus, ich will ihn gerade überqueren. Sara, so geht das nicht. Du kannst nicht so weitermachen ...«

»Bitte, geh nicht darüber, Richard!« Er legte auf.

Zehn Minuten später rief sie in seinem Büro an, in der Erwartung, zu erfahren, dass es einen schrecklichen Unfall gegeben habe. Stattdessen wurde sie direkt zu Richard durchgestellt.

»Nein, Sara. Nicht jetzt. Wir besprechen das heute Abend. Ich werde und will so nicht weiterleben.«

Mehr schlecht als recht brachte Sara den Tag in der Bank hinter sich. Mittags rief sie ihre Mutter an und fragte, ob sie sich treffen könnten.

»Gab es in unserer Familie je einen Fall von Wahnsinn?«, fragte sie.

»Nicht auf meiner Seite«, sagte ihre Mutter. »Aber dein Vater hat ein paar schrullige Tanten. Wieso?«

»Richard glaubt, dass ich verrückt werde.« Die arme Sara erzählte die ganze lange Geschichte ihrer Vorahnungen. Aber, mal ganz ehrlich, sie könne Richard doch nicht einfach so in sein Unglück laufen lassen.

»Aber er *ist* nicht in sein Unglück gelaufen«, widersprach ihre Mutter.

»Ja, weil ich eingegriffen und den Lauf der Dinge verändert habe. Als ich ihn anrief, musste er stehen bleiben und mit mir reden, verstehst du?«

»Ja«, erwiderte Saras Mutter zweifelnd.

»Also, was soll ich ihm heute Abend sagen?«

»Sag ihm, dass es dir sehr leidtut und dass es nur passiert ist, weil du ihn so lieb hast. Dann geh mit ihm ins Bett und zeig ihm, wie sehr du ihn liebst. Das rückt normalerweise alles wieder ins Lot.«

Genau das tat Sara dann auch, der große Streit blieb aus, und Richard schien sehr zufrieden, dass sie ihre ehelichen Beziehungen wieder aufgenommen hatten. Leider erkannte er nicht, dass es sich um ein einmaliges Ereignis handelte. Als er nämlich am nächsten Abend Andeutungen machte, ihr nächtliches Vergnügen könne zu einer regelmäßigen Einrichtung werden, musste Sara natürlich so viele Alarmschalter überprüfen, so viele Geräte ausschalten und so lange mit Nesbit im Garten patrouillieren, dass Richard eingeschlafen war, als sie endlich ins Bett kam.

Sie empfing noch zwei weitere Vorwarnungen, doch statt Richard anzurufen, verständigte sie nun ihre Mutter. Einmal sah sie die Decke im Vorzimmer des Immobilienmaklers einstürzen, ein anderes Mal Richard einen Salat essen und sich dabei eine Lebensmittelvergiftung zuziehen. Keine der Vorahnungen bewahrheitete sich, und ihre Mutter konnte sie in beiden Fällen überreden, den Mund zu halten.

Saras Mutter hatte bereits hin und wieder angedeutet, sie solle doch einen Therapeuten aufsuchen, einen Spezialisten für die Behandlung von irrationalen Ängsten. Sara stellte sich jedes Mal taub. Schließlich war alles in Ordnung mit ihr. Sie hatte einfach nur das Glück, sensibel genug zu sein, um Vorwarnungen zu empfangen, das war alles. Gut, sie würde Richard nicht mehr in der Arbeit anrufen. Dafür mussten die anderen aufhören mit ihren Versuchen, sie zu einem Seelenklempner schleppen zu wollen, damit der ihr irgendwelche Beruhigungspillen verabreichte. Sie fühlte sich bestens.

Und so verging die Zeit. Was die Bank betraf, empfing sie glücklicherweise sehr wenige Vorwarnungen, sodass sie dort in Ruhe arbeiten konnte, und nur ein oder zwei, die sich auf ihr Zuhause bezogen. Einmal schien es Nesbit möglicherweise nicht gutzutun, ganz allein unten im Erdgeschoss zu nächtigen, weswegen sie den Hund mit nach oben in ihr Schlafzimmer nahm, wo er von nun an am Fußende ihres Bettes schlief und auch noch den letzten Rest ihrer im vierten Jahr ihrer Ehe ohnehin selten gewordenen ehelichen Aktivitäten vollends zum Erliegen brachte.

Richard hatte inzwischen aufgehört, von Kindern zu reden. Abends blieb er länger im Büro, ihr Freundeskreis wurde immer kleiner, und sie luden selten oder fast nie Gäste zu sich ein. Und um auszugehen, war Sara normalerweise viel zu müde – kein Wunder bei den endlosen Sicherheitsrunden, die sie pflichtbewusst absolvierte. Schließlich besagte die Statistik, dass die meisten Häuser abends ausgeraubt wurden, immer dann, wenn die Besitzer gerade auf dem Weg ins nächste Pub waren.

Viele Freunde Saras hatten inzwischen kleine Kinder und drängten Sara und Richard, es ihnen doch endlich gleichzutun. Aus dem Büro brachte Richard auch niemanden mehr mit nach Hause – Sara war einfach zu eigenartig und zu kompliziert. Manchmal erzählte er von einem Kollegen namens Ted und einer gewissen Nell. Wenn er spät nach Hause kam, war er oft noch ein Bier mit ihnen trinken gegangen, aber es war nie die Rede davon, dass er die beiden danach zum Essen mitbringen würde.

Und dann, eines Morgens, empfing Sara aus heiterem Himmel eine Vorwarnung, dass Richard zusammen mit einem Kunden ein Haus besichtigen könnte, dessen Boden unter ihnen wegsacken würde. Sie konnte sehen, wie Richard fiel und darum kämpfte, irgendwo Halt zu finden, doch dann stürzte der Rest der Ziegel und Mauern auf ihn und erschlug ihn.

Nun, wie Sara oft zu den Leuten sagte: Was hättet ihr getan? Sie bildete sich schließlich nicht ein, dass so etwas geschehen könnte, sie *sah* es buchstäblich vor sich.

Sara saß in der Bank und zitterte am ganzen Körper. Ihr restliches Leben würde sie mit der Schuld leben müssen, Richard ins Verderben geschickt zu haben, nur weil sie zu viel Angst hatte, den Mund aufzumachen. Aber andererseits wusste sie genau, dass sowohl Richard als auch ihre Mutter sie in die Klapsmühle stecken würden, falls sie es wagte, ihn zu warnen. Welche Entscheidung sollte sie treffen?

Es kam ihr vor wie Jahrhunderte, aber eigentlich war es nur eine halbe Stunde, die sie so dasaß und versuchte, sich zwischen zwei Übeln zu entscheiden. Hätte sie doch nur einen Freund ins Richards Büro, jemanden, dem sie vertraute und der ihr helfen könnte. Aber Richard würde es Sara nie verzeihen, wenn sie Ted oder Nell mit einer ihrer verrückten Ideen belästigte. Das kam also nicht infrage.

Es sei denn …

Es sei denn, sie rief aus einem anderen Grund an und nicht wegen der Vorwarnung. Was würde Richard auf dem schnellsten Weg nach Hause kommen lassen? Einmal angenommen, sie erzählte ihm, dass sie möglicherweise schwanger war? Später, wenn die Gefahr des einstürzenden Hauses gebannt war, konnte sie immer noch sagen, es sei falscher Alarm gewesen. Aber er hatte sie nun mal gebeten, unter keinen Umständen bei ihm im Büro anzurufen.

Also musste sie einen seiner Freunde anrufen. Sie wählte die Nummer des Immobilienmaklers und bat darum, mit Nell verbunden zu werden. Es klingelte eine Weile, und dann hörte sie eine Stimme sagen: »Warte mal, Liebling, ich wimmle den Anrufer rasch ab. Ja? Hallo, Nell am Apparat. Wie kann ich Ihnen helfen?«

Wirklich sehr unprofessionell, dachte Sara. Einen Kunden mit anhören zu lassen, dass man ihn abwimmeln wolle, statt sich um sein Anliegen zu kümmern. Doch das spielte im Moment keine Rolle.

»Oh, Nell, hier spricht Richards Frau, Sara. Könnte ich vielleicht kurz etwas mit Ihnen besprechen?«

Nell klang sehr misstrauisch. »Hm, worum geht es?«

»Tja, es ist ein bisschen kompliziert, aber Sie würden mir und Richard einen großen Gefallen tun, wenn Sie ihn bitten könnten, auf der Stelle nach Hause zu kommen. Ich warte auf ihn.«

»Oh, sind Sie krank oder was?« Irgendwie klang Nell merkwürdig, dachte Sara, nicht freundlich oder hilfsbereit.

»Nein, ich bin nicht krank, aber ich habe Neuigkeiten für ihn.«

»Kann das nicht warten, bis er heute Abend nach Hause kommt?«

»Nein, kann es nicht.«

»Oh.«

»Also würden Sie ihn darum bitten, Nell?«

»Warum rufen Sie ihn nicht selbst an und fragen ihn?«

»Er mag es nicht, wenn ich während der Arbeitszeit anrufe.«

»Aber wenn es wichtig ist ...«

»Hören Sie, Nell, ich will offen zu Ihnen sein. Ich glaube, ich bin schwanger. Er wird sich sehr darüber freuen, und ich will ihm die Neuigkeit sofort mitteilen. Am liebsten jetzt gleich!«

Sie seufzte ungeduldig.

»Sie glauben, Sie sind *was?*«, fragte Nell.

»Nun, ich kann noch nicht sicher sein, aber es sieht so aus«, flötete Sara.

Und da legte Nell auf. Oder sie wurden getrennt. Schwer zu sagen, was zutraf.

Sara wählte zum zweiten Mal die Nummer des Immobilienbüros. Sie sei getrennt worden, sagte sie, woraufhin man sie erneut durchstellte.

Der Telefonhörer wurde erst abgenommen und dann auf einen Schreibtisch geknallt. Dieses verdammte Telefon läute immer dann, wenn man es am wenigstens brauche, hörte Sara Nell sagen. Nell weinte und schluchzte, während sie offenbar mit einem Mann sprach. Das Telefon schien sie vollkommen vergessen zu haben.

Sara rief laut: »Hallo? Hallo?«, aber vergebens.

Nell schniefte. »Du hast mir gesagt, dass du seit über einem Jahr nicht mehr mit ihr schläfst ...«

»Und das stimmt auch, Nell, mein Schatz, es stimmt.«

Als Nell endlich Richard beim Namen nannte, wusste Sara längst Bescheid. Nell und Richard hatten eine Affäre. Es hatte einen Grund, warum er an manchen Abenden so spät nach Hause kam. Und wie sie danach immer sagte – nun konnte ihr keiner mehr unterstellen, dass sie mit den Vorwarnungen falschlag. Sie wusste, dass an diesem Morgen etwas passieren würde.

Und sie hatte recht gehabt.

Entscheidung an Weihnachten

Es gab fünf mögliche Orte, an denen sie Weihnachten verbringen konnte, laut Statistik ein ausgesprochen guter Durchschnitt. Nicht viele unverheiratete Frauen mittleren Alters hatten fünf Einladungen für den ersten Weihnachtsfeiertag vorzuweisen. Janet wusste, dass sie unter diesen Umständen von Glück reden konnte. So viele Leute fühlten sich einsam und gestrandet und wussten nicht, wohin mit sich in dieser Jahreszeit, die für alle anderen fröhlich und festlich war. Aber welche Einladung sollte sie annehmen?

Nun kam ihr die jahrelange Arbeit in einem Büro zu Hilfe, in dem tagtäglich Entscheidungen gefällt werden mussten. Mit Vernunft und kühlem Kopf würde sich Janet die Möglichkeiten anschauen und danach die beste Wahl treffen.

Sie konnte die Tage bei ihrer Mutter verbringen. Mutter war siebzig Jahre alt, kleidete sich wie eine Fünfunddreißigjährige und war verheiratet mit einem um viele Jahre jüngeren Mann. Mutter würde sich freuen, sie zu sehen, aber dies hieße, dass Janet sich spektakulär in Schale werfen und so tun müsste, als wäre sie wesentlich jünger als fünfzig. Eine Tochter zu haben, die ein halbes Jahrhundert alt war, lag außerhalb von Mutters Vorstellungskraft.

Bei ihr würde sich an den Feiertagen eine Cocktailparty an die andere reihen, mit ständig wechselnden Gästen, denn ein Heimchen am Herd war ihre Mutter nie gewesen.

Oder sie konnte zu ihrem Vater fahren. Vater lebte allein in Gesellschaft seiner Bücher und schien sich nie – selbst im engsten Familienkreis nicht – daran erinnern zu können, mit wem er es gerade zu tun hatte. Vater war so zerstreut, dass alle glaubten, er spiele ihnen etwas vor.

Ihr Vater legte nicht viel Wert auf zwischenmenschliche Beziehungen, hatte es nie getan. Dass er überhaupt je geheiratet und drei Kinder in die Welt gesetzt hatte, war allen ein Rätsel. Seit der Scheidung hatte Vater von sich aus keinen Kontakt mehr zu ihnen aufgenommen, zeigte sich aber jedes Mal, wenn die Geschwister ihn besuchten, zumindest höflich interessiert.

Wie jedes Jahr sagte ihr Vater auch dieses Mal: »Wenn du nicht weißt, wohin an Weihnachten, kannst du gern mit ein paar Büchern vorbeikommen.«

Das war durchaus als Einladung zu verstehen.

Dann war da Janets Schwester Kate. Kate hatte mit entschlossener Stimme verkündet: »Kommt nicht infrage, dass du an Weihnachten allein bleibst. Du feierst mit *uns*. Wir haben einen Plan aufgestellt, und jeder bringt sich ein. Du könntest an Heiligabend abwaschen, für die Mince Pies sorgen und am Tag nach Weihnachten das Gemüse schnipseln. Was hältst du davon?« Das hatte sich so geschäftsmäßig und unbeteiligt angehört, als wollte ihre Schwester sie als Hilfskraft über die Feiertage einstellen. Doch auch *das* galt als Einladung.

Und dann war da noch Shane, Janets Bruder.

Shane hatte ein Alkoholproblem, und für ihn waren die Weihnachtstage eine einzige Prüfung. Alles, was mit Spaß und Feiern zu tun hatte, schien ohne Alkohol nicht denkbar zu sein.

Aus dem Grund ging Shane dem Ganzen am liebsten aus dem Weg und mietete ein Cottage, meilenweit weg von jeglicher Zivilisation, in dem er sich über die vier Feiertage verkroch. Manchmal leisteten ihm ein paar Freunde von der Selbsthilfegruppe Gesellschaft. Manchmal blieb er auch allein mit seiner Freundin, die gerade ihre Abhängigkeit von Beruhigungsmitteln überwunden hatte. Die beiden bemühten sich ernsthaft, ihre Probleme auf die Reihe zu kriegen, und telefonierten oft mit ihren Therapeuten. Friedliche Weihnachtstage waren dort also nicht zu erwarten, und auch keine festlich geschmückte Umgebung, aber immerhin fände sie dort eine Zuflucht.

Und natürlich gab es da noch Janets Freundin Rose.

Rose, die sie vor dem treulosen Edward gewarnt hatte. Rose, die genau vorhergesagt hatte, unter welchen Umständen Edward sie verlassen würde, nämlich in dem Moment, in dem es am wenigsten passte und am meisten wehtat.

Da Edward seine Frau nicht wegen Janet verlassen hatte, als sie achtundzwanzig Jahre jung war, hatte Rose düster prophezeit, das würde dann mit jedem Jahr, das verging, umso unwahrscheinlicher werden. Und jetzt, da Janet tatsächlich ihren Fünfzigsten gefeiert hatte, war die Situation absolut untragbar. Du wirst noch an meine Worte denken, hatte Rose gesagt. Edward würde sich davonmachen, sobald seine langjährige Geliebte, die treue Janet, die alles für ihn geopfert hatte, die Fünfzig erreichte und nicht länger als junges Mädchen durchging.

Rose kultivierte eine – wie sie es nannte – gesunde Missachtung für Männer. Die Hälfte der Weltbevölkerung mit Missachtung zu strafen, konnte so gesund auch wieder nicht sein, wie Janet fand, aber Rose blieb ihren Überzeugungen treu. Sie wisse *alles* über Männer, behauptete sie. Schließlich sei sie mit einem verheiratet gewesen.

Der war schon seit langer Zeit fort und wurde nicht sehr vermisst.

Rose hatte Janet viele Weihnachten lang zu überreden versucht, mit ihr in den Süden, in die Sonne, zu fliegen.

Was gäbe es Schöneres als ein Hotel mit einem Swimmingpool und einer Sonnenliege, in dem man völlig anonym war?

Doch jedes Jahr aufs Neue hatte Janet höflich abgelehnt.

Jedes Jahr stand nämlich Edward an Heiligabend mit einem Weihnachtsgeschenk für Janet vor der Tür. Da konnte sie doch auf keinen Fall fortfahren.

Schön und gut, aber was war am ersten Weihnachtstag?,

schnaubte Rose verächtlich. Der Tag, an dem die meisten Menschen sich deprimiert und verletzlich fühlten, wenn sie nicht irgendwo Geborgenheit fanden.

Beehrte sie Edward denn auch am ersten Feiertag mit seinem Besuch? Nein, nicht ein einziges Mal seit über zwanzig Jahren.

Doch jetzt, da die Geschichte endgültig aus war, wäre es Janet sicher möglich, mit ihrer Gewohnheit zu brechen und Rose ins Ausland zu begleiten.

Gemeinsam würden sie durch die marokkanischen Souks streifen und Schmuck kaufen, würden Ausflüge in die Berge machen und die lokalen Märkte fotografieren. Sie würden in arabischen Restaurants speisen, traditionellen Musikern lauschen und Bauchtänzerinnen bewundern.

Eine gänzlich andere Welt wäre das, eine vollkommen andere Umgebung.

Das war Janets fünfte Möglichkeit.

Arme Miss Mills, traurige Janet Mills. Fünfzig Jahre war sie mittlerweile alt und endgültig verlassen von dem Mann, den sie fast ihr halbes Leben lang abgöttisch geliebt hatte, und jetzt musste sie sich entscheiden zwischen fünf Orten, an denen sie Weihnachten verbringen konnte.

Sie hätte sich noch nicht entschieden, antwortete sie wahrheitsgemäß, wenn jemand von ihr wissen wollte, was sie vorhabe.

Janet Mills hatte lange Zeit in einem Büro gearbeitet und nie groß Karriere gemacht. Sie war aber stets eine geschätzte Mitarbeiterin gewesen. Frag Janet, hieß es, wenn jemand nicht mehr weiterwusste. Jungen Angestellten wurde erklärt, dass Miss Mills einfach alles wisse.

Der Grund, weshalb sie sich lieber im Hintergrund hielt, war natürlich Edward.

Hätte sie ihr Licht nicht unter den Scheffel gestellt, wie hätte das seine sonst so hell leuchten können? Für sie war das vollkommen normal.

Weshalb die anderen sich darüber wunderten, konnte sie nicht verstehen.

»Dieser Mistkerl nützt dich doch nur aus, um seine Ziele zu erreichen.« Originalton Rose. Für Rose waren die meisten Männer Mistkerle. Manche waren auch Hurensöhne; es erschloss sich jedoch nicht sofort, welchen Maßstab sie zur Unterscheidung anlegte.

Auch ihre Mutter hatte sich einen Kommentar nicht verkneifen können. »Schon merkwürdig, dass du nie befördert wurdest, und das bei einem *Freund,* der so erfolgreich ist.«

»Fühlst du dich nicht *unterfordert* von dieser … dieser Arbeit im Büro?«, hatte Vater mit sanfter Stimme von ihr wissen wollen.

Und Kate hatte gehöhnt: »Wenn er schon keine ehrbare Frau aus dir macht, dann kann er dich wenigstens zu seiner Stellvertreterin ernennen.«

»Hörigkeit ist eine Form von Sucht«, hatte Shane, ihr Bruder, diagnostiziert. »Deine Abhängigkeit von Edward spiegelt in vielerlei Hinsicht meine eigene Alkoholabhängigkeit wider. Vielleicht sind alle in unserer Familie einfach krank.«

Allerdings traf Miss Janet Mills ihre Entscheidungen auf eine ziemlich simple Art und Weise, und ihre Methode unterschied sich grundlegend von dem Vorgehen aller anderen.

Statt sich zu überlegen, welche Option die Beste für sie wäre, befasste sie sich zunächst immer mit der Schlechtesten und schloss danach eine Alternative nach der anderen aus.

Die letzte, die sie ausschloss, erwies sich normalerweise stets als die beste.

Also griff Janet zu ihrem Spiralblock und fing an, ihre Prioritäten aufzulisten, indem sie mit dem Ort begann, an den sie am wenigstens gern fahren würde.

Das war definitiv das Cottage ihres Bruders Shane.

Zum einen würde es Shane kaum auffallen, ob sie da war oder nicht. Deshalb konnte sie ihn mit einer Absage weder enttäuschen noch vor den Kopf stoßen. Sie kannte keinen größeren Feiertagsmuffel als Shane, dessen schlichtes Cottage weder mit Stechpalmen noch mit Efeu oder Mistelzweigen geschmückt wäre. Zeitungen oder Illustrierte lägen auch keine im Haus herum, schließlich könnte darin Reklame für Alkohol gemacht worden sein; dafür würde sie sich endlose Litaneien über das Elend der Welt anhören müssen.

Janet hatte ihre Wohnung immer festlich geschmückt und ihre Weihnachtskarten aufgehängt. Mehr als zwanzig Jahre lang hatte Edward gefeixt, es käme ihm vor wie eine Parodie auf den Heiligabend, wenn er auf einen Drink zu ihr kam und ihr das Geschenk vorbeibrachte, das sie selbst vorgeschlagen, angeregt und meistens auch noch gekauft hatte.

Aber traurig und freudlos und ohne Bezug zum Weihnachtsfest, wie es bei Shane der Fall wäre, hatte es in ihrer Wohnung nie ausgesehen.

Als Nächstes entschied sie sich gegen einen Besuch bei ihrem Vater. Auch er würde ihre Anwesenheit kaum mitbekommen, und sie würde seine Feiertage auch nicht sonderlich bereichern. Seine Haushälterin würde wie immer ein Abendessen vorbereiten, das sie in höflichem und – aus seiner Sicht – anregendem Schweigen verzehren würden.

Aber es würde keine Musik erklingen, keine entzückenden alten Weihnachtslieder, wie Janet sie gern hörte. Es gäbe keinen Besuch der Mitternachtsmette oder die Rundfunkübertragung des jährlich in der King's College Chapel in Cambridge stattfindenden Weihnachtsgottesdienstes. Alles nur unnützer Lärm in den Ohren ihres Vaters, der dadurch vom Lesen abgehalten werden würde.

Und so strich sie seinen Namen von der Liste.

Gleich darauf den ihrer Schwester Kate. Kate führte das, was man eine intakte Ehe nannte. Zumindest funktionierte sie. Das heißt, wenn man unter einer Ehe so etwas wie einen generalstabsmäßig geplanten Feldzug verstand.

Das Leben im Haus ihrer Schwester verlief nach einem strikten Ablaufplan. Wenn Janet schon mal zum Essen eingeladen wurde, erhielt sie vorab folgende militärisch knappe Anweisung: »Eintreffen neunzehn Uhr vierzig, Essenfassen zwanzig Uhr, Aufbruch gegen dreiundzwanzig Uhr.«

Der Zeitplan für die Weihnachtstage hing bestimmt an einem Klemmbrett.

In Janets eigener kleiner Wohnung war ein derartiger Drill nie nötig gewesen. Wie Edward immer sagte – ein Ort absoluter Entspannung ohne Regeln und Zeitpläne. Wie schrecklich, Weihnachten in einer Umgebung zu verbringen, in der alle Aktivitäten und Pflichten minutiös aufgelistet waren. Kate wurde ebenfalls von der Liste gestrichen.

Würde Mutter sehr enttäuscht sein, wenn Janet ihre Einladung ablehnte?

Nein, wenn sie ehrlich zu sich war, wäre ihre Mutter wahrscheinlich sogar erleichtert. Sie war ja immer so beschäftigt, verbrachte Stunden auf dem Trimmrad und mit Dampfbädern für das Gesicht, ganz zu schweigen von der Zeit, die es in Anspruch nahm, ihre Fingernägel sorgfältig zu lackieren und ihre Frisur in Form zu bringen.

Und wenn Janet ihre Mutter nicht enttäuschen, ihr wahres Alter enthüllen und sie als Frau mit einer Tochter mittleren Alters bloßstellen wollte, würde sie ähnliche Vorbereitungen treffen müssen. Wie ermüdend es doch wäre, den Schein zu wahren.

Hier in ihrer eigenen Wohnung bestand keinerlei Notwendigkeit, jemanden zu beeindrucken oder sich ein Image zu erschaffen. Es würde ihr wirklich schwerfallen, diesen friedlichen Ort zu verlassen und sich ins hektische Getümmel bei ihrer Mutter zu stürzen.

Auch Mutters Name fiel dem Bleistift zum Opfer.

Nun war Rose' Angebot an der Reihe.

In Rose' Augen selbstverständlich die mit Abstand sinnvollste Option.

»Was willst du denn bei deiner langweiligen Familie, wo jeder nur macht, wozu er Lust hat?«, hatte sie Janet gefragt, in einem Tonfall, der keinen Widerspruch duldete.

»Das hättest du schon seit Jahren tun sollen, statt darauf zu warten, dass dieser Halunke sich bei dir meldet«, hatte sie hinzugefügt. Und das nicht nur ein Mal.

Rose wäre eine gute Freundin und eine angenehme Gesellschaft.

Aber an den sonnigen Tagen und den von sanftem Mondschein erleuchteten Nächten bekäme Janet nichts anderes zu hören als zornige Tiraden über die sattsam bekannte Treulosigkeit von Männern, nach dem Motto: Ich habe es dir doch gesagt.

Um wenigstens ein wenig Ruhe zu haben, würde sie Edward verleugnen und zugeben müssen, dass die Sache mit ihm reine Zeitverschwendung gewesen war. Sie müsste bestätigen, dass er ihr die besten Jahre ihres Lebens gestohlen und nichts dafür zurückgegeben hätte.

Doch das war ein zu hoher Preis

Sie würde Edward nicht verleugnen.

Außerdem hatte er ihr nicht die besten Jahre ihres Lebens gestohlen; im Gegenteil, die Jahre mit ihm waren die schönsten ihres Lebens gewesen.

Sie war glücklich gewesen, besinnungslos vor Glück, wenn er bei ihr war, und erfüllt von stiller Freude, wenn sie an seinen Besuch zurückdachte oder sich ihr nächstes Treffen ausmalte.

Sie hatte keineswegs das Gefühl, vom Schicksal übergangen worden zu sein oder ihre eigene Karriere für ihn geopfert zu haben.

Sie hatte sich für ihn gefreut, jedes Mal, wenn er befördert wurde, und in ihrer freundlichen, bequemen Wohnung mit Champagner im Bett gefeiert.

Er wusste, dass sie das Beste für ihn wollte, so wie er für sie. Sie waren nicht durch Regeln und Vorschriften aneinander gefesselt wie ihre Schwester Kate, nicht durch den Zwang, den schönen Schein aufrechterhalten zu müssen wie ihre Mutter, und keine kalte Gleichgültigkeit wie die ihres Vaters vergiftete ihre Beziehung. Es gab keine Bitterkeit und keinen Hass wie im Leben von Rose.

Und so hatte sich in ihrem Spiralblock nicht automatisch eine Entscheidung an die oberste Stelle katapultiert.

Sie würde keine der Einladungen annehmen.

Stattdessen würde sie zu Hause in ihrer Wohnung bleiben und sie mit grünen Zweigen und roten Beeren dekorieren.

Sie würde Weihnachtskarten und silberne Glöckchen aufhängen.

Und sie würde die alten, traditionellen Weihnachtslieder anhören, sich eine gute Flasche Wein schmecken lassen und sich im Fernsehen ansehen, wie Menschen auf der ganzen Welt das Fest begingen. Sie war keine Frau, deren Leben ruiniert war. Im Gegenteil, ihr Leben war bereichert worden.

Sicher, es stimmte, als Feministin im Kampf für die Unabhängigkeit von Frauen würde sie nie durchgehen, aber ebenso wenig würde sie als armes Weibchen angesehen werden, für das Jugend und gutes Aussehen die einzigen Eigenschaften waren, auf die es bei Frauen ankam. Sie war nicht wie Rose, aber wie ihre Mutter war sie auch nicht.

Sie würde es sich in ihrer eigenen Wohnung gemütlich machen und ihr eigenes Weihnachtsfest feiern. Denn sie glaubte, dass Edward *trotz* seiner gegenteiligen Beteuerung, ihre Liebe sei vorbei, wie üblich an Heiligabend zu ihr kommen würde, und sie würde für ihn da sein.

Sie würde nicht mehr von ihm verlangen, als er zu geben bereit war. Tief in ihrem Herzen spürte sie, dass er immer noch in der Lage wäre, ihr das zu geben, was er ihr in den letzten zwanzig Jahren gegeben hatte, und mochte es auch wenig gewesen sein. Ihn kostete es nicht viel, und ihr bedeutete es sehr viel.

Für ihn verkörpere sie den wahren Geist des Weihnachtsfestes, hatte er einmal zu ihr gesagt. War das nicht eine wunderbare Erinnerung? So ein Kompliment aus dem Mund des Mannes, den sie liebte? Welche Ehefrau, welches junge Mädchen bekam schon so ausdrucksvolle Worte zu hören?

Und während sich die Schaufenster der Geschäfte mit Geschenken aller Art füllten und, wie jedes Jahr wieder, Hektik und Aufregung der Vorweihnachtszeit zunahmen, blieb Janet Mills ruhig und gelassen. Fünf Menschen wären enttäuscht, weil sie ihre Einladung ablehnte. Oder würden es zumindest behaupten. Sie würden die Köpfe schütteln, die Stirn runzeln und missbilligend mit der Zunge schnalzen.

Aber Miss Mills, die ruhige Miss Mills, die wusste, wo alles zu finden war im Büro, wie alles funktionierte und wie Entscheidungen getroffen wurden, sie schien sich des Kopfschüttelns und Stirnrunzelns und Seufzens ringsum nicht bewusst zu sein.

Keiner dieser Menschen war jemals als wahrer Geist des Weihnachtsfestes bezeichnet worden. Keiner von ihnen würde jemals das Glück erfahren, das sie gekannt hatte – und da dieses Glück für immer in ihrem Herzen war, würde sie ein schöneres Fest verbringen als sie alle miteinander.

Vergeben und vergessen

Anfang Dezember traf Mary den Entschluss, ihrer Familie zu verzeihen und über Weihnachten nach Hause zu fahren. Zuvor hatte sie im Fernsehen einen Dokumentarfilm über Menschen gesehen, die sehr nachtragend waren, Menschen mit festen Meinungen und festen Prinzipien, die andere jedoch nur unglücklich machten und im Grunde keinem etwas bedeuteten. Plötzlich war alles sonnenklar für sie; sie würde ihnen vergeben und nach Hause zurückkehren. Nachdem sie sich nach den Flugzeiten erkundigt hatte, beschloss sie, am Mittwoch zu fliegen. So bliebe ihr ein Tag in Dublin, und sie würde Donnerstagabend mit dem Zug nach Hause fahren.

Nach der Entscheidung, ihnen zu verzeihen, fühlte sie sich um Jahre jünger und fragte sich, ob andere, die diese Sendung ebenfalls gesehen hatten, wohl zu derselben Erkenntnis gelangt waren. Vielleicht meldete sie sich hinterher beim Sender und schrieb, wie es gewesen war. Es hieß doch immer, die Fernsehleute würden sich freuen, von ihren Zuschauern zu erfahren, ob ihnen das Programm gefallen hatte. Die Arme zärtlich vor der Brust verschränkt, lief sie in ihrem kleinen Zimmer auf und ab. Seit Jahren war ihr nicht mehr so leicht ums Herz gewesen.

Doch sie musste ihnen Zeit geben und ihr Kommen rechtzeitig genug ankündigen; schließlich hatte es keinen Sinn, ausgerechnet an Heiligabend als verlorene Tochter überraschend auf ihrer Türschwelle aufzutauchen. Ein schönes Gleichnis, aber ihr hatte immer der Bruder des verlorenen Sohnes leidgetan, der die ganze Zeit über zu Hause geblieben war und für den niemand ein mickriges Huhn, geschweige denn ein gemästetes Kalb zubereitete. Nein, sie musste ihnen Zeit geben, darüber nachzudenken, denn genau wie sie würden sie sich an den Gedanken erst gewöhnen müssen, dass die Situation sich entspannte. Noch heute Abend würde sie ihrer Mutter schreiben.

Ihre Mutter wäre so glücklich; Mary glaubte fast, sie vor sich zu sehen, wie sie den Brief an ihre Brust drückte, wie immer, wenn sie gute Nachrichten erhielt. In früheren Zeiten hatte sie stets schlechte Nachrichten in einem Brief vermutet und ihn voller Angst geöffnet. Eine merkwürdige Vorstellung, ihre Mutter als alte Frau wiederzusehen – am zweiten Weihnachtsfeiertag würde sie ihren fünfundsiebzigsten Geburtstag feiern. Ob ihre Mutter wohl inzwischen so geworden war wie die alten Frauen, die sie in den Supermärkten ringsum sah? Womöglich mit Stock und Brille, ausgerechnet ihre Mutter, die sich immer so aufrecht gehalten hatte. Und so überzeugt davon gewesen war, alles zu wissen. So selbstsicher und unerschütterlich in ihren Ansichten.

Von dieser Sicherheit und den Vorwürfen war allerdings nicht mehr viel zu spüren gewesen in den Briefen, die sie ihr geschrieben und in denen sie Mary angefleht hatte, nach Hause zu kommen. O nein. Plötzlich hatten andere Regeln gegolten. »Das Leben ist kurz«, hieß es jetzt, »Familien sollten zusammenhalten«, und »Schlimm, dass du dein Herz von uns abwendest«.

Mary erinnerte sich gut an diese Briefe, die sie fein säuberlich in einer Schachtel einsortiert hatte, in der früher ein Schneebesen verpackt gewesen war. Auf jedem Umschlag hatte sie das Datum seiner Ankunft vermerkt. Sie hatte die Briefe gelesen und abgelegt. Nicht einen davon hatte sie beantwortet – es gab nichts zu sagen. Es ging ihr weder nahe, dass sie zu Hause eine zusätzliche Dekade Rosenkranz für sie beteten, noch bereitete ihr das widerwillige Eingeständnis Genugtuung, dass ihr Vater vielleicht ein wenig zu weit gegangen sein könnte. Ihr war klar, dass sie ihnen nie würde verzeihen können, weil sie nichts mit Louis zu tun haben wollten.

Louis hatte immer gesagt, sie solle sich in Geduld üben, solle vernünftig sein; im Lauf der Zeit würden sie die Dinge in einem anderen Licht sehen. Aber Mary Brennan war nicht der Ansicht, dass dafür je genug Zeit vergehen würde. Immerhin schienen sich ihre Eltern Sorgen um sie zu machen, hatte Louis hinzugefügt; er wünschte sich, es gebe jemanden, der sich um ihn sorgte, denn er habe niemanden. Aber sollte er jemals eine Tochter bekommen, würde er bestimmt auch ganz genau hinschauen, mit wem sie sich einließ. Das alles erzählte Mary eines Abends unter Tränen ihrer Mutter.

»Er ist vollkommen damit einverstanden, dass wir noch ein wenig warten, Ma, auch zwei Jahre, wenn du willst, bis wir uns verloben können. Siehst du denn nicht, wie vernünftig er ist, Ma? Wie kannst du ihn nur einen flatterhaften Gesellen nennen?«

Für Mutter und Vater war dies nur ein weiterer Beweis seiner Schläue und bestätigte lediglich, dass Louis hinter ihrem Geld her war. Welches Geld denn? Mary verdrehte genervt die Augen. Gütiger Herr im Himmel, es ging hier um ein paar Hundert Pfund. Zwölfhundert Pfund, um genau zu sein. Wie konnten sie so dumm und grausam sein und denken, Louis wolle sie einzig und allein wegen dieser zwölfhundert Pfund heiraten?

Ja, aber will er sie denn wirklich heiraten, unsere Mary?, hatte ihr Vater zu bedenken gegeben. Das war die Frage. Will er nicht lieber mit ihr durchbrennen und in wilder Ehe mit ihr zusammenleben, bis das Geld aufgebraucht war? Und was sollte dieser Unfug, er wünsche sich keine große Hochzeitsfeier, weil er niemanden habe, den er einladen könne? Welche Trickserei steckte da dahinter? Und was war das überhaupt für ein Mensch, der niemanden hatte, den er zu seiner Hochzeit einladen konnte, dieser Mann, der aus heiterem Himmel in der

Stadt aufgetaucht war, ohne Vergangenheit, ohne Beziehungen? War es nicht merkwürdig, dass er sich ausgerechnet ein Mädchen ausgesucht hatte, für das sich bisher niemand ernsthaft zu interessieren schien? Frag ihn das doch mal. Wie kam es, dass keiner der anderen Burschen in der Stadt große Anstalten gemacht hatte, um Mary Brennans Hand anzuhalten, als es an der Zeit für sie war, sich eine Frau zu suchen? Nein, einzig und allein er, ein Bursche von Gott weiß woher, der vor Gott weiß was davonlief, ausgerechnet er erwählte die bekannteste alte Jungfer der Stadt, weil sie ein paar Pfund auf der Post liegen hatte.

Mary Brennan war neunundzwanzig Jahre alt geworden in dem Jahr, in dem sie Louis kennengelernt hatte. Er war in die Stadt gekommen, um den Sommer über in Lynch's Lebensmittelladen zu arbeiten. Die Kinder, denen er Eis verkaufte, liebten ihn, weil seine Portionen für vier Pence sehr großzügig ausfielen und er auf die Waffeltüten für drei Pence immer noch einen kleinen Nachschlag setzte. Die Lynches mochten ihn, weil er stets ein Lächeln auf den Lippen hatte und es ihm nichts ausmachte, so lange im Laden zu bleiben, bis die Leute aus dem Kino kamen, oder noch länger, bis auch die Tanzlokale schlossen. Er verkaufte Chips und Mineralwasser und wusste bestens mit Kunden umzugehen, die ein wenig zu laut wurden. In diesem Sommer nahmen die Lynches so viel Geld ein wie nie zuvor. Es mache ihm nichts aus, allein den Laden zu hüten, sagte er oft, und schickte seine Arbeitgeber ins Haus, um sich eine Sendung im Radio anzuhören.

Mary Brennan hatte sich vor dem Ende dieses Sommers gefürchtet, aber nein, die Lynches hatten Louis weiter beschäftigt. Als alle Touristen weg waren, hatte Mary ihn endlich für sich allein gehabt. Im Herbst wanderten sie zusammen über die Klippen, und als der Wind im Oktober kälter wurde, legte er ihr seine Jacke um die Schultern und machte ihr Komplimente. Nie hatte sie jemanden geküsst, bis auf diese beiden Tölpel einmal beim Tanzabend. Mary war froh, so lange gewartet zu haben, weil es nämlich noch besser war, als sie je erhofft hatte. Dann fingen die Leute zu reden an und sagten ihr ins Gesicht, er würde sie nur zum Narren halten.

Ihr Vater war der Schlimmste von allen gewesen – sogar ihre Mutter und Nessa und Seamus hatten versucht, ihren Vater zu bremsen, wenn er sich wieder in Rage redete. Nessa hatte betreten zur Seite gesehen, als ihr Vater zu Mary gesagt hatte, sie solle besser mal in den Spiegel schauen und zur Vernunft kommen. Wie käme ein junger Taugenichts wie Louis, sechs Jahre jünger als sie, nur auf die Idee, sich für eine Frau wie sie zu interessieren?

Die Wintertage waren konturlos ineinander übergegangen, und Mary konnte sich nur noch vage an diese Zeit erinnern. Wahrscheinlich war sie wie immer täglich zur Arbeit auf das Postamt gegangen. Zum Tee war sie mit Sicherheit wieder nach Hause gekommen, aber verbrachte sie den Nachmittag allein, oder kam es jeden Abend zum Streit mit ihrer Familie? Sie erinnerte sich noch, dass Louis ständig vor Kälte zitterte, weil sie immer auf der Straße standen, um miteinander zu reden. Zu ihr nach Hause konnten sie nicht: Ihr Vater hätte ihn nicht hineingelassen, und ins Haus der Lynches konnte er sie nicht mitnehmen – sie hätten sich damit als Feinde von Marys Eltern zu erkennen gegeben. Manchmal flüchteten sich Mary und Louis in die Kirche, wo es wärmer war, und unterhielten sich leise flüsternd in den hinteren Reihen, bis Father O'Connor sie einmal angesprochen und gemeint hatte, es sei dem Herrn gegenüber nicht sehr respektvoll, in seinem Haus miteinander zu schäkern und herumzualbern wie zwei ungezogene Kinder.

Sie traf ihre Entscheidung an dem Abend, an dem Louis zu ihr gesagt hatte, er sei ihr vielleicht nur eine Last. Er bringe ihr womöglich mehr Kummer als Glück und dass er besser fortgehen solle; sie würde ihn schon vergessen. Mary Brennan handelte ruhig und gelassen. Drei Tage vor Weihnachten füllte sie alle nötigen Formulare aus, um das Geld von ihrem Konto bei der Post abzuheben. Sie räumte ihre Ecke des Schalters auf und bat die Postamtsvorsteherin, ab Neujahr einen Ersatz für sie zu suchen. Dann ging sie nach Hause und erklärte ihren Eltern und ihren Geschwistern Nessa und Seamus, dass sie beabsichtige, den nächsten Bus zu nehmen, bevor sie beide in den Zug steigen und nach England fahren würden.

Das Haus stand Kopf, als sie zum Laden der Lynches eilte und Louis ihren Entschluss mitteilte. Aber jetzt doch nicht, protestierte er.

Woraufhin sie schlicht erwiderte: »Du musst aber jetzt mitkommen, denn deinetwegen verlasse ich Vater und Mutter, wie es im Neuen Testament steht. Du weißt schon, die Stelle, wo der Mann Vater und Mutter verlässt und sich an seine Frau bindet und sie ein Fleisch werden. Genau das mache ich jetzt. Lass mich nicht im Stich, denn wie soll ich allein ein Fleisch werden?«

Louis hatte gelacht; selbstverständlich würde er sie damit nicht allein lassen, hatte er gesagt, seinen Koffer gepackt und den Lynches erklärt, dass sie ihm kein Weihnachtsgeld zahlten müssten. Als er draußen vor dem Haus der Brennans stand, den Koffer in der Hand, hatte er ein wenig ausgesehen wie damals zu Beginn des Sommers, als er hier ankam. Nur fror er jetzt. Er wartete, bis die Tür sich öffnete und das Schluchzen und der Lärm auf die Straße herausschwappten und Mary langsam die Treppe herunterkam, jedoch ohne Tränen in den Augen.

Die ganze Fahrt über hatten sie nicht eine Träne vergossen; sie lachten und stellten sich vor, wie gut alles werden würde, bis sie ein Zimmer in der Nähe der Paddington Station fanden, wo sie – auch wenn sie vorgaben, verheiratet zu sein – in getrennten Betten schliefen, bis sie drei Wochen später von einem italienischen Priester getraut wurden, mit zwei Italienern als Trauzeugen.

Mary schrieb exakt einen Brief nach Hause, ziemlich bald im folgenden Jahr, im Frühling 1963. Sie hätten in einer katholischen Kirche geheiratet, schrieb sie, und dass sie mit den tausendzweihundert Pfund eine Anzahlung auf einen kleinen Eckladen geleistet hätten. Sie seien überzeugt, dass das Geschäft gut gehen würde.

Sie seien beide bereit, hart und lange zu arbeiten, und in einem Viertel wie dem hier sei das genau der richtige Weg, um einen florierenden Betrieb aufzubauen. Mehr habe sie nicht zu sagen, schrieb sie, und sie erwarte auch nicht, von ihnen zu hören. Schließlich hätten sie einander an diesem letzten Tag alles gesagt, was zu sagen war. Trotzdem sei es Louis' innigster Wunsch, ihre Familie wissen zu lassen, wo sie sich aufhielt. Louis schicke ihnen seine herzlichsten Grüße. Sie melde sich nur dieses eine Mal, und auch nur, um ihm einen Gefallen zu tun.

Sie schrieben zurück und versuchten, in ihren Briefen zu erklären, dass das, was passiert war, nur mit bester Absicht geschehen sei. Ihre Schwester Nessa erzählte vom Besuch Präsident Kennedys und dem Ausflug, den sie gemeinsam unternommen hatten, um ihn zu sehen. Auch Seamus ließ von sich hören; ziemlich langweilig sei es zu Hause ohne sie, schrieb er, und irgendwie habe er Mitleid mit seinem alten Herrn. Doch Mary erwiderte ihre Briefe nie.

Einmal, als sie sich frisierte, bat Louis sie, einen Blick in den Spiegel zu werfen. »Schau mal in den Spiegel«, meinte er gutmütig, »da oben steht noch was weg.« Mary war in Tränen ausgebrochen. Sie sah sonst nie in den Spiegel, aus Angst, ihr könnte daraus ein altes Weib entgegenblicken, so wie ihr Vater sie gesehen hatte.

Als er vom Ergebnis seiner Untersuchung erfuhr, schrieb Louis einen Brief an Marys Eltern.

»Sie ist sehr stolz und hat das Gefühl, mich zu verraten, wenn sie Ihnen gegenüber ihr Herz öffnet. Sie glaubt, wenn sie Sie aus ihrem Leben verbannt, ist das nur ein weiterer Beweis ihrer Loyalität mir gegenüber. Aber wenn das alles vorbei ist, wird sie Sie brauchen, da bin ich mir sicher. Bitte, lassen Sie sie wissen, dass das mein Wunsch war. Ich werde ihr ebenfalls einen Brief hinterlassen.«

Sie hatten versucht, ihn im Krankenhaus zu erreichen, aber es war zu spät. Mary schickte ihnen eine Karte mit schwarzem Rand und bedankte sich für ihre Anteilnahme.

So wie sie zuvor zehn Jahre als Ehefrau in dem kleinen Laden gearbeitet hatte, setzte sie ihre Arbeit zehn Jahre als Witwe fort. Neue Einwanderer eröffneten neue kleine Läden, hart arbeitende Pakistani, wie sie bereit, fast rund um die Uhr geöffnet zu haben. Ein oder zwei Mal hatte ihr ein älterer Pakistani ein gutes Angebot für ihren kleinen Eckladen unterbreitet, weil er seinem Neffen den Einstieg in ein lukratives Geschäft ermöglichen wolle, wie er sagte. An dem Tag fiel Mary ein, dass sie auch Neffen hatte. Nessa hatte drei Söhne und Seamus zwei, und sie fragte sich, was diese wohl über ihre Tante Mary in London zu hören bekamen.

An dem Abend, als sie ihrer Familie verzieh, betrachtete Mary sich im Spiegel. Sie fühlte sich nicht wie eine Frau, die fast fünfzig Jahre alt war, aber vielleicht sah man es ihr an. Sie hatte keine klare Vorstellung, wie sie heute aussah. Seit Jahren gab es keinen Louis mehr, um sie zu bewundern und ihr zu sagen, dass sie zu oft die Stirn runzelte oder dass sie wunderschöne graue Augen hatte. Ihr Vater war mittlerweile fast blind, und dem jährlichen Brief ihrer Mutter war zu entnehmen, dass er das Haus nicht mehr verlassen konnte. Ihre Mutter selbst schien noch öfter in die Kirche zu gehen, als es die Jahre zuvor bereits der Fall gewesen war.

Von Nessas Familie war oft die Rede; sie hatte den Sohn des Pubbesitzers geheiratet, eine gute Wahl, wie es schien. Sie hatten drei Söhne und drei Töchter. Nessa besaß ein eigenes Auto. Seamus wurde nicht so oft erwähnt, und seine Frau kam fast nie vor. Vielleicht war sie in den Augen ihrer Eltern eine weibliche Variante von Louis, nicht gut genug für die Familie und nur hinter dem Geld der Brennans her. Das bisschen Geld. Wie lachhaft. Innerhalb von zwei Jahren hatten sie und Louis mehr Geld auf die Seite gelegt als ihr Vater in seinem ganzen Leben. Aber solche Bemerkungen sollte sie sich lieber sparen, wenn sie nach Hause kam.

Nein, besser nicht damit auftrumpfen, wie positiv sich alles für sie angelassen hatte, welch guter Mann Louis für sie gewesen war, wie falsch, wie unendlich falsch ihre Angehörigen gelegen hatten mit ihrem Vorwurf, er sei ihre Liebe nicht wert. Nein, wenn man verzeiht, muss man auch vieles vergessen.

Auch sie hatten offenbar vergessen können. Kein Wort der Entschuldigung, nicht, seit Louis gestorben war und sie ihr seinen Brief geschickt und sie gebeten hatten, nach Hause zu kommen. Angefleht hatten sie sie.

Wie es wohl sein würde zu Hause, fragte sie sich aufgeregt. Sie plante, eine Woche zu bleiben; der junge Mr Patel, ihr Gehilfe im Laden, würde das Geschäft leicht allein bewältigen. Seine Familie feierte Weihnachten ohnehin nicht. Sie könnte sogar zwei Wochen bleiben. Wo sie wohl schlafen würde? In ihrem alten Zimmer? Vermutlich würde Nessa wollen, dass sie auch in ihrem Haus übernachtete, und sie würde alles daransetzen, eine Weile bei Seamus und dessen Frau zu bleiben. Für die Kinder wollte sie den Weihnachtsmann spielen und Geschenke mitbringen; sie musste unbedingt in den Briefen nachlesen, wie alt sie jetzt waren. Es wäre schrecklich, ihnen die falschen Dinge mitzubringen. Gott, Nessas Ältester war inzwischen siebzehn Jahre alt. Fast ein erwachsener Mann.

Was würde er seiner neuen – oder vielmehr – seiner alten Tante zu sagen haben? Einen Moment lang ließ ihre Fröhlichkeit sie im Stich. Was würden sie sich überhaupt zu sagen haben?

Eine leise Stimme in ihr hörte nicht auf, zu hinterfragen, ob es ihnen überhaupt recht wäre, wenn sie ihnen verzieh, oder würde sie damit nicht alles durcheinanderbringen? Vielleicht hatten sie schon ihre eigenen Pläne für Weihnachten. Vielleicht würde der Pfarrer an Heiligabend zum Essen kommen, und auch die alte Mrs Lynch aus dem Laden, in dem Louis gearbeitet hatte. Vielleicht mussten Nessa und ihr Mann Weihnachten bei der Gastwirtsfamilie verbringen. Wer konnte wissen, wie Seamus inzwischen geworden war?

Mary blickte in den Spiegel und fasste sich an ihr graues Haar. Sie war eine Fremde für sie alle. Es spielte keine Rolle mehr, wessen Schuld es gewesen war oder wer was gesagt hatte: Die Hauptsache war, dass sie sie nicht kannten. Sie wussten nicht, wie ihr Leben mit Louis gewesen war. Sie hatten nie erfahren, dass sie beide vor Jahren mit dem Zug nach Rom gefahren waren und viel mit Italienern unternommen hatten. Sie wussten nicht, wie ihre kleine Wohnung hier aussah, dass sie sich selbst eine Patchwork-Decke genäht und einmal ihren Urlaub zusammen mit vielen anderen Leuten, die alles über Antiquitäten lernen wollten, in einem alten Hotel verbracht hatte.

Ihre Mutter und ihr Vater wussten nicht, dass ihr vor drei Jahren die Gallenblase entfernt worden war, dass sie drei Mal versucht hatte, mit dem Rauchen aufzuhören, und dass es erst beim letzten Mal geklappt hatte. Sie wussten nicht, dass ihre Spezialität Mixed Pickles war und dass sie eine Freundin hatte, die Phyllis hieß und mit der sie ein Mal in der Woche ins Kino oder ins Theater ging. Gemeinsam informierten sie sich in der Zeitung und suchten sich aus, was ihnen passend erschien.

Sie beide hatten denselben Geschmack. Phyllis hatte für sie im Hotel reservieren wollen, zum Weihnachtslunch – wahrscheinlich hatte sie das bereits getan. Sie würde sicher verstehen. Trotzdem …

Nein, vielleicht wäre es unklug, die Sache zu überstürzen. Sie könnte damit mehr Schaden anrichten als Gutes tun. Vielleicht sollte sie in diesem Jahr einfach den Weg ebnen, erst einmal eine Karte schicken und sie wissen lassen, dass sie keinen Groll mehr hegte. Ja, das wäre der richtige Ansatz, und wenn sie ihr antworteten und sich bedankten ... dann, Stück für Stück. Und nächstes Jahr an Weihnachten ... *Das* war es. Nur nichts überstürzen, die Leute mögen es nicht, wenn man ihnen zu schnell verzeiht.

Mary suchte eine Weihnachtskarte heraus und frankierte sie mit einer Briefmarke zweiter Klasse. Es blieb noch reichlich Zeit; es hatte wenig Sinn, eine teure Briefmarke zu verschwenden. Sie überlegte eine Weile. Man durfte die Leute nicht bedrängen.

Nach reiflicher Überlegung schrieb sie: *Fröhliche Weihnachten euch allen. Mary.*

Sie legte die Karte auf das kleine Tischchen, um sie am nächsten Morgen auf ihrem Weg zum Laden einzuwerfen. Die Karte würde ihnen das angenehm warme Gefühl vermitteln, dass sie ihnen verziehen hatte, und sie war froh, dass dies an Weihnachten geschehen war.

Picknick bei St Pauls

༄

Einmal vor langer Zeit, zehn Jahre war das inzwischen her, hatte Catherine eine ganze Woche in Suzis schicker Wohnung in Washington verbracht. Ungefähr vier Mal jährlich hatte sie seitdem Grund, diesen Umstand zu bedauern, auch wenn der Aufenthalt damals ziemlich angenehm gewesen war. Doch seit nunmehr zehn Jahren riefen ungefähr alle drei Monate irgendwelche Amerikaner auf der Durchreise bei ihr an, die ihr Suzi – zu ihrem größten Leidwesen – ins Haus schickte.

»Hallo, Catherine, ich bin Mitzi Bernbach, eine Freundin von Suzi. Ich darf auf keinen Fall nach London kommen, ohne dir ›Hallo‹ zu sagen, hat sie gemeint. Suzi schickt dir auch ein kleines Geschenk. Wann können wir uns treffen, damit ich es dir geben kann?«

Die Bandbreite von Suzis kleinen Geschenken reichte von vollkommen unnützem Kram wie einem Elefanten, der einen Kugelschreiber im Rüssel hielt, bis zur Wanderkarte eines Ausflugs an den Potomac River, den Catherine in ferner Vergangenheit einst unternommen hatte. Jedem gegenüber, der eines dieser Geschenke über den großen Teich transportierte, musste sie Begeisterung heucheln, woraufhin sie postwendend ein schlechtes Gewissen bekam und ihrerseits irgendwelche albernen Londoner Souvenirs erstand und sich darüber hinaus auch noch verpflichtet fühlte, jeden Amerikaner, den es mutterseelenallein nach London verschlagen hatte, zu unterhalten. Mehr als ein Mal überlegte sie, ihre Adresse zu ändern, aber es erschien ihr absurd und lächerlich, sich durch eine vage Bedrohung von jenseits des Atlantiks aus ihrer Wohnung, in der sie glücklich war, vertreiben zu lassen.

Aus den Berichten all dieser mittellosen Mitzis, Jerrys und Chucks hatte sie erfahren, wie Suzis Leben seither verlaufen war. Suzi lebte noch immer als ambitionierte Gastgeberin für ein jüngeres Publikum in Washington und versammelte Leute um sich, die noch keine großen Erfolge vorzuweisen, aber offensichtlich Potenzial hatten. Ihren Blumenladen führte sie schon länger nicht mehr; stattdessen leitete sie einen Leasingservice für Blumenschmuck. Offenbar verkehrte sie in den Häusern der Reichen und Schönen und beriet diese, welche Blumen sie für besondere Anlässe kaufen oder leihen sollten; die Floristen, die die Aufträge erhielten, entlohnten sie dann mit einer Provision. Nur ein Mensch wie Suzi war in der Lage, das Potenzial zu erkennen, das in der Geschäftsidee steckte, dieselben teuren Schnittblumen für drei separate Veranstaltungen an einem einzigen Tag zu verwenden. Man kannte sie inzwischen, wenn sie mit ihrem Lieferwagen nach einer Taufe vorfuhr, um den Blumenschmuck dort wieder einzusammeln, diesen anschließend für eine Bar-Mizwa-Party neu arrangierte, um sie am selben Tag noch in einem dritten Haushalt bei einer Geburtstagsfeier zum Einundzwanzigsten erneut einzusetzen. Jeder sparte an den Blumen, und alle waren glücklich.

Catherine bewunderte Suzis Organisationstalent zwar aus der sicheren Entfernung, wünschte sich aber trotzdem, Suzi möge eines Tages ihre Adresse mit dem Zusatz »Nützlicher Kontakt, Großbritannien« verlieren. Ihr letzter Besucher war wirklich eine Qual gewesen. Er hatte bereits vom Flughafen aus angerufen und ihr vorgejammert, seine Freunde hätten ihn nicht abgeholt, aber Suzi habe ihm geraten, unbedingt Catherine anzurufen, falls er in Schwierigkeiten gerate. Vier Nächte hatte er auf Catherines Sofa geschlafen. Er schien nie die Socken zu wechseln, und die ganze Wohnung stank noch eine Woche, nachdem er wieder weg war, nach ungewaschenen Füßen. Der Typ hatte kein Geld, kein Interesse, keinen Charme. Sogar das Glas mit eingelegtem Ingwer hatte er ihr weggegessen, das Suzi ihm als Geschenk für Catherine mitgegeben hatte.

Und so erwiderte sie schweren Herzens den Gruß der Stimme am Telefon, die ihr wieder einmal mitteilte, dass Suzi vorgeschlagen habe, bei ihr, Catherine, anzurufen. Der Anruf erreichte Catherine um Mitternacht, kurz nachdem sie ins Bett gegangen war. In der irrigen Annahme, es sei Morgen, war sie bitter enttäuscht, dass noch finstere Dunkelheit herrschte. Sie hatte nicht gut geschlafen und wusste, dass wieder einzuschlafen ein Ding der Unmöglichkeit war. Dieser neuerliche Abgesandte von Suzi hatte sich eines schweren Verbrechens schuldig gemacht.

»Ich denke, ich sollte Sie darüber informieren«, sagte Catherine mit tränenerstickter Stimme, »dass ich Suzi Dane eigentlich gar nicht so gut kenne. Vor zehn Jahren – ja, zehn Jahre ist das jetzt her – habe ich einmal sechs Nächte in ihrer Wohnung in Washington verbracht. Da sind Sie wahrscheinlich noch zur Schule gegangen. Ich habe sie rein zufällig kennengelernt. Ich habe ihre Geldbörse in einer Telefonzelle gefunden und sie ihr zurückgebracht. Daraufhin hat sie mich für eine Woche zu sich eingeladen. Ich bin aber keine lebenslange Freundin, wie sie immer behauptet. Und ich habe weder einen Platz zum Übernachten noch Zeit, mit Ihnen zur Wachablösung vor dem Buckingham Palast oder zum Tower zu gehen. Ich will auch nicht hören, was Suzi momentan macht und wie reich und erfolgreich sie geworden ist. Tut mir leid, ich weiß, ich lasse meinen Unmut jetzt an Ihnen aus, aber ich habe wirklich die Schnauze voll von Suzis Freunden, und ich finde es besser, Ihnen das geradeheraus zu sagen. Außerdem kann ich seit Wochen nicht mehr richtig schlafen und habe mich eben hingelegt. Jetzt werde ich nie mehr einschlafen können.«

Zu ihrem Entsetzen brach sie danach in Tränen aus.

Es folgte Schweigen, lediglich unterbrochen von ein paar tröstenden Lauten am anderen Ende des Telefons. Catherine bekam das am Rande mit, als sie den Hörer zur Seite legte und sich auf die Suche nach Taschentüchern begab. Während sie sich laut die Nase putzte, machte sie zwei Mal Anstalten, endlich aufzulegen – sie war so unhöflich gewesen, dass sie das Gespräch eigentlich nicht länger fortsetzen konnte. Zwei Mal tat sie es nicht, für den Fall, dass ihr doch noch einfiel, wie sie die Situation retten könnte.

Nachdem sie sich ein letztes Mal die Nase geschnäuzt hatte, hob sie vorsichtig den Hörer wieder auf.

»Sind Sie noch da?«, fragte sie.

»Ja, ich bin noch da«, sagte die Stimme, die keineswegs verletzt, beleidigt oder gar überrascht klang.

»Nun, wie Sie sich vorstellen können, haben Sie mich zu einem ganz schlechten Zeitpunkt erwischt«, fuhr Catherine fort. »Könnten Sie eventuell morgen noch mal anrufen? Gegen Mittag vielleicht? Bis dahin habe ich mich wieder beruhigt. Es tut mir leid, dass ich mich so aufgeregt habe. Ich war ja fast noch im Halbschlaf.«

»Das ist schon in Ordnung. Ich hätte nicht so spät anrufen sollen.«

Er hörte sich nicht gekränkt an wie Suzis andere Freunde. Es war bisher auch noch keine Rede davon, dass er vollkommen abgebrannt war, dass er nicht wusste, wohin mit sich, und dass er ein kleines Geschenk mitgebracht hatte. Für ihn sprach auch, dass er sich nicht entschuldigte. Catherine hätte es nicht ertragen, wenn es ihm leidgetan hätte; es war eindeutig ihr Fehler: Fünf Minuten nach zwölf war nicht zu spät, um bei fremden Menschen anzurufen.

»Wie war Ihr Name gleich noch mal? Ich melde mich bei Ihnen, wenn ich wieder wach bin«, sagte sie und versuchte, munter zu klingen.

»Wenn Sie unter Schlaflosigkeit leiden, hat es keinen Sinn,

sich jetzt wieder hinzulegen«, sagte er ruhig. »Das Kind ist schon in den Brunnen gefallen. Sie müssen aufstehen, duschen, sich anziehen und so tun, als sei heller Tag. Machen Sie das, was Sie sonst auch tagsüber tun würden. Putzen Sie das Haus, schreiben Sie Briefe, kochen Sie was, gehen Sie spazieren, hören Sie Radio, lesen Sie ein Buch, aber legen Sie sich auf keinen Fall wieder ins Bett, egal, wie müde Sie sind.«

»Und wie wird es mir morgen gehen?«, fragte sie.

»Miserabel, aber so werden Sie sich ohnehin fühlen, also warum nicht versuchen, etwas zu erledigen, statt nur dazuliegen und sich zu quälen, um wieder einschlafen zu können?«

»Aber der Mensch *braucht* seinen Schlaf«, wandte Catherine ein, deren Interesse plötzlich geweckt war.

»Nicht annähernd so viel, wie man glaubt. In zwei oder drei Tagen fallen Sie irgendwo auf ein Bett und schlummern selig ein. Hören Sie, ich lasse Sie jetzt in Ruhe, damit Sie anfangen können, und rufe in ein paar Tagen wieder an.«

»Was anfangen?«, fragte Catherine verwundert.

»Was immer Sie tun werden«, sagte er und legte auf.

Überrascht, wie gehorsam sie seinen Rat sogleich umsetzte, stand Catherine auf, wusch sich und zog sich an. Dann machte sie sich Rühreier, rauchte eine Zigarette und fühlte sich gleich wesentlich entspannter als noch um elf Uhr, als sie sich die größten Sorgen gemacht hatte, ob sie in dieser Nacht endlich würde schlafen können. Sie holte ihr altes Silber heraus, polierte es und legte dazu ein paar ihrer Lieblingswalzer von Strauß auf. Alec hatte sich dabei immer die Ohren zugehalten. Ihm gegenüber hatte sie behauptet, ihr würden die Schallplatten gar nicht gehören; sie würde sie nur für jemanden aufbewahren.

Als das Silber glänzte und sich ihr Gesicht darin spiegelte, beschloss sie, die Stücke auf ein Regal zu stellen, statt ganz hinten im Schrank zu verstecken. Alec hatte es für vulgär gehalten, Silber zur Schau zu stellen; altmodischer Landhausstil sei das. Außerdem würde man damit Einbrecher geradezu einladen, meinte er. Catherine verteilte das Silber auf alle Regale im Zimmer und trat einen Schritt zurück, um ihr Werk zu bewundern. Jedes Teil hatte seine eigene Geschichte. Die Teekanne war der erste Gegenstand aus Silber, den ihre Eltern sich zu ihrer Hochzeit gekauft hatten; sie hatten kaum genügend Kohlen, um ein Feuer zu entfachen, aber ohne eine hübsche Teekanne aus echtem Silber war man nun mal nicht richtig verheiratet. Die silberne Rosenvase war ein Geschenk des Büros, in dem sie sechs Jahre lang gearbeitet hatte und mit Begeisterung noch arbeiten würde, hätte Alec die Tätigkeit dort nicht als unter ihrer Würde erachtet. Vor einem Jahr hatte sie gekündigt, sich aber oft die Frage gestellt, weshalb sie nicht geblieben war. Die Arbeit hatte ihr Spaß gemacht, und sie war am Montag gern ins Büro gegangen. Die meisten Leute kannten so etwas nicht. Und jetzt fehlte ihr dieses Gefühl.

Der silberne Serviettenring wiederum war ein Präsent ihrer Schwester Margie. Ein Jahr lang hatte Margie eisern dafür gespart und pro Woche ein Pfund auf die Seite gelegt, um ein Teil aus schwerem Silber zu erwerben. Margie hatte ein schlichtes, unschuldiges Gemüt. Alec fand sie süß und fragte sich, ob sie als Kind vielleicht einen Hirnschaden erlitten hatte. Seiner Ansicht nach sollte man sie zu einem Spezialisten bringen. Catherine jedoch wusste, dass Margie einfach nur langsam war und gern in der Hotelküche arbeitete, wo sie Kost und Logis bekam, wo man sich um sie kümmerte und sie abends ins Bett steckte im Gegenzug dafür, dass sie tagsüber scheuerte und putzte und das Geschirr spülte. Catherine fand, dass man einen Menschen lassen sollte, wo er war, wenn er sich dort wohlfühlte. Sie besuchte Margie jede Woche. Sie fuhr mit dem Bus, musste zwei Mal umsteigen und am Schluss noch ein Taxi nehmen, sodass fast der ganze Sonntag dabei draufging. Manchmal, wenn er den Tag mit ihr verbringen wollte, reagierte Alec verärgert. Er begleitete sie nur ein einziges Mal zu dem Hotel und blieb gerade mal eine Stunde.

Es war schon fast drei Uhr, als Catherine auf die Digitaluhr schaute, die Alec ihr zu Weihnachten geschenkt hatte. Sie hatte sich nie an den Anblick der blinkenden Ziffern gewöhnt; insgeheim wäre ihr eine Uhr mit Zeigern lieber gewesen. Wo war die Zeit nur geblieben? Kein Wunder, dass sie so müde war! Vielleicht sollte sie jetzt ins Bett gehen – sie würde garantiert einschlafen. Aber dieser seltsame Ami am Telefon hatte so sicher geklungen, dass er recht hatte, und sie wollte nicht ungehorsam sein. Also brühte sie erneut Tee auf, suchte sich ein Programm auf BBC World Service und griff zu ihrem Strickzeug, das sie seit Wochen vernachlässigt hatte. Es sollte ein dicker Pullover für Margie werden, in Rot und Weiß. Sie würde zwar ziemlich mollig darin aussehen, aber sie hatte sich diese Farben selbst ausgesucht. Mehrere Sonntage hintereinander hatte Margie wissen wollen, wie es mit der Arbeit voranging. Bis der Morgen graute, saß Catherine gemütlich im Sessel und strickte, dann dehnte und streckte sie sich, machte einen kleinen Spaziergang durch die stillen Seitenstraßen und kehrte anschließend wieder nach Hause zurück, um den Pullover zu vollenden. Sie war müde, wie der Amerikaner vorhergesagt hatte, aber nicht müder als normalerweise nach einer Nacht, in der sie immer wieder nur kurz eingenickt war, dafür lange Zeit die Muster an der Decke angestarrt hatte, die das Licht, das durch die Fenster fiel, darauf zeichnete.

Was würde sie tun, wenn der Amerikaner wieder anrief?, überlegte sie. Fast wünschte sie sich, das Telefon würde jetzt gleich klingeln, so fit fühlte sie sich für einen Spaziergang durch London am Samstagmorgen, wenn die ersten Sonnenstrahlen herauskamen. Sie hätte nichts dagegen, auch heute wieder als unbezahlte Fremdenführerin zu agieren. Im Gegenteil, sie hätte den Mann jetzt gern zum Albert Memorial geführt. Den Touristen gefiel es dort sehr, und sie könnten eine Weile durch den Park laufen. Natürlich würde er zu Harrods gehen wollen; sogar mittellose Amerikaner liebten es, das große

Kaufhaus zu durchstreifen, das für sie eher eine Sehenswürdigkeit war und weniger ein Geschäft, in das man zum Einkaufen ging. Vielleicht würde sie ihm die St Pauls Cathedral zeigen. Ja, das wäre schön, dann könnten sie auch eine Weile am Ufer der Themse spazieren gehen, vielleicht sogar mit dem Schiff fahren, aber in erster Linie würden sie die Kathedrale von außen bewundern. Catherine mochte die Kirche; sie war nicht so überladen wie die Westminster Abbey und hatte eine klare und souveräne Ausstrahlung.

Die eigene Wohnung war aufgeräumt und erstrahlte in neuem Glanz nach der Arbeit dieser Nacht, der Pullover war verpackt und bereit, am nächsten Tag zu Margie gebracht zu werden. Waren die Samstage seit ihrer Trennung von Alec immer schon ein bisschen leer gewesen, oder kam ihr das nur heute so vor? Draußen erwachte langsam die Welt, und sie wollte ein Teil davon sein. Sie wollte in ihre schöne Lederjacke schlüpfen, ihren guten Schottenrock anziehen und mit jemandem durch London laufen, der die Stadt nicht kannte. Warum rief dieser Freund von Suzi nicht an? So unfreundlich war sie auch wieder nicht gewesen, oder?

Der Vormittag schleppte sich dahin, und ihr fiel niemand ein, den sie hätte anrufen oder treffen wollen. In den drei Jahren mit Alec hatte sie den Kontakt zu vielen Freunden verloren, und Catherine war zu stolz, um Leute von früher anzurufen und zu fragen, ob sie wieder zu ihrer Clique gehören dürfe, jetzt, da ihre Affäre vorüber war.

Am Nachmittag ging sie ins Kino und wäre auf der Heimfahrt im Bus beinahe eingeschlafen. Als sie die Wohnungstür aufsperrte, klingelte das Telefon, brach aber ab, kurz bevor sie hinkam. Müde, wie sie war, stieg Zorn in ihr hoch, denn es war sicher der Amerikaner gewesen.

Allmählich nahmen die Gedanken an ihn reichlich viel Platz in ihrem Kopf ein. Das hatte etwas damit zu tun, dass er so cool und ungerührt klang. Im Gegensatz zu Suzis anderen Freunden schien er fähig zu sein, ganz gut auf sich selbst aufzupassen und hysterischen Fremden am Telefon sogar noch Ratschläge zu erteilen. Catherine machte sich daran, einen Plan für die Nacht aufzustellen. Zuerst würde sie alle ihre Fotos in Alben kleben, dann einen Rock für den Übergang in leuchtenden Herbstfarben nähen und schließlich systematisch alles wegräumen, das sie an Alec erinnerte, um stattdessen wieder die Dinge dort zu platzieren, wo es ihr gefallen hatte, bevor er in ihr Leben getreten war. Der Anblick des Silbers hatte nämlich eine aufmunternde Wirkung auf sie. Gegen vier Uhr morgens war sie zu erschöpft, um weiterzuarbeiten, ins Bett wollte sie aber auch nicht gehen. Stattdessen zog es sie wieder hinaus auf die stillen Straßen zu einem langen, ruhigen Spaziergang. London war ihre Stadt. Ihr Weg führte sie dieses Mal bis zu den Stufen der St Pauls Cathedral.

Schade, dass Kirchen nachts nicht geöffnet hatten; viele Menschen würden sich vielleicht gern darin aufhalten, wenn sie nicht schlafen konnten. Natürlich würden weitaus mehr Leute, die keine Unterkunft hatten, die Kirchenbänke als Nachtlager missbrauchen. Aber wäre das so schlimm? Wenn man im Hausherrn einen liebenden Gott vermutete, hätte er sicher nichts dagegen. Auf den Stufen sitzend, dachte Catherine an einen Tag zurück, an dem sie und Alec einmal hierhergekommen waren. Eine Militärkapelle spielte, und die Touristen waren begeistert. Eine Form von Prostitution sei das, hatte Alec geschimpft, wenn man die eigene Stadt so verändert, dass sie Touristen gefällt, nur damit diese ihr Geld hier ausgeben.

Sie musste sich Alec aus dem Kopf schlagen, so wie sie ihre Wohnung von den Erinnerungen an ihn befreit hatte. Er tat ihr nicht gut, er hatte sie – oder irgendeinen anderen – nie geliebt, sondern sie ständig ihre vermeintliche Unterlegenheit spüren lassen. Und viel Frohsinn hatte er auch nicht in ihr Leben gebracht. Warum hatte sie ihn überhaupt geliebt? Pure Chemie vielleicht, wenn das nicht zu lächerlich war.

142

Sie schleppte sich nach Hause, auf müden Beinen, aber mit hellwachem Verstand.

Um elf Uhr, als sie gerade dabei war, den ersten Teil ihrer Reise zu Margie anzutreten, klingelte das Telefon.

»Spreche ich mit Catherine?«, fragte er.

»Ich bin froh, dass Sie anrufen. Wissen Sie, ich habe an dem Abend Ihren Namen nicht verstanden«, sagte sie atemlos.

»Ich bin Bob«, erwiderte er. »Was halten Sie davon, wenn wir heute Mittag irgendwo zusammen eine Kleinigkeit essen? Sie sind bestimmt zu müde, um sich selbst etwas zu machen, und heute Abend wollen Sie sicher schlafen.«

Catherine war überrascht, dass er anzunehmen schien, sie hätte seinen Rat befolgt. Heute sei es ganz schlecht, erklärte sie. Sie müsse ihre Schwester besuchen, die ziemlich weit weg wohne. Vielleicht könnten sie sich an einem Abend unter der Woche sehen, dann würde sie ihn gern bei sich zu Hause bekochen. Vielleicht am Dienstag? Sie könnte früher von der Arbeit weg, und sie könnten ein paar Schritte um die St Pauls Cathedral herumlaufen, falls er sie nicht bereits besichtigt hatte, und anschließend würde es sie freuen, wenn sie ein Abendessen für sie beide zubereiten könne.

»Nein«, antwortete er, »Dienstag bin ich bereits weg. Hätte Ihre Schwester etwas dagegen, wenn ich sie beide zum Mittagessen einlade?«

Catherine überlegte einen Moment. Vielleicht machte es Margie nichts aus, wenn sie sie heute ausnahmsweise nicht besuchte. Es stand schließlich nirgendwo geschrieben, dass sie sie jeden Sonntag besuchen musste. Margie war leicht zufriedenzustellen, ein Anruf und eine kurze Erklärung, und sie wäre bestimmt einverstanden, den Besuch ausfallen zu lassen.

»Die Verabredung mit meiner Schwester ist nichts Festes«, sagte Catherine und kam sich vor wie eine Verräterin, »nein, nichts, das sich nicht verschieben ließe. Also gut, treffen wir uns zum Lunch.«

»Sind Sie sicher, dass Ihre Schwester nicht gern mitkommen würde?«, fragte er.

»Sie lebt meilenweit weg, sie würde bestimmt ungern so weit fahren«, erwiderte Catherine, und sie verabredeten sich in einem Pub.

»Ich kenne ein nettes Plätzchen zum Lunchen«, sagte er, und damit wusste er mehr als Catherine. Kein echter Londoner wusste wohin für den sonntäglichen Lunch.

Er sei groß und trüge *The Sunday Times* unter dem Arm, sagte er; und sie sei klein und dunkelhaarig und habe die gleiche Zeitung dabei, entgegnete sie. Kichernd, vor Aufregung völlig aufgekratzt und übermüdet, rief sie Margie im Hotel an.

»Es ist mir was dazwischengekommen, Liebes«, sagte sie. »Ich schaffe es leider nicht. Ich wollte gerade fahren, und deinen Pullover habe ich auch fertig. Nächsten Sonntag komme ich bestimmt.«

»In Ordnung«, entgegnete Margie mürrisch.

»Du bist doch nicht böse? Ich muss diesen Amerikaner unbedingt treffen, er ist ein Freund von Suzi und weiß nicht, wohin.«

»*Ich* weiß nicht, wohin«, sagte Margie.

»Klar, Margie, aber du bist bei dir im Hotel, und dort sind alle deine Freunde. Er hat sonst niemanden.«

»Am Sonntag habe ich auch niemanden«, meinte Margie.

»Niemand hat am Sonntag jemanden«, rief Catherine verzweifelt. Warum konnte Margie ausgerechnet an diesem Tag nicht heiter und zuversichtlich sein? Warum musste sie ausgerechnet heute niedergeschlagen sein?

»Könntest du ihn nicht mitbringen?«, fragte Margie. »Du könntest einen Tisch reservieren, und wir könnten alle zusammen im Speisesaal essen. Ich darf das, weißt du, am Sonntag, wenn Gäste da sind.«

»Nein, er muss in der Stadt bleiben«, flunkerte Catherine. »Hör mal, ich ruf dich später noch mal an, okay?«

»Okay«, sagte Margie zweifelnd.

Catherine zog sich um und schlüpfte in die gute Lederjacke und den hübschen Schottenrock, legte Make-up auf und besprühte sich mit ihrem besten Parfum. Sie brauchte so lange, dass sie ein Taxi rufen musste, um rechtzeitig in das Pub zu kommen. Sie erkannte ihn sofort. Mit zerzaustem Haar saß er da, in die Lektüre der *Sunday Times* vertieft – zerknautschte Schale, feinfühliger Kern.

»Bob?«, fragte sie hoffnungsvoll und riss den Mann aus seiner Lektüre. Er blickte hoch von seinem Bier.

»Nein, aber ich wünschte, ich wäre es«, erwiderte er in einem Tonfall, der darauf schließen ließ, dass er aus der Gegend um Newcastle kam.

Verstimmt ging Catherine an die Bar und setzte sich auf einen Hocker.

»Einen großen Wodka mit Eis«, bestellte sie beim Barmann.

»Und das unausgeschlafen?«, fragte ein älterer Herr neben ihr, ein Mann, der ihr zuvor nicht aufgefallen war.

»Ich bin Bob Dane, Catherine«, stellte er sich vor und klang dabei wie ein Hausarzt, den man gebeten hatte, einen Patienten in eine Anstalt zu bringen, ohne bei den Nachbarn Aufsehen zu erregen. »Es freut mich sehr, Sie kennenzulernen. Sollen wir mit unseren Drinks dort rüber in die Ecke gehen?«

Er war mindestens Ende sechzig. Blöder Kerl, warum musste er am Telefon so tun, als sei er jung und der passende Kandidat für sie? Er war steinalt.

Sie hatte nicht einmal seinen Namen richtig verstanden.

»Meine kleine Suzi hat gemeint, ich dürfte London nicht verlassen, ohne Sie getroffen zu haben, und ich bin sehr froh, dass wir uns jetzt endlich sehen«, sagte er und trug ihre Drinks zu dem Tisch, auf den er gedeutet hatte.

Jetzt erst registrierte sie seinen Namen.

»Sie sind Suzis …?«, fragte sie.

»Ich bin Suzis Vater«, erwiderte er.

»Ich wusste nicht einmal, dass sie einen hat. Ich kenne sie ja kaum, wissen Sie«, stieß Catherine hervor.

»Wir stehen uns nicht sehr nahe. Suzi lebt ihr Leben, ich das meine. Seit Suzis Mutter gestorben ist, da war Suzi achtzehn Jahre alt, war sie immer sehr selbstständig«, erklärte der Mann. »Es überrascht mich nicht, dass Sie nichts von mir wussten. Es ist auch noch gar nicht so lange her, dass wir wieder Kontakt haben. Ich hatte Hemmungen, mich bei ihr zu melden. Aber jetzt sind wir Freunde geworden, und wie Sie so richtig sagten, Suzi hat viele Freunde. Sie mag sie alle. Und mich betrachtet sie als interessante Neuerwerbung für ihre Sammlung.«

Catherine trank den Wodka auf ex.

»Wie geht es Ihnen mit dem Schlafen?«, erkundigte er sich freundlich.

»Ich habe getan, was Sie sagten. Ich war seit Freitagnacht nicht mehr im Bett. Meine Beine und mein Rücken sind müde, aber der Rest von mir ist wach.«

»Heute Nacht werden Sie schlafen«, versprach er ihr.

Sie verfielen in Schweigen.

»Sie sprachen davon, zur St Pauls Cathedral gehen zu wollen, Catherine, und deshalb war ich so frei und habe alles für ein Picknick eingepackt. Es ist so ein schöner Tag, und ich dachte, wir könnten das draußen auf den Stufen oder dort irgendwo in der Nähe zusammen verspeisen.«

Catherine betrachtete ihn, sein einnehmendes, vertrauensvolles Gesicht, die grauen Haare, den leicht gebräunten Teint, den schweren Goldring am Finger. Ein erfolgreicher amerikanischer Geschäftsmann im Ruhestand, und es schien keinen Grund zu geben, ihn zu kränken. Er sah nicht aus wie jemand, der sie kränken würde.

»Ein Picknick wäre wunderbar«, sagte Catherine.

»Und keine Bange, Sie müssen nichts zurücknehmen von dem, was Sie mir am Telefon über Suzi gesagt haben«, fuhr er fort, gerade als Catherine überlegte, wie sie das am besten hinkriegen könnte. »Ich weiß nur zu gut, welche Last manche ihrer ewigen Versager sein können. Deswegen hatte ich zuerst auch gezögert, Sie anzurufen. Ich war mir sicher, dass Ihnen Typen wie Chuck und Mitzi gewaltig auf die Nerven gegangen sind.«

»Ja, das stimmt«, erwiderte Catherine lachend.

»Aber wir dürfen nicht zu hart ins Gericht gehen mit Suzi. Sie vertritt nun mal diese esoterisch-kosmische Theorie, derzufolge alle Menschen dieser Welt miteinander verbunden sein sollten, nur manche von uns sind zu schüchtern, um ›Hier‹ zu rufen, und deswegen muss eben manchmal jemand nachhelfen.«

»Oh, theoretisch hat sie recht«, pflichtete Catherine ihm eifrig bei. »Vielleicht ist es reiner Egoismus, aber so wie ich es sehe, funktioniert das nur in eine Richtung. Sehen Sie, ich kenne niemanden, der oft in die Staaten fährt, und deswegen schicke ich *keine* Freunde zu ihr hinüber.«

»Ich weiß. Das verstehe ich, aber Sie sollten Suzi nicht falsch einschätzen. Sie mag ja hyperaktiv, überaus erfolgreich und ohne jeden Plan sein, wen sie mit wem zusammenbringt, aber sie liebt die Menschen. Dahinter steckt nicht nur der Wunsch, im Mittelpunkt zu stehen.«

»Oh, das habe ich auch nie gedacht«, widersprach Catherine, nicht ganz ehrlich.

»Davon bin ich überzeugt«, erwiderte Bob ernsthaft. Und Catherine wusste, dass er sie durchschaute.

Sie schlenderten in der mittäglichen Herbstsonne zu den Stufen der St Pauls Cathedral; über Nacht war es Herbst geworden. Catherine musste sich nicht als Fremdenführerin beweisen, da Bob offensichtlich bereits einige Male zuvor in Großbritannien gewesen war. Wie es sich herausstellte, war er Arzt, aber bereits früh in den Ruhestand gegangen. Nun organisierte er medizinische Kongresse und hielt sich häufig in Europa auf.

»Warum hat Ihnen Suzi nicht schon längst meine Adresse gegeben?«, wollte Catherine wissen.

»Nun, wie ich bereits sagte, wir haben uns erst in den letzten paar Jahren wieder angenähert.«

»Aber seitdem?«, beharrte sie.

»Oh, ich glaube, sie hielt die Zeit noch nicht für reif«, lautete seine geheimnisvolle Antwort.

Sie spazierten um die Kathedrale herum und unterhielten sich über den Architekten Sir Christopher Wren, seine verschiedenen Entwürfe und darüber, was die Leute damals von ihm gehalten hatten. Bob erzählte ihr von der Kathedrale von Reims und deren überwältigendem Detailreichtum und erwähnte auch den Tempel in Salt Lake City, der gleichermaßen staunen ließ. All diese Bauwerke waren von ähnlicher Schönheit wie die St Pauls Cathedral.

Während sie sich das Picknick schmecken ließen, sprach Bob von einer Frau, die er einst geliebt hatte. Nach dem Tod von Suzis Mutter hatte er immer wieder versucht, erneut mit ihr in Verbindung zu treten, aber sie wollte nichts mehr von ihm wissen. Das sei sehr schmerzlich gewesen, sagte er, mit fünfzig Jahren erfahren zu müssen, dass man am Ende sei und keinem mehr etwas nütze; damals habe er sich sehr verloren gefühlt, aber nun, mit vierundsechzig, fühle er sich wieder sicherer. Er kam sich eigentlich nicht so alt vor wie jemand, der bereits eine zweiunddreißigjährige Tochter hatte, und wenn die Rede von der älteren Generation war, fühlte er sich nie angesprochen.

Catherine erzählte ihm im Gegenzug, dass sie drei Jahre lang sehr verliebt gewesen sei und erst vor Kurzem einen Schlussstrich unter diese Liebe gezogen habe. Sie bemühe sich, nicht verbittert zu sein, aber dieser Mann habe ihr wirklich sehr wehgetan, und es sei ihr ungewöhnlich schwergefallen, ihr Leben wieder in den Griff zu bekommen.

Es wurde Abend, die Schatten wurden dichter, und sie redeten noch immer und spazierten schließlich am Embankment entlang. Dabei vertraute sie Bob auch den Grund an, warum sie nicht schlafen konnte; sie fragte sich nämlich ständig, ob andere Leute besser mit Beziehungen zurechtkamen als sie. Eines Tages war sie dahintergekommen, dass sie nur zwanzig Prozent der Zeit mit diesem Mann glücklich war. Das war nicht genug, hatte sie beschlossen, und die Beziehung beendet. Er war aus allen Wolken gefallen und hatte sehr verärgert reagiert. Sie hatte ihm beides gegönnt.

Doch manchmal, wenn sie so allein in ihrem Bett lag, machte sie sich Gedanken über den Rest der Welt. Vielleicht waren zwanzig Prozent ein guter Durchschnitt für das Glück mit einem anderen Menschen. Vielleicht hatte sie zu viel gewollt und war unfähig, Kompromisse zu schließen. Was dachte Bob darüber? Wie viel Glück hatte er mit Suzis Mutter erfahren dürfen?

»Oh, ungefähr neunzig Prozent«, sagte er. »Sie hatten recht, die Sache mit Alec zu beenden. Wir müssen nur darauf achten, dass die Kur nicht schlimmer ist als die Krankheit.«

»Ich habe seinen Namen nicht genannt, woher wussten Sie ihn?«, fragte Catherine. Sie achtete sehr darauf, Alecs Namen nie zu erwähnen. Erlaubte sie seinem Namen, in einem Gespräch aufzutauchen, nahm er menschliche Züge an.

»Suzi hat ihn mir genannt«, erwiderte er ruhig.

»Aber woher konnte Suzi ihn wissen? Ich schicke ihr ein Mal im Jahr eine Weihnachtskarte und bedanke mich mit einem Dreizeiler für die Geschenke, die sie mir über ihre fürchterlichen Freunden im Lauf des Jahres zukommen lässt. Alec habe ich ihr gegenüber nicht ein einziges Mal erwähnt. Und Suzi habe ich seit zehn Jahren nicht mehr gesehen. Niemand scheint mir das je zu glauben.«

»Chuck hat es ihr erzählt«, sagte Bob.

Chuck? Chuck! Der Mann mit den stinkenden Socken und den leeren Taschen; der Mann, der das Glas mit Ingwer aufaß, der Mann, der Alec zwei Mal getroffen hat. Wie konnte Chuck es wagen, Alecs Namen auf der anderen Seit der Welt zu erwähnen. Catherine war sprachlos vor Wut.

»Chuck hat Suzi erzählt, dass er Zeuge einer sehr unschönen Szene wurde, und Suzi fragte mich, ob ich Ihnen vielleicht helfen könnte, Ihre Probleme zu lösen. Ich glaube, ich bin gerade rechtzeitig gekommen. Zumindest Ihr Schlafproblem habe ich gelöst. Und das ist auf jeden Fall besser, als Ihnen Alec ausreden zu wollen.«

»Sie hätten mir Alec nie ausreden können, niemand könnte das«, sagte Catherine, vollkommen fassungslos angesichts seiner dreisten Vertraulichkeit. »Ich weiß nicht, was Sie und Suzi auf den Gedanken bringt, sie hätten das Recht, sich in die Angelegenheiten anderer Leute einzumischen. Menschen, die Sie nicht einmal kennen. Das ist abscheulich!«

»Ja, aber Sie haben mir doch gerade eben zugestimmt, dass wir alle viel zu reserviert sind, wenn es darum geht, sich Menschen gegenüber zu öffnen, vor allem ihr Briten.«

»Aber das ist *meine* Angelegenheit und geht nur *mich* etwas an.«

»Ihren Freunden ist das wichtig«, erwiderte Bob schlicht.

»Sie sind nicht mein Freund. Suzi ist nicht meine Freundin. Ich habe keine Freunde, denen das wichtig wäre.«

»Margie würde sich vielleicht dafür interessieren, wenn Sie mit ihr darüber redeten«, meinte Bob.

Catherine bekam weiche Knie, als würde sie gleich umfallen. Lag es an ihrer Müdigkeit oder an diesem Gefühl von Unwirklichkeit? Woher wusste dieser alte Mann aus Amerika jetzt auch noch von Margie? Sie redete nie über ihre Schwester, nur Alec hatte von ihr gewusst. Auch wenn es nichts gebracht hatte.

»Mitzi hat Suzi gegenüber erwähnt, dass Sie eine Schwester haben, die ein Problem für Sie darstellt. Sie sagt, sie arbeite in irgendeinem Hotel, und es wäre Ihnen peinlich, sie an Ihrem Leben Anteil nehmen zu lassen. Deswegen hatte ich so darauf gedrungen, dass wir uns heute zu dritt treffen und miteinander reden.«

Stimmt, Mitzi hatte sie von Margie erzählt. Weil Mitzi drei Wochen in Catherines Wohnung gewohnt hatte und wissen wollte, wohin sie jeden Sonntag fuhr. Verdammte Mitzi, verdammter Chuck und wie die transatlantischen Spione sonst noch alle hießen, die sie bei sich beherbergt hatte.

Als sie an einer Bank vorbeikamen, musste Catherine sich setzen. Bob fuhr mit ruhiger Stimme fort: »Ich habe einen Wagen gemietet, wir könnten aufs Land fahren und Ihre Schwester besuchen. Ich könnte als eine Art Vermittler fungieren, und Sie beide könnten besprechen, wie Margie mehr Anteil an Ihrem Leben haben kann. Ihnen würde das guttun, und *ihr* auch.«

Als Catherine ihre Stimme wiederfand, sprach sie langsam, jede Silbe betonend.

»Ich weiß, Sie meinen es nur gut. Auch Suzi meint es nur gut. Und mir ist klar, dass Amerikaner dickfelliger sind als wir. Auch freundlicher und eher dazu bereit, aufgrund dieses Wohlwollens das Risiko einzugehen, andere zu kränken. Ich weiß auch, wie dumm es ist, nationale Klischees zu verallgemeinern. In meinem Fall das der steifen Britin. Nun, darf ich mich bei Ihnen für Ihr Interesse bedanken und Sie noch bis zur nächsten Bushaltestelle begleiten, wo wir uns, wie ich hoffe, als Freunde verabschieden werden? Ich werde jetzt nicht damit anfangen, Ihnen zu erzählen, wie unmöglich ich es finde, mein ganzes Leben und meine Probleme mit einem Fremden zu diskutieren, mag der auch noch so wohlwollend sein.«

»Aber Sie haben sehr offen über Ihre Beziehung zu Alec gesprochen.«

»Weil ich dachte, Sie wären jemand, der sich nicht dafür interessiert und den ich nie mehr wiedersehe!«, wandte Catherine verzweifelt ein.

»Wollen Sie damit sagen, Sie reden lieber mit jemandem, der Ihnen garantiert nicht helfen kann?«, fragte Bob. »Wirklich, das ist aber mehr als introvertiert. Warum sprechen Sie dann nicht gleich mit einem Tier oder einem Türpfosten, wenn Sie weder eine Reaktion noch Hilfe wollen?«

»Ich will aber keine Hilfe«, erwiderte sie pikiert.

»Doch, meine liebe Catherine, und ob Sie Hilfe wollen, Sie haben nur Angst, es zuzugeben. Ihre britische Reserviertheit mag das Land ja bestens durch nationale Krisen gebracht haben, aber sie ist nicht gut für eine junge Frau, die niemanden hat.«

»Bitte, kein Wort mehr«, flehte Catherine.

Bob öffnete den Mund, um mit ernster Stimme und logisch scheinenden Worten weitere abgedroschene psychologische Weisheiten von sich zu geben. Er schien in ihr jemanden zu sehen, den man unbedingt zurechtweisen musste. Ein heftiger Zorn auf Suzi stieg in Catherine hoch.

Mit zitternden Beinen stand sie auf und lief unsicher am Embankment entlang zur nächsten Bushaltestelle, während Bob ihr nachrief: »Catherine, Catherine, wir müssen miteinander reden, Sie müssen reden.« Hinter ihr ragte, souverän und allwissend, die Silhouette von St Pauls auf.

Küss mich, Kate

❦

D u bist die Nächste.« Bei jeder Hochzeit im Familienkreis
musste Kate sich das anhören.

Sie wusste allerdings nie, ob es als Trost oder als Drohung
gemeint war, und so setzte sie jedes Mal ein wehmütiges kleines Lächeln auf, einen Blick, der andeuten sollte, dass sie nicht
mehr daran glaube, selbst einmal eine glückliche Braut zu sein.
Doch tief im Inneren war sie wenig erpicht auf das ganze Drum
und Dran der Feierlichkeiten, das sie so oft bei ihren Brüdern
und Schwestern erlebt hatte. Kate war nämlich noch nie verliebt gewesen. Das im Alter von fünfundzwanzig Jahren zugeben zu müssen, war mehr als peinlich, also verschwieg sie diesen Umstand.

Andere hatten sie geliebt oder es zumindest *behauptet*, und
Kate hatte alles über die Liebe gelesen, hatte in Liebesfilmen
Tränen vergossen und den Liebesgeschichten ihrer Freundinnen gelauscht. Sie war überzeugt, die Liebe zu erkennen, wenn
sie ihr begegnete.

Doch um ein Haar hätte sie sie doch übersehen.

Weil es nämlich ausgerechnet in Birmingham passierte, bei
einer großen Handelsmesse im dortigen Messezentrum. Und
er hieß Paul und war Engländer, was die ganze Sache so unwahrscheinlich wie unpassend machte.

Kate stammte aus Dublin, dort lebte und arbeitete sie. Alle in
ihrer Familie hatten hoch aufgeschossene, schlaksige, laute
Menschen geheiratet, wie sie selbst es waren, viele davon rot-
haarig, alle äußerst diskussionsfreudig. Paul war ein kleiner,

dunkler, stiller Typ und hatte die Angewohnheit, auch andere zu Wort kommen zu lassen, womit man in Kates Familie großen Verdacht erregte.

Es schien ihnen beiden fast peinlich zu sein, wie rasch sie einander als verwandte Seelen erkannten, und sie entschuldigten sich in einem fort dafür.

»Es geht mich ja nichts an, aber gibt es … ich meine, hast du … bist du … hast du schon jemanden?«, fragte er bereits nach zehn Minuten.

»Nein, niemanden, keine Menschenseele. Und du, nun sag schon! Tut mir leid, wenn ich so ungeduldig bin«, erwiderte sie.

Sie gingen zusammen zum Mittag- und zum Abendessen, sie sahen sich einen Film an und machten eine Stadtrundfahrt. Und sie gingen miteinander ins Bett. Danach kehrten sie in ihre Büros in London respektive Dublin zurück, ohne auch nur zu ahnen, welche Möglichkeiten der Erkenntnis ihnen da in den Schoß gefallen waren. Tage und Nächte brachten sie damit zu, einander zu schreiben, aber weil Briefe so lange brauchten, hielten sie sich stundenlang in der Nähe der Faxgeräte auf, um ihre zutiefst intimen Gedanken genau zu der Zeit abzuschicken, wenn der jeweils andere ebenfalls am Gerät stand, um sie in Empfang nehmen zu können. Sie waren beide eher praktisch veranlagt.

»Vielleicht waren es ja nur ein paar rauschhafte Tage im Ausnahmezustand«, schrieb Kate, »und wir sollten nicht allzu viel hineininterpretieren.«

»Und ich bin vielleicht ein Langweiler«, schrieb Paul zurück.

Tagelang trug Kate das Fax mit sich herum. Nur in Schullesebüchern wurden Leute als »Langweiler« bezeichnet, niemals im richtigen Leben. Nach sechs Wochen hielten sie es beide nicht mehr aus. »Komm nach London«, schrieb er in einem Brief.

Der kreuzte sich mit ihrem, in dem stand: »Komm nach Dublin.«

»Ich war noch nie in Irland«, erzählte er am Telefon. Damit war die Sache beschlossen: Er würde für ein langes Wochenende kommen. Die Briefe und Faxe klangen nun anders. Sehnsucht und freudige Erregung sprachen daraus. Er konnte es nicht nur kaum mehr erwarten, sie wiederzusehen, er wollte auch unbedingt Irland kennenlernen. Kate war nicht sicher, ob Irland seine Erwartungen erfüllen könnte. Sie wusste, dass sie selbst sich wohlfühlen würde, so wie sie beide sich in Birmingham wohlgefühlt hatten beim Reden, Erfahren, Begreifen, Anteilnehmen …

Aber wie würde er auf Irland reagieren? Irritiert?

Er würde ihre Familie kennenlernen wollen! Würden sie alle gleichzeitig und mit erhobener Stimme auf ihn einreden, bis er total unterging? Würde ihm Irland mit seinen Kirchen und Denkmälern und dem besonderen Akzent fremd und merkwürdig vorkommen? Würde er ihre Witze verstehen? Hätte er den Eindruck, es würde zu viel gesungen? Oder dass es sich um eine so gänzlich andere Kultur handelte, dass er besser die Finger davon ließ?

Oder könnte Dublin zu normal, zu harmlos, so provinziell wie eine englische Kleinstadt auf ihn wirken? Nicht fremdartig genug, nicht annähernd so anders, wie er es sich erhofft hatte? Kate betrachtete ihre Heimatstadt mit kritischem Blick. Die Perspektiven, die sie so sehr liebte, die Silhouetten und Umrisse entlang der Liffey, wären in seinen Augen womöglich nur ein wild wuchernder Steinhaufen. Würde er ebenso gern wie sie die Fußgänger auf ihrem Weg über die Ha'penny Bridge beobachten, ihre Gesichter, die sich vor dem Dubliner Abendhimmel abzeichneten?

Würde es ihm Spaß machen, mit der S-Bahn nach Killiney hinauszufahren? Alle Dubliner waren so stolz auf ihre DART – schnell wie ein Pfeil. Würde es ihren Reiz mindern, wenn man sie korrekterweise »Dublin Area Rapid Transit« nannte? Kate fand, es klang ein wenig großspurig, aber man musste Paul schon erklären, was die Abkürzung bedeutete. Er war nicht einer, der davon ausging, dass man etwas ohne Grund DART nannte. Würde ihre Mutter sofort anfangen, ihm Hochzeitsfotos zu zeigen?

Kate wünschte sich, sie hätte sich auf die Reise gemacht. Aber das wäre unsinnig, sie kannte London. Und irgendwann musste er nach Irland kommen, nicht wahr? Sie liebte ihn nun mal, auch wenn das absolut unpassend war. Kate war klar, dass sein Besuch nur dann erfolgreich verlaufen konnte, wenn sie ihn bis ins kleinste Detail plante. So durfte Paul ihre Eltern auf keinen Fall dann kennenlernen, wenn gerade ein Familientreffen anstand, bei dem er hilflos ins Hintertreffen geriete. Und ihren Schwager Gerry durfte er am besten überhaupt nicht kennenlernen.

Gerry verfügte über ein Repertoire himmelschreiend schlechter Witze, das jeden potenziellen Verehrer in die Flucht schlagen würde, selbst wenn dieser kein stoischer Engländer war. Und wenn sie mit Paul in Pubs ging, dann nur in solche, in denen keine Gefahr bestand, dass man spontan in improvisierte Gesangsdarbietungen ausbrach. Außerdem würde sie Theaterkarten besorgen und in ein paar wirklich guten Restaurants reservieren.

Selbstverständlich würden sie nach Dalkey und nach Kildare hinausfahren, zu den stattlichen Anwesen der Reichen und Schönen, um ihm zu zeigen, dass auch die Iren tüchtige Leute waren und es zu Wohlstand bringen konnten.

Sie holte Paul vom Flughafen ab, und als sie sich küssten, vergaß sie beinahe ihren sorgfältig durchdachten Plan. Auf dem Heimweg machte sie ihn auf verschiedene Sehenswürdigkeiten aufmerksam. Er war begeistert und voller Lob, doch eigentlich hatte er nur Augen für ihr Haar, das sich über ihrer Wange kräuselte, oder bewunderte das Funkeln ihrer Augen.

»Ich finde es toll, wenn eine Hauptstadt am Meer liegt«, meinte er, und Kate freute sich. Das war ihr noch nie in den Sinn gekommen, aber es stimmte.

»Und alle sind so jung«, fügte er anerkennend hinzu.

Dies könnte auch ein Nachteil sein, dachte sie. Sicher, Irland war ein Land mit einer jungen Bevölkerung, aber sie hatte befürchtet, ihn könnten die Horden Jugendlicher eher abschrecken.

Als sie bei ihrer Wohnung ankamen, war Kate so entspannt, dass sie die seit geraumer Zeit durchgeführten Straßenarbeiten vor ihrer Haustür vollkommen vergaß, in eine der Baugruben stürzte und sich das Bein brach. Paul kramte in ihrer Tasche nach ihrem Hausschlüssel, rief einen Krankenwagen und brachte sie ins Krankenhaus.

»Ich kümmere mich um dich«, flüsterte er ihr ins Ohr, als man sie auf der Trage abtransportierte.

»Aber wer kümmert sich um *dich*?«, erwiderte sie schluchzend, während all ihre wohldurchdachten Pläne über den Haufen geworfen wurden.

Paul rief bei ihrer Mutter an.

»Sind Sie der Zukünftige aus England? Herzlich willkommen auf unserer Insel«, sagte ihre Mutter. Kate stöhnte, nun werde sie nie wieder gesund, ihr Bein würde niemals heilen. Warum hatte ihre Mutter das gesagt? Aber Paul lachte nur.

Dann erfuhr sie, dass ihr Schwager Gerry ein paar Tage freihatte und Paul unter seine Fittiche nehmen wollte.

»Jetzt wird er mich auf der Stelle verlassen«, jammerte Kate der Krankenschwester vor. »Da habe ich mich endlich verliebt, und nun ist es vorbei, ehe es überhaupt richtig angefangen hat.«

»Er macht aber einen sehr aufmerksamen Eindruck auf mich«, besänftigte die Krankenschwester sie und arrangierte den üppigen Blumenstrauß mit der liebevollen Karte.

»Ja, jetzt noch. Warten Sie, bis Gerry ihn in den Klauen hatte.« Kate hatte jede Hoffnung aufgegeben.

Die Ereignisse der folgenden Tage bekam sie wie hinter einem Nebelschleier mit, unter anderem, dass Gerry Paul auf eine Kneipentour mitgenommen hatte, auf der Suche nach dem perfekt gezapften Bier, was erst nach dem vierten Versuch geklappt hatte. Sie erfuhr, dass ihr Vater Paul nach Croke Park ins Stadion entführt und ihm dort die Hurling-Regeln in allen Feinheiten erklärt hatte. Ihr Bruder, ein Fußballfan, hatte ihn nach Dalymount Park geschleppt und ihm anschließend zwei Stunden Videoaufnahmen vom glorreichen Sommer der Weltmeisterschaft gezeigt. Die meisten Mahlzeiten hatte Paul am Küchentisch ihrer Mutter eingenommen. Sie wollte ihm endlich mal etwas Anständiges zum Essen vorsetzen, da es drüben in England schlecht damit bestellt war. Schließlich hatte man sich dort von der Lebensmittelrationierung im Zweiten Weltkrieg noch nicht so richtig erholt.

Kate erinnerte sich dunkel, dass Paul an ihrem Bett saß, ihre Hand hielt und sagte, er wünsche sich nichts sehnlicher, als dass es ihr bald besser gehen würde, damit sie endlich gemeinsam diese großartige Stadt genießen könnten.

»Hättest du nicht schon längst wieder heimfahren sollen?«, fragte sie benommen.

»Ich habe Sonderurlaub aus familiären Gründen bekommen«, erwiderte er und küsste sie auf ihre heiße Stirn.

Als es ihr allmählich wieder besser ging, bot sich Kate ein erschreckend klares Bild seines Aufenthalts. Ihre zwölfjährige Nichte hatte mit ihm eine Tour zu sämtlichen Drehorten der *Commitments* gemacht, auch hinunter in den reichen Südteil Dublins – allerdings nicht, um die Fischereihäfen zu bestaunen und in den schicken Restaurants zu speisen, sondern um mit seiner Kamera die Häuser von Bono, Chris de Burgh und Def

Leppard zu fotografieren. Seine Schwester würde ausflippen, meinte Paul, und wahrscheinlich den nächstbesten Flug hierher nehmen, wenn sie wüsste, dass er all diese Orte gesehen hatte.

Paul war auf Märkten und Wohltätigkeitsbasaren gewesen, hatte auf dem großen Friedhof an ihrem Jahrestag Blumen auf das Grab von Kates Großmutter gelegt und war – von der Familie ermuntert – auf eigene Faust losgezogen, um die Gegend zu erkunden, mit der Ermahnung, immer die Leute um Rat zu fragen, weil er schließlich fremd sei. Das gab er aber schnell wieder auf, weil er so viele Ratschläge bekam, dass es ihm zu viel wurde, und außerdem fühlte er sich nicht mehr fremd.

Am Tag, als Kate aus dem Krankenhaus entlassen wurde, gab es ein großes Familientreffen, eines von der Art, wie sie es Paul eigentlich hatte ersparen wollen. Doch nun gehörte er praktisch dazu.

»Wie hast du es nur geschafft, so lange Sonderurlaub zu bekommen?«, hatte sie ihn gefragt, in der Hoffnung, ihn aus Dublin hinauszukomplimentieren, ehe er sie alle von ihrer schlimmsten Seite kennenlernte.

»Meine Verlobte hat sich das Bein gebrochen, bevor wir den Angehörigen unsere Absichten mitteilen konnten«, erwiderte er schlicht. »Wenn das kein Notfall ist!«

Als sie das Haus ihrer Mutter betrat, waren die Hochzeitsvorbereitungen bereits abgeschlossen. Und zwar ohne sie. Man hatte die Anzahl der Gäste festgelegt, das Essen, die Jahreszeit. Auch auf den Priester hatte man sich geeinigt, der nett und normal sein musste, um unsere – wie es früher einmal hieß – »abtrünnigen Brüder«, sprich: die Anglikaner, nicht unnötig zu verschrecken. Bis Kate überhaupt zu Wort kam, ging es schon um die Flitterwochen.

»Kommt ihr denn alle mit?«, fragte sie.

Ihr Schwager Gerry machte es davon abhängig, wo sie hinfahren wollten.

»Ich möchte meine Flitterwochen aber in Dublin verbringen«, sagte Paul bestimmt.

Paul! Vor versammelter Mannschaft wagte er es, eine abweichende Meinung zu äußern.

Alle redeten nun durcheinander und schlugen andere Countys in Irland vor. Es ging zu wie in einer Erdkundestunde. Jede Schwester, jeder Bruder samt dazugehörigem Ehepartner hatte eine eigene Meinung.

Bald würde der Sonderurlaub zu Ende und Kates Bein geheilt sein. Auch die Straßenarbeiten wären beendet. Und es wäre um ein Vielfaches einfacher, die Hochzeit so zu feiern, wie ihre Mutter es sich wünschte. Ihre Schwestern hatten es schließlich auch so gemacht. Und es war jedes Mal eine schöne Hochzeit gewesen. Und der zukünftige Ehemann hatte den Ort für die Flitterwochen ausgesucht.

Kate seufzte.

Ihre Mutter meinte, Kate sei wohl müde; ihr Vater meinte, Kate brauche noch einen Drink.

Nur Paul wusste, dass sie seufzte, weil sich alles so wunderbar gefügt hatte.

Mr Mangan

E r hieß Mr Mangan und war Lehrer in dem Internat, das sie
als Jungen besucht hatten. Er war offenbar schon seit vielen Jahren an der Schule, und es genügte, seinen Namen in die
Runde zu werfen, und schon kannten alle stundenlang kein
anderes Thema mehr als ihn.

Mr Mangan hatte blassblaue Augen, und keiner wusste etwas über seinen persönlichen Hintergrund. Es hieß, früher sei
er einmal Priester gewesen, doch das fanden sie nie bestätigt.
Eine Mrs Mangan gab es nicht, und gewohnt hatte er in einer
Pension, ungefähr eine Meile von der Schule entfernt. Jeden
Tag, ob bei Sonne, Regen oder Schnee, legte er den Weg dorthin zwei Mal täglich zu Fuß zurück.

Als Jungen hatte es sie nicht sonderlich interessiert, wie sein
Leben aussah. Erst später, als die Frauen mehr über ihn wissen
wollten, stellten sie sich die Frage, womit Mr Mangan sich in
diesem entlegenen Teil des Landes das Leben annehmbar ge-
staltete.

Wohl kaum damit, dass er sein Geld in eine der – für einen
so kleinen Ort – zahlreichen Bars trug. Das hätte sich bald bei
den Kirchgängern herumgesprochen und wäre nicht gut angekommen.

Und irgendwelche Romanzen waren ihnen auch nie zu Ohren gekommen. Auch das hätte lediglich Stirnrunzeln hervor-
gerufen.

In ihrem Ort gab es kein Theater, keine Leihbücherei, die
den Namen verdient hätte, und in jener Zeit vor zwanzig Jahren wechselte das Kino sein Programm jeden Sonntagabend. Es

war schwierig, sich Mr Mangan bei einer Partie Bridge mit den Damen vor Ort vorzustellen. Er besaß weder Auto noch Fahrrad, mit dem er hätte weiter wegfahren können. Er war ein anerkannter Gegner blutiger Sportarten, und so war kaum zu vermuten, dass er mit den lokalen Farmern auf die Jagd oder auf den Schießstand ging. Und zum Thema Sport befragt, winkte er kopfschüttelnd ab, leider sei er kein Gladiator.

Aber was tat er *dann*?

Wahrscheinlich las er viel, vermuteten seine Schüler, die ihn das letzte Mal 1975 gesehen hatten, als sie die Schule verließen. Viel lesen und viel nachdenken – mehr fiel ihnen auch nach intensiven Überlegungen nicht als Antwort auf die Frage nach seinem Lebensstil ein. Er schien alles zu wissen und an allem Interesse zu haben.

Theoretisch war er ihr Erdkundelehrer. Praktisch brachte er ihnen alles bei: Wie man Kreuzworträtsel löst, politische Dynastien beurteilt, Verkehrsschilder deutet, aus den Handflächen liest, echte Mayonnaise zubereitet, das Verhältniswahlrecht erklärt, Bäume an ihren Blättern erkennt, Alkohol mit geringem Gehalt an Kongeneren auswählt, um einem Kater vorzubeugen, Bauwerke richtig betrachtet und darüber nachdenkt, was Wörter zu bedeuten haben.

In den zwei Jahrzehnten, die seitdem vergangen waren, hatten sie das, was Mr Mangan ihnen eingetrichtert hatte, zweifelsohne nicht vergessen. Und kamen sie dann zusammen, rekapitulierten und wiederholten sie ihr Wissen, als säßen sie noch einmal in seinem Klassenzimmer.

Nur ihre Frauen und Freundinnen verdrehten regelmäßig die Augen, sobald wieder einmal ein Zitat von Mr Mangan fiel. Alles, was er gesagt hatte, kam ihnen ziemlich banal und ziemlich offensichtlich vor. Vielleicht gehörte er ja zu den Menschen, die man persönlich kennenlernen musste, nicht nur vom Hörensagen, um sie zu schätzen.

Ihre gemeinsame Freundin Renata, schön, alleinstehend,

glamourös und gefürchtet von allen Ehefrauen und Freundinnen, hielt besonders wenig von ihm. »Der hört sich für mich nach einer bescheuerten alten Tunte an«, sagte sie. Doch sie konnte sich das erlauben, weil sie mit keinem von ihnen eine Beziehung hatte.

Nach offizieller Lesart war Renata diejenige, die noch einmal davongekommen war. Sie war unabhängig – elegant, selbstsicher, und jeder war hinter ihr her. Alle Ehefrauen begegneten Renata mit mehr Herzlichkeit und Wärme, als sie tatsächlich für sie empfanden.

Wie die Männer von ihren jüngeren Brüdern und Cousins erfuhren, unterrichtete Mr Mangan noch immer an ihrer einstigen Schule und wurde weiterhin allseits bewundert und oftmals zitiert.

»Er muss doch jetzt schon steinalt sein«, meinte Hugh, der kurz vor Neujahr seinen Vierzigsten feierte, ein Gedanke, der ihm nicht im Geringsten behagte.

Hughs Frau Kate war jetzt schon angst und bange vor der potenziellen Midlife-Crisis, die sich am ehelichen Horizont zusammenbraute. Erst wollte Hugh auf keinen Fall feiern, dann wieder ein riesiges Fest veranstalten, dann wieder nur ein kleines Zusammentreffen alter Freunde organisieren, ehe er sich entschied, neue Kunden auf die Gästeliste zu setzen und aus der Feier eine Art Geschäftsessen zu machen.

Selbstverständlich war auch Renata, die Bienenkönigin, eingeladen.

»*So* alt ist er bestimmt auch wieder nicht. Schließlich unterrichtet er noch. Warum lädst du deinen berühmten Mr Mangan eigentlich nicht zu deiner Party ein?«, schlug Kate vor.

Ein erstaunlicher Vorschlag. Was für eine Vorstellung, ihn wiederzusehen!

Gemeinsam versuchten sie, dahinterzukommen, wie alt er inzwischen war. Siebzig? Nein, Lehrer gingen mit sechzig Jahren bereits in Pension, oder? Trotzdem dürfte er noch recht rüstig sein. Und an gutem Essen und Trinken dürfte er auch noch Interesse haben. Wie gehabt, erfasste daraufhin alle Männer ein kollektiver Anfall von nostalgischer Rückschau an all die scharfsinnigen und aufschlussreichen Dinge, die Mr Mangan zu sagen pflegte. Jede seiner Bemerkungen schien sich selbst darin überbieten zu wollen, einen erhellenden Blick auf das Offensichtliche zu werfen. Kate und die anderen Frauen verdrehten die Augen, irritiert wie eh und je. »Sei gut in einer Sache, einer einzigen, finde dein Gebiet, auf dem du Spitzenleistungen erbringst, und stürze dich mit Feuereifer darauf. Ein alter Mann sagte mir einst, wir alle sollten nur in einer einzigen Sache wirklich brillieren.« Das war offenbar einer von Mr Mangans wichtigsten Leitsätzen. Damals, als die Jungen ihn zum ersten Mal hörten, hatte dieser Leitsatz sie wie ein Blitz der Erkenntnis getroffen, und sie alle glaubten vollen Ernstes, ihr Leben dadurch verändert zu haben, dass sie diese Weisheit befolgten.

Man musste sich doch nur anschauen, was aus ihnen allen geworden war!

Kevin hatte Erfolg als Antiquitätenhändler, Martin arbeitete als Anwalt, Brian war Zahnarzt, und Hugh hatte Mr Mangans Rat befolgt und sich auf Autos spezialisiert und besaß nun die Generalvertretung einer Automarke. Die Leute rannten ihm die Bude ein.

Was hätten sie nur gemacht ohne diesen brillanten Mann?

Insgeheim dachte Kate, dass der Mann nicht viel klüger war als die Sprüche in einem chinesischen Glückskeks. Ein Erdkundelehrer, der Plattitüden absonderte vor Generationen leicht zu beeindruckender Schuljungen, die in ihm einen der größten Denker der Menschheit sahen. Was war so ungewöhnlich daran, wenn aus Schülern eines teuren Internats Zahnärzte, Anwälte, Antiquitätenhändler und Verkäufer frisierter Autos wurden? So lief das nun mal in der Mittelklasse.

»Was war eigentlich das Gebiet, auf dem er sich besonders hervortat?«, hatte Kate einmal gefragt.

Keiner von ihnen wusste es.

Jungen, und freilich auch Männer, konnten oft erstaunlich wenig Neugier, um nicht zu sagen Interesselosigkeit, am Leben anderer Menschen aufbringen, dachte Kate.

Nicht zum ersten Mal erwies sich Hughs Fixierung auf seinen vierzigsten Geburtstag und folglich den Drang, seinen Körper in Form bringen und seinen Haarausfall stoppen zu müssen, als äußerst lästig. Seine Hoffnung, für den älteren Bruder ihrer Teenagertochter gehalten zu werden, war nur noch peinlich. Und der Männerbund, den er mit Kevin, Martin und Brian einging, um Mr Mangans Taten zu verherrlichen, nahm immer groteskere Züge an.

Kate seufzte und machte sich an die Organisation der Geburtstagsfeier. Als Geschenk überreichte sie ihrem Mann einen Gutschein für ein maßgeschneidertes Sakko, das seine Schokoladenseiten unterstreichen sollte. Der schlaue Schneider tat so, als könnte er nicht glauben, dass ein so junger Mann bereits seinen vierzigsten und nicht seinen dreißigsten Geburtstag feierte, und schlug überrascht die Hände vor dem Gesicht zusammen.

Das Haus war festlich geschmückt und erstrahlte in weihnachtlichem Glanz, als die ersten Gäste eintrafen. Kate hatte alle Hände voll zu tun, einen frisch getrennten Ehegatten zu besänftigen und die Lautstärke zu drosseln, mit der er seine Klagen über seine Ex-Frau vorbrachte, die anscheinend Unsummen von ihm forderte.

Bis auf Mr Mangan kannte Kate jeden Gast, doch ausgerechnet der schien bisher noch nicht eingetroffen zu sein. Hugh und seine Kumpel wären bestimmt traurig, und sie bereute es bereits, den Vorschlag gemacht zu haben. Wenn er sich jetzt nicht blicken ließe, wäre die Enttäuschung groß, obwohl er einen netten Brief geschrieben und sein Kommen angekündigt hatte.

Aber Renata war da, schön, cool, gelassen, im Gegensatz zu

den Ehefrauen. Sie hatte allerdings auch nichts anderes zu tun, als sich ausgiebig sich selbst zu widmen. Keine Kinder, keine Schwiegereltern, keine Geschäftsessen, kein vierzigjähriger Ehemann, der bei Laune gehalten werden wollte. Kein Wunder, dass sie so gut aussah. Sie war im selben Alter wie sie alle, Ende dreißig, sah aber aus wie fünfundzwanzig. Und sie hatte einen Mann mitgebracht. Sehr zum Missfallen der Männerfreunde, die Renata als ihr Eigentum betrachteten.

Wie immer schwirrten alle um sie herum. Kate runzelte die Stirn und schaute sich die Sache näher an. Renatas Hand lag locker auf dem Arm eines attraktiven Mannes, eines reifen Herrn mit grauen Schläfen, vielleicht um die fünfzig. Selbstsicher, aber nicht arrogant wirkend, salopp, jedoch nicht schlampig gekleidet. Typisch Renata, so einen Typen an Land zu ziehen.

Dennoch war es seltsam. Alle Freunde, einschließlich des frischgebackenen Neuvierzigers Hugh, schienen Gefallen zu finden an Renatas neuer Flamme und umkreisten ihn wie sonst nur die Bienenkönigin.

Kate machte sich an die Recherche und fand heraus, dass es sich nicht um eine neue Flamme, sondern um den alten Lehrer handelte. Es war Mr Mangan. Da stand er vor ihnen, gerade mal zehn oder zwölf Jahre älter als die Jungen von damals, die ein Idol in ihm gesehen hatten, ein Mann ohne Ambitionen und, wie Kate sofort erkannte, auch ohne wirkliche Einblicke.

Voller Begeisterung stellten sie ihm Kate vor, die ihn höflich und zurückhaltend willkommen hieß. Was hatte dieser Rattenfänger an sich, das diese Männer so sehr betörte? Eine offenbar ganz besondere Eigenschaft, die ein Funkeln in ihren Augen hervorrief, wozu sonst keine noch so elegant gekleidete Vorzeigefrau imstande schien.

»Sie sind Hugh eine wundervolle Frau«, sagte er bewundernd zu ihr, als sie beide allein waren.

»Wieso sagen Sie das?«

»Weil Sie ihn glücklich und selbstsicher machen und ihm zwei wunderbare Kinder geschenkt haben. Was kann man mehr verlangen von einem Partner?«

Kate fühlte sich geschmeichelt, ließ sich jedoch nichts anmerken.

»Und Sie waren also ihr Erdkundelehrer, Mr Mangan. Warum sehen dann alle einen Psychologen in Ihnen?« Sie bemühte sich, ihren Ärger, ihre Ungeduld und, ja, ihre unverhohlene Eifersucht nicht durchklingen zu lassen. Dieser Mann, der bis vor zehn Minuten noch nie in diesem Haus gewesen war, wusste bereits, dass sie zwei Kinder hatte. Und die bezaubernde Renata hatte bereits deutlich ihre Ansprüche auf ihn angemeldet und ihn zu ihrer Beute erkoren. Woher nahm der Mann nur seine schlichte Philosophie?

Falls Mr Mangan den spitzen Unterton in ihrer Frage bemerkte, ließ er sich nichts anmerken.

»Oh, ich glaube nicht, dass sie je mehr in mir sahen als einen bedauernswerten alten Pauker, Kate, und ich schätze, ich wäre heute auch nicht eingeladen worden, hätten Sie es nicht vorgeschlagen. Schuljungen sind sehr flatterhaft, wissen Sie, und vergessen schnell.«

»Sie haben Sie nie vergessen. Sie zitieren Sie ständig.«

»Nein, das kann ich mir beim besten Willen nicht vorstellen.«

»Glauben Sie mir, es ist so. Dauernd sagen sie Dinge wie, Sonnenuntergänge sind gut und kleine Vögel umzubringen ist schlecht und so.«

»O bitte, hätte ich doch nur etwas weniger Banales gesagt. Bitte!« Er hob die Hände in gespielter Verzweiflung.

»Zumindest nichts, an das sie sich erinnern.«

Er sah sie forschend an. In dem Moment wurde Kate klar, dass ihr Tonfall ein klein wenig zu scharf ausgefallen war.

»Sie sprachen auch über Dinge, die man besonders gut kann. Was konnten Sie besonders gut, Mr Mangan?«

»Warum wollen Sie das wissen?«

»Nun, mir scheint, dass alles, was Sie über das Thema sagten, Ihre Schüler nur in dem bestärkte, was sie ohnehin bereits dachten und hofften.«

»Und was wäre so schlecht daran?«

»Sie haben meine Frage nicht beantwortet«, sagte sie.

»Wie lautete sie gleich noch mal?«

»Worin waren Sie besonders gut?«

»Ich war auf keinem Gebiet besonders gut.« Er lächelte freundlich.

»Darf ich Sie etwas fragen? Womit schlagen Sie in diesem entlegenen Winkel des Landes eigentlich Ihre Zeit tot? Was für eine Art Leben führen Sie, das uns alle denken lässt, Sie hätten ein Geheimnis? Einen inneren Kompass?«

»Oh, ich habe nie behauptet, dass das so ist.«

»Mit Worten nicht, nein.« Sie wusste, dass sie zu weit ging, dass sie einen roten Kopf bekam. Sie war müde – müde, dieses Fest zu organisieren, müde, Hugh ständig darin zu bestärken, dass er noch ein junger Mann war; und sie war es leid, zu argwöhnen, er könnte eine Affäre mit Renata haben. Es nervte sie über alle Maßen, dass dieser selbstgefällige Mann die volle Aufmerksamkeit und Bewunderung ihres Mannes so leicht auf sich ziehen konnte.

»Ja, worin waren Sie gut? Ein alter Mann habe einmal zu Ihnen gesagt, jeder Mensch solle nur auf einem einzigen Gebiet wirklich gut sein. Das haben Sie zu Ihren Schülern gesagt. Haben Sie das nur erfunden?«

»Nein, habe ich nicht.«

»Und?«

»Und so wurde ich eine Kapazität auf dem Gebiet der Fleckenentfernung«, erwiderte Mr Mangan.

Kate holte tief Luft.

»Mir ist klar, dass ich mich dreist und aufdringlich anhören mag, aber bitte halten Sie mich nicht zum Narren«, sagte sie.

»Sie fragten mich nach meinem Spezialgebiet, und das ist es.« Seine Antwort klang simpel und freundlich.

Alle um sie herum konnten es kaum erwarten, sich an ihrer Unterhaltung zu beteiligen – Kevin, der Antiquitätenhändler, Brian, der Zahnarzt, Martin, der Anwalt, und ihr eigener Mann Hugh, der nicht zufriedener hätte sein können, wäre Frank Sinatra sein Gast gewesen.

Doch allein durch seine Körpersprache gelang es Mr Mangan, sie alle auf Abstand zu halten, sogar die entzückende Renata.

»Flecken?«, fragte sie.

»Flecken«, wiederholte Mr Mangan. »Sie haben ja keine Ahnung, wie sehr sich Menschen darüber freuen können, wenn sie erfahren, wie man hartnäckige Flecken wesentlich leichter entfernen kann, indem man sie mit Glycerin vorbehandelt, und wo man die besten Resultate mit Brennspiritus und wo mit Weißweinessig erzielt. Ihre Messingteile erstrahlen beispielsweise in schönstem Glanz, wenn Sie eine Paste aus Essig, Salz und Mehl herstellen. Meine Vermieterin war für diese Information äußerst dankbar. Sehr dankbar sogar«, fügte er hinzu, und das Funkeln in seinen Augen schien Bände zu sprechen von stundenlangen Dankbarkeitsbekundungen der Hauswirtin, erwiesen in einem schmalen Bett.

»Und das halten Sie für das Geheimnis des Universums?«

»Warum sind Sie so wütend auf mich, Kate?«

»Das Leben ist nicht so einfach und überschaubar, wie Männer wie Sie denken«, brach es aus ihr heraus.

»Für Männer ist es das«, erwiderte er schlicht. »Oft sogar. Sie denken nicht so kompliziert und verwickelt wie Frauen. Deshalb haltet ihr uns oft für unsensibel. Aber es ist nicht nötig, sich zu viele Sorgen zu machen und so manipulativ zu sein. Männer sind im Grunde wie kleine Schuljungen. Alles, was sie wollen, ist ein bisschen Hoffnung, Begeisterung und Orientierung.«

Auf Kates Gesicht musste sich widerspiegeln, wie wenig sie ihm glaubte und für wie dringend notwendig sie manipulative Einflussnahme und ausgefuchste Strategien hielt, um mit der männlichen Psyche und den allseits lauernden Gefahren umzugehen.

»Wenn Sie schon so viel wissen, warum sind Sie dann an einer Bonzenschule in einem verschlafenen Nest geblieben?«

»Weil mir etwas an meinen Schülern lag, noch immer liegt. Nur weil ihre Eltern das Geld haben, sie auf ein teures Internat zu schicken, heißt das noch lange nicht, dass sie alle kleine bösartige Ungeheuer sind. Sie sind genauso liebenswert wie alle anderen auch.«

Vielleicht hatte er recht, dieser Mr Mangan. Vielleicht waren Männer im Grund genommen so simpel. Doch er hatte keine Ahnung, wie viel es für eine Frau heutzutage zu bedenken gab, in einer Zeit, in der Ehen nicht mehr für die Ewigkeit geschlossen wurden und Männer jenseits der vierzig permanente Bestätigung von außen nötig zu haben schienen.

Mr Mangan hatte offenbar den Eindruck, es sei an der Zeit, sich wieder der restlichen Gesellschaft anzuschließen. Doch zuvor erklärte er noch, wie wohl er sich auf der Party fühle und was für eine wunderbare Frau diese Renata sei. Er werde sie sicher nach Hause bringen und bestimmt wiedersehen.

»Und bestimmt erklären Sie ihr, wie sie ihre Messingteile auf Hochglanz polieren soll, nicht wahr?«, meinte Kate, der fast schwindlig war vor Erleichterung.

»Nein, aber sie hat sehr hübschen Schmuck, und ich könnte sie darüber aufklären, dass man Edelsteine besser nicht mit Wasser in Berührung bringt, sondern vorsichtig mit einem Fenstertuch poliert, und dass Gold- und Silberketten mit einem milden Spülmittel gereinigt werden. Vielleicht interessiert sie das.«

Renata wäre begeistert, dachte Kate, genauso wie die Pensionswirtin und viele andere es waren, die diesen seltsamen

Mann in ihr Herz geschlossen hatten. Er war weder ein Heiliger noch ein Guru, aber er mochte die Menschen für das, was sie waren.

Abschied von den Männern

※

Als Eileen beschloss, den Männern abzuschwören, machte sie keine halben Sachen. Wenn schon, dann wollte sie gleich noch ihre Wohnung, ihre Heimat und ihren Job aufgeben. Ihre Freundin Katy hielt das für ein wenig übertrieben.

»Du könntest doch auf Männer verzichten und trotzdem weiter unterrichten«, schlug sie vor.

Eileen ließ sich nicht erweichen. Nein, in der Schule lauerten überall Gefahren. Das war jetzt schon der zweite Vater, in den sie sich verliebt hatte. Der zweite Mistkerl, der ihr das Blaue vom Himmel herunter versprochen und nichts gehalten hatte. Nein, sie musste ganz weit weg von den betrügerischen Vätern, die vorgaben, sich für den Elternbeirat zu interessieren, nur um sie dann in schummrige Bars einzuladen.

»Könntest du dir nicht einen anderen Job suchen und trotzdem in Irland bleiben?«, flehte Katy.

Nein, anscheinend wimmelte es in diesem Land von niederträchtigen Männern, die ihr Ruin wären.

»Wo willst du denn hin?« Katy würde ihre Freundin schrecklich vermissen und hatte außerdem die düstere Vorahnung, dass Eileens eingebauter Infrarotmelder weiterhin unweigerlich bei den falschen Männern anschlagen würde – egal, wohin sie ging. Eigentlich war es mehr eine Frage der Einstellung, weniger des Ortswechsels, doch damit stieß man bei Eileen auf taube Ohren.

»Ich gehe nach Schottland«, verkündete Eileen triumphierend. »Schon morgen!«

»Schottland?« Katy war fassungslos. »Wen, in aller Welt, kennst du denn dort?«

172

»Niemanden, ich kann ganz von vorn anfangen.«

Eileens Augen strahlten, und sie wirkte mehr wie ein Kind als wie eine Lehrerin. Keiner hätte sie für sechsundzwanzig gehalten. Mit den Sommersprossen auf der Nase und den langen roten Locken sah sie aus wie eine typische Vertreterin Irlands in den Reiseprospekten über die Insel.

»Und wohin in Schottland?« Inzwischen hatte Katy sich mit der Tatsache abgefunden.

»Was ist näher – Glasgow oder Edinburgh? Eine Stadt liegt doch näher zu uns.«

»Das ist Glasgow.« Katy wurde das Gefühl nicht los, dass diese Reise zum Scheitern verurteilt war.

»Dann fahre ich dorthin. Morgen gehe ich auf die Fähre von Dun Laoghaire nach Holyhead.«

»Das liegt doch in Wales, du Dummerchen!«, erklärte Katy.

»Dann fahre ich eben von dort mit dem Zug hinauf.«

»Du könntest von hier nach Nordirland fahren und mit der Fähre direkt nach Stranraer übersetzen – also, wenn du wirklich unbedingt wegfahren willst.«

»Ja, ich will unbedingt weg und werde es auf keinen Fall riskieren, durch Irland zu reisen. Es wäre sicherer, so schnell wie möglich von der Insel runterzukommen.«

»Wieso eigentlich Schottland? Erkläre es mir, damit ich, wenn ich alt und grau bin, weiß, was ich den Leuten sagen soll, die mich fragen, was aus dir geworden ist.«

»Weil die Schotten auf mich immer einen verlässlichen, pragmatischen, sachlichen Eindruck machen, wenn man sie im Fernsehen über irgendetwas nach ihrer Meinung fragt.«

»Mach dich nicht lächerlich! Du verstehst doch kein Wort von dem, was sie sagen, genauso wenig wie ich.« Katy war verzweifelt, dass sie ihre Freundin aus einem so banalen Grund verlieren sollte.

»Ich verstehe sogar einiges – aber wahrscheinlich ist es sowieso besser, wenn ich nichts kapiere.«

»Wirf deinen Job nicht einfach so hin, Eileen. Die stellen dich nie mehr ein.«

»Ich werfe meinen Job nicht einfach hin. Ich habe ihnen sogar eine Vertretung besorgt, und die ist besser als ich. Damit tue ich allen einen Gefallen, einschließlich mir selbst. Ich brauche mal Umgang mit vernünftigen Menschen, die nicht viel reden und einfach nur ›Aye‹ sagen, statt einen mit romantischem Unsinn zu überschütten, der einem nur das Herz bricht. Ein oder zwei Jahre mit netten, mürrischen ›Ayes‹ werden mich schon kurieren.«

Bekümmert sah Katy ihre Freundin an. Sie wusste, irgendwo in Glasgow wartete bereits in diesem Augenblick ein romantischer Hallodri im Kilt darauf, Eileen das Blaue vom Himmel herunter zu versprechen. Wahrscheinlich würde Eileen ihm über den Weg laufen, kaum dass sie aus dem Zug gestiegen war.

Eileens Briefe waren jedoch eine Überraschung für sie. Offenbar erschien kein Jock oder Andy oder Alastair auf der schottischen Bildfläche, mit der Absicht, sie in ihr Unglück zu stürzen. Kein Jimmy oder Sandy hatte ihr bislang hoch und heilig geschworen, ihretwegen seine Frau zu verlassen. Stattdessen langatmige Geschichten über die Jobsuche, über Ausflüge zum Loch Lomond und den Besuch einiger Schlösser, wo Maria Stuart gelebt hatte. Schottland schien aus nichts anderem als aus atemberaubenden Landschaften zu bestehen, was Katy leicht gekränkt zur Kenntnis nahm. Obwohl auch Irland reichlich Berge, Flüsse und Seen zu bieten hatte, war es ihr nie gelungen, ihre Freundin Eileen aus den schummrigen Bars mitsamt den dort im Verborgenen lauernden verhängnisvollen Verabredungen herauszulocken.

Bisher hatte Eileen in einem Supermarkt und in einer Tankstelle gejobbt und arbeitete nun in einer Buchhandlung. In einem Mietshaus mit vielen Parteien hatte sie eine Einzimmerwohnung gefunden, aber da einige der Bewohner eindeutig

Männer waren, hielt sie den Blick stets gesenkt und rief ihnen ein beherztes »Aye« zu, sobald sie sie ansprachen.

In der Buchhandlung arbeiteten hauptsächlich Frauen, und Eileens Kundengespräche beschränkten sich strikt auf das Thema Bücher. Seltsamerweise fanden manche *ihren* Akzent ein wenig schwer zu verstehen, was urkomisch war, wie Eileen frohgemut schrieb, weil sie schließlich keinen Akzent habe. *Sie* rede völlig normal.

Widerwillig gelangte Katy allmählich zu der Ansicht, dass ihre Freundin Eileen den richtigen Schritt getan hatte. Vielleicht war der plötzliche Ortswechsel genau das Richtige gewesen, um sie aus ihrer Rolle als unglückliche romantische Heldin herauszukatapultieren, in die sie sich in Dublin hineingesteigert hatte. Es hätte nicht unbedingt Schottland sein müssen, Chicago oder Birmingham hätten es auch getan. Der Teufelskreis hatte einfach durchbrochen werden müssen.

Eines Tages fühlte sie sich vielleicht wirklich geheilt und käme wieder nach Hause. Katy hoffte es sehr. Sie vermisste ihre rothaarige Freundin und ihre verrückten Abenteuer. Katy hätte sie gern in ihrer Nähe gehabt, um mit ihr über den neuen Mann in ihrem Leben zu sprechen. Er hieß Michael – ein netter, ehrlicher, verlässlicher Mensch ohne Ehefrau oder Kinder im Hintergrund. Ohne falsche Versprechungen. Aber Katy hätte es als unhöflich und taktlos empfunden, Eileen gegenüber von Liebe zu sprechen. Gerade jetzt, wo sie vollauf damit beschäftigt war, sich davon zu kurieren. Das wäre, als würde man einem Alkoholiker einen Martini vor die Nase halten, oder einem Nikotinsüchtigen, der sich das Rauchen abgewöhnen wollte, Zigarettenrauch ins Gesicht blasen. Nein, sie würde Michael erst einmal nicht erwähnen. Und sollte etwas Einschneidendes passieren – was nicht so abwegig war –, würde sie selbst nach Schottland reisen und ihrer Freundin alles persönlich erzählen.

Wie es der Zufall wollte, war es Michael, der als Erster nach

Schottland fuhr. Katy hatte überlegt, mitzukommen, aber sie interessierte sich nicht besonders für Rugby und hätte es irgendwie albern gefunden, nur als Anhängsel dabei zu sein. Sie fand es erwachsener, ihn allein mit seinen Freunden fahren zu lassen.

Laut Michael war der Ausflug ins Murrayfield-Stadion eine Supersache, vor allem in den Jahren, wenn Irland im Arms-Park-Stadion in Cardiff und im Murrayfield in Edinburgh spielte: zwei großartige Wochenenden – ob sie gewannen, verloren oder unentschieden spielten. Also hielt Katy es für das Beste, sich nicht in seine Gewohnheiten und seinen Lebensstil zu drängen. Aber das Wochenende ohne ihn kam ihr endlos lang vor, und sie fühlte sich einsam. Ihr war nicht klar gewesen, wie sehr sie diesen Mann lieb gewonnen hatte.

Die Zeit wollte einfach nicht vergehen, und so schrieb sie einen langen Brief an ihre Freundin. Sie wusste, dass Eileen sich nicht in Edinburgh aufhalten würde. Bereits der Gedanke an die Invasion betrügerischer Iren, die zuhauf als billige Pauschaltouristen ins Land strömten, würde sie veranlassen, zu bleiben, wo sie war. Und so schrieb Katy ihr, wie herrlich es sei, endlich die wahre Liebe gefunden zu haben. Sie habe es eigentlich noch nicht verraten wollen, gestand sie, aber der Umstand, dass sich ihre große Liebe und ihre liebste, beste Freundin in ein und demselben Land aufhielten, habe sie zum Schreiben verleitet.

Als Michael am Montag, an dem er zurückkam, nicht bei ihr anrief, machte Katy sich keine Gedanken, weil sich der Flug wahrscheinlich verspätet hatte und er am Morgen gleich in die Arbeit hetzen musste. Als er sich aber auch am Montagabend nicht meldete, war sie schon überrascht. Am Dienstag schrillten schließlich alle Alarmglocken bei ihr, und sie rief ihn in der Arbeit an. Er sei mit einem Mandanten beschäftigt, richtete man ihr aus. Das war ihr noch nie zuvor passiert, wenn sie in der Kanzlei angerufen hatte; sie war immer wenigstens für ein paar Sekunden durchgestellt worden.

Dienstagabend schaute sie in seiner Wohnung vorbei, wo sein Mitbewohner ihr erklärte, Michael musste noch einmal weg, würde sich aber ganz bestimmt am Mittwoch bei ihr melden.

Verletzt und voller Angst ging Katy nach Hause. In dieser Nacht konnte sie kaum schlafen und hatte Kopfschmerzen, als sie am Mittwochmorgen vor die Tür trat und den Brief ihrer Freundin Eileen auf der Fußmatte liegen sah.

Katy setzte sich auf die Treppe und las, dass Eileen überraschend doch zu dem wichtigen Rugby-Match gefahren war. In letzter Minute hatte sie eine Karte bekommen, die sie nicht verfallen lassen wollte. Und dabei hatte sie diesen wirklich netten Typen kennengelernt.

Katy sollte jetzt bloß nicht denken: »Ach, du liebe Zeit, jetzt geht das wieder los«, denn dieser Mann war wirklich anders. Er war sehr offen zu ihr gewesen. Er habe eine Art Beziehung in Dublin laufen und wolle nach seiner Rückkehr alles mit dieser Freundin regeln, hatte er ihr eröffnet. Dieses Mal keine Lügen, keine dunklen Machenschaften. Immerhin war er Anwalt. Sein Name war Michael.

Bitte, glaube mir, diesmal ist es die echte, wahre Liebe, beschwor Eileen ihre Freundin auf den eng beschriebenen Seiten. Dieses Mal würde es endlich klappen.

Und während Katy auf der Treppe saß und das Gefühl hatte, ihr eigenes Leben sei zu Ende, war ihr gleichzeitig klar, dass Eileen, die sich noch nie etwas aus Rugby gemacht hatte und Anwälte für langweilig hielt, wohl tatsächlich endlich der wahren Liebe begegnet war.

Talk am Nachmittag

❦

Es war erstaunlich, wie schnell *Fionas Notfalltelefon* beim Publikum ankam. Fiona unterschied sich sehr von den anderen Moderatoren, sie beschäftigte sich nicht mit wechselnden Themen von Charity bis Lifestyle. Fiona war auf eine Sache spezialisiert: Ihre Stärke war es, Menschen aus Schwierigkeiten herauszuhelfen, in die sie sich selbst hineinmanövriert hatten – mochten diese auch noch so lächerlich sein.

Hatte man beispielsweise seine zukünftige Schwiegermutter zum Tee eingeladen und wusste nicht, was man ihr servieren sollte, rief bestimmt ein hilfreicher Hörer an und erteilte gute Ratschläge.

Doch eine gewisse Dringlichkeit musste schon vorliegen, damit die Anrufe als Teil ihrer Sendung *Talk am Nachmittag* Spannung versprachen. So musste die Schwiegermutter unbedingt noch am gleichen Tag vor der Tür stehen, der Boss und seine Frau sich für den Abend angekündigt haben, oder derjenige, dem man zugesagt hatte, ihn zum Windhundrennen zu begleiten, obwohl er gern zu tief ins Glas schaute, hatte die Tickets für Shelbourne Park bereits gekauft.

Fiona war perfekt darin, die drohende Gefahr übergroß an die Wand zu malen. *Wenn jetzt nicht bald jemand anruft, sitzt dieser arme Tropf tief in der Sch…!* Und aus ganz Irland gingen die Anrufe ein mit Ratschlägen wildfremder Menschen, als Beweis dafür, wie überaus schlau und gewitzt dieses Land war, fähig, aus fast jeder Situation einen Ausweg zu finden, egal, wie katastrophal.

Für eine Radiomoderatorin war Fiona in der Öffentlichkeit

nicht sonderlich präsent. Nie sah man in den Medien Fotos von ihr, wie sie eine Kunstausstellung oder eine Theaterpremiere besuchte. Sie eröffnete weder Supermärkte, noch überreichte sie Preise an Schulen, und keiner konnte sich daran erinnern, sie je in einem angesagten Restaurant oder schicken Landhotel gesehen zu haben. Hin und wieder erschien ein kleines Foto von ihr im RTE-Journal. Sie hatte lockiges – um nicht zu sagen, krauses – Haar und trug eine große Brille. Schwer zu schätzen, wie alt sie war. Keine Zeitung äußerte sich je darüber, ob sie zu zweit oder als Single durchs Leben ging. Fiona verkörperte vor allem eines: die fieberhafte Erregung und das Drama ihrer Sendung.

Die Probleme, die sie zweimal die Woche zu hören bekam, schienen ihr selbst sehr nahezugehen. Wie bei dem Jungen, der ziemlich in der Bredouille saß, weil er sein Zeugnis abgefangen hatte, von dem er wusste, dass es schlecht ausfallen würde. Nun waren seine Eltern für den Abend in die Schule einbestellt worden. Was sollte er tun? Es blieben ihm nur noch wenige Stunden, um aktiv zu werden.

Und dann diese junge Frau, die im Freundeskreis verbreitet hatte, sie kenne sich bestens mit Booten aus. Ausgerechnet sie war über das Wochenende auf eine Jacht eingeladen worden. Jetzt blieben ihr noch zwei Tage, um sich ausreichend Fachwissen anzueignen.

Wie in jeder Sendung riefen auch in diesen Fällen Zuhörer an und luden die Möchtegern-Seglerin auf ihre Boote ein oder rieten dem Jungen, den Umschlag mit dem Zeugnis einfach wieder in den Briefkasten zu werfen, um es sich erneut zustellen zu lassen.

Fionas Sendung hatte hohe Einschaltquoten. Der Sender erwog deshalb sogar, die Sendung häufiger auszustrahlen, doch Fiona war der Ansicht, dann würde die Gefahr bestehen, dass das Interesse erlahmte. Besser, die Hörer kurzzuhalten.

Erkundigte man sich bei der RTE, der öffentlich-rechtlichen

Rundfunkgesellschaft, nach Fiona, so fiel die Antwort stets ein wenig vage aus. Als freie Mitarbeiterin bekäme man sie nur selten zu Gesicht, hieß es; sie sei ständig auf Achse. Nein, in der Kantine saß sie auch nicht oft, um nicht zu sagen, fast nie. Fuhr sie ein Auto? Nun, schwer zu sagen; niemand hatte sie je am Steuer eines Wagens oder auf dem Sattel eines Fahrrads gesehen. Die meisten Menschen konnten sich kaum an ihren Nachnamen erinnern. Und trotzdem lief die Sendung immer besser.

Einmal rief eine Frau bei Fiona an, die Angst hatte, ihr eigenes Haus zu betreten, weil sie befürchtete, es könnten sich dort Einbrecher aufhalten. Sie wolle die Polizei nicht unnötig belästigen für den Fall, es sei falscher Alarm. Innerhalb weniger Minuten hatte sich ein Trupp von Begleitern um sie geschart, und wie sich herausstellte, waren tatsächlich Einbrecher im Haus, die auf frischer Tat ertappt wurden.

Aus diesem Anlass stand viel über Fiona und ihre Sendung in den Zeitungen, aber ihr Kommentar beschränkte sich stets auf ein Lob an ihre Zuhörer, denen sie einzig und allein ihren Erfolg zu verdanken habe.

Rory war schon immer ein großer Fan von Fiona und ihrer Sendung gewesen. Auch einer ihrer ersten Anrufer, als seine Ex-Frau überraschend beschlossen hatte, ihm ihre gemeinsame neunjährige Tochter für ein ganzes Wochenende zu überlassen, die zwei Stunden später vor der Tür stehen sollte. Da er die Kleine bisher immer nur drei Stunden am Samstag sehen durfte, hatte er keine Ahnung, womit er ein neun Jahre altes Mädchen ein ganzes Wochenende lang beschäftigen sollte. Der Äther wurde überschwemmt mit Tipps, einer großartiger als der andere.

Seine Tochter Katie verbrachte ein unvergessliches Wochenende, an dem sich alle zukünftigen Besuche bei ihm orientierten. Sogar zu zwei Kinderfesten wurde sie eingeladen. Rory hatte Fiona geschrieben, um sich zu bedanken, und als Antwort eine kleine geschäftsmäßig nüchterne Karte erhalten.

Seitdem hörte er sich ihre Sendung regelmäßig an und hatte

bereits bei zwei Gelegenheiten Anrufern helfen können. Einmal hütete er über das Wochenende die Katze einer alten Dame, die sonst nicht zu einer Hochzeit hätte fahren können, und ein andermal hatte er einem verzweifelten Hörer, der allein nicht zurechtkam, verständliche Anweisungen gefaxt, wie er seinen Videorekorder programmieren sollte.

Rory hatte stets gehofft, dass Fiona sich an ihn erinnern würde, wenn er anrief, dass sie ein einziges Mal sagte: »Sie sind doch der Mann mit dem neunjährigen Mädchen! Wie schön, dass Sie wieder bei uns sind.« In seiner Fantasie stellte er sich vor, dass sie ihn anrief und ihm vorschlug, sich zum Essen zu treffen, um sich richtig bei ihm zu bedanken. Er wäre ein amüsanter, unterhaltsamer Begleiter, und das Essen würde von Zeit zu Zeit durch das Klingeln ihres Handys, durch Anfragen von anderen Tischen und durch Bitten der Kellner um ein Autogramm unterbrochen werden.

In seinen Träumen trug sie ein schwarzes Kleid und eine schlichte Goldkette. Ihr krauses Haar umrahmte wie ein Heiligenschein ihren Kopf, und sie würde die Brille abnehmen und ihn tief in ihre großen, dunklen Augen blicken lassen.

Doch Fiona bedankte sich nie persönlich bei ihm. Dafür bedankte sie sich am Ende ihrer Sendung stets bei all den guten, freundlichen Menschen draußen an den Geräten, die bewiesen, dass das Land wirklich eine einzige große Gemeinschaft war, die alles daransetzte, einander zu helfen, wenn sich die Gelegenheit dazu bot. Und dann verabschiedete sie sich atemlos mit immer schneller werdenden Worten, um noch rechtzeitig ihr Programm zu beenden, bevor das nächste begann.

Rory beneidete Fiona sehr; sie war so aktiv, zugewandt, extrem beschäftigt.

War es nicht erstaunlich, das manche Menschen ein solches Leben führten, während Leute wie er kaum je etwas Nennenswertes erlebten?

Vielleicht war es ganz gut, dass er Fiona nie kennenlernen

würde. Sie würde ihn ebenso verachten, wie seine Frau Helen ihn zuletzt verachtet hatte. Einen Mann ohne Leidenschaften, ohne Interessen, ohne jegliches Gespür für Lebensart. Genau das hatte sie ihm vorgeworfen, als sie ihn mit ihrer Tochter Katie verließ.

»Warum hast du mich dann überhaupt geheiratet, wenn ich so bin?«, hatte Rory wissen wollen.

»Weil ich nicht wusste, dass du so bist, ich dachte, du bist einfach ein ruhiger Typ.«

Helen hatte seelische Tiefen bei ihm vermutet, die offensichtlich nicht vorhanden waren.

Rory nahm die Sache philosophisch; wahrscheinlich hatte sie recht. Er unterstützte keinerlei Initiativen, gehörte keinem Komitee an, hatte nie ein Protestplakat getragen, ging nicht immer zum Wählen und war nicht einmal Mitglied einer Gewerkschaft. Er las nur wenig, sah lieber fern; er bereitete sich einfache Mahlzeiten wie Lammkoteletts zu oder ernährte sich von Fertiggerichten. Rory hielt sich für einen absoluten Durchschnittsmann.

Seit Helen ihn verlassen hatte, hatten Freunde ihm andere Frauen vorgestellt. Aber er verfolgte die Sache nie weiter. Die meisten Leute hätten ihn wahrscheinlich als nett bezeichnet, was heutzutage bereits einer vernichtenden Kritik gleichkam. Schon komisch, dass er Fiona und ihre Anrufsendung nicht mehr aus dem Kopf bekam. Wie gern hätte er etwas getan, um sie zu beeindrucken, etwas, das sie auf ihn aufmerksam machen musste. Doch ihm fiel nichts ein. Zumindest nichts, das er ohne Komplizen hätte bewerkstelligen können.

Angenommen, er hätte eine Freundin … Er könnte sie bitten, anzurufen und zu sagen, ihr Haus stünde in Flammen, und Rory würde hineinlaufen und sie vor dem Tod im Feuer retten. Es müsste ja nicht unbedingt brennen, und er wäre ein Held.

Doch das würde nicht funktionieren, selbst wenn er einen Komplizen fände.

Fiona hatte jede Menge Mitarbeiter, die überprüften, ob die Anrufe echt waren. Man käme ihm sofort auf die Schliche. Vielleicht, wenn er sie in Gesellschaft kennenlernen und ihr erzählen würde, dass er damals die Katze gehütet und den Videorekorder programmiert hatte ... aber große Heldentaten hatte er damit nicht abgeliefert. Im Gegenteil, sie kamen ihm alles andere als männlich vor. Trotzdem hätte er Fiona für sein Leben gern kennengelernt. Vielleicht würden ihr Witz und ihre Energie auf ihn abfärben, wenn er sich mit ihr unterhielte, und seinem Leben mehr Pfiff verleihen, größere Zielstrebigkeit.

Es war durchaus möglich, dass sie ihm durch Zufall mal über den Weg lief. Schließlich waren sie in Irland und nicht in New York. Einmal hatte er den Fernsehmoderator Ronan Collins getroffen und zu Twink in der Grafton Street Guten Tag gesagt, weil er dachte, sie zu kennen. Und sie hatte zurückgegrüßt.

Warum sollte er dann nicht auch Fiona vom *Talk am Nachmittag* treffen?

Rory arbeitete von neun bis fünf und konnte deshalb nicht bereits um halb fünf Uhr draußen vor dem Gebäude von RTE warten, bis Fionas Sendung zu Ende ging. Doch sein Urlaub stand vor der Tür, und Rory wusste nichts Besseres mit seiner Zeit anzufangen. Er hatte Katies Zimmer gestrichen, da sie jetzt mindestens ein Mal die Woche bei ihm übernachtete. Er hatte sich in Buchhandlungen umgesehen und war sogar zu Kinderbuchmessen gegangen, um sich zu erkundigen, was normalen neunjährigen Mädchen gefallen könnte.

Allein in ein Hotel zu fahren, dazu hatte er keine Lust. Das lag ihm ganz und gar nicht, und wenn er von sich aus auf Leute zuging, wirkte das immer unbeholfen, und sie fassten das nur als plumpen Annäherungsversuch auf. Er war schon wirklich ein trauriger Trottel, musste Rory zugeben. Helen hatte recht gehabt, sich ein eigenes Leben ohne ihn aufzubauen.

Die drei Tage, die er vor dem Eingang zum Radio- und Fernsehsender herumlungerte, führten zu nichts. Keine Fiona weit

und breit. Er beobachtete die Autos, die Fahrräder und die Fußgänger, die kamen und gingen; er sah eine Menge berühmter
Gesichter, doch nirgendwo den krausen Haarschopf und die
großen Brillengläser von Fiona, Problemlöserin der Nation.

Die Sicherheitsleute oder die Mädchen an den Infoschaltern
wollte er auch nicht fragen. Sonst hielten sie ihn noch für einen Perversen oder sonstigen Spinner. Und es hatte auch keinen Sinn, ihr zu schreiben, sich als regelmäßiger Hörer zu erkennen zu geben und sie zu fragen, ob sie nicht einmal mit ihm
zum Abendessen gehen wolle. Nein, entweder lernte er sie
durch Zufall kennen oder überhaupt nicht. Aber an welchen
Orten hielt sich eine Frau wie sie auf? Sie hörte sich an, als
müsste sie alle Arten von Leuten aus den verschiedensten
Schichten und Altersgruppen kennen. Fiona war nichts fremd
oder unverständlich. Sie konnte in einen Schnellimbiss auf einen Hamburger gehen oder in ein teures, schickes Restaurant.
Besuchte sie lieber ein Kino oder ein Theater? Eine Party mit
ihrem Freund? Er glaubte nicht, dass sie verheiratet war – von
einem Ehemann war nie die Rede gewesen.

Doch dann bekam Rory Bedenken, ob Fiona nicht allmählich
zu einer fixen Idee für ihn wurde. Es war schon schlimm genug, langweilig, traurig und normal zu sein – er wollte nicht
auch noch wie der Typ aus *Psycho* enden.

Die Hälfte seines Urlaubs hatte er noch übrig. Von jetzt an
würde er sich Dublin anschauen wie ein Tourist, und vielleicht
lief sie ihm dabei irgendwo über den Weg. Am frühen Vormittag wanderte er von einem Fitnessstudio und Freizeitzentrum
ins nächste und besorgte sich Prospekte. Viele dieser Rund-
funkleute sollten angeblich trainieren. Möglicherweise begegnete er ihr dort in irgendeinem Foyer. Er sah viele vor Gesundheit strotzende Menschen, nur Fiona nicht.

Vielleicht ging sie zum Frühstücken in eines der Bio-Cafés
oder zum Mittagessen nach Donnybrook. Wahrscheinlich erhielt sie Einladungen zu Dichterlesungen oder Kunstausstel-

lungen. Es war nicht schwer, eingeladen zu werden, wenn man es schlau anstellte. Rory verbrachte eine ausgefüllte – und auch glückliche – Woche, obwohl er Fiona vom *Talk am Nachmittag* nicht ein einziges Mal zu Gesicht bekam.

»Suchen wir jemanden?«, fragte Katie am Samstagnachmittag, als sie in Stephen's Green saßen und ihr Vater seinen Blick ständig umherschweifen ließ.

»Ach, ich bin immer auf der Suche, Kate«, erklärte er. »Ich suche jemanden, der mich lebhafter, aufregender und interessanter macht, als ich bin.«

»Ich finde, du bist ganz in Ordnung, wie du bist, Daddy«, erwiderte seine Tochter. »Du sollst dich nicht ändern, bei dir fühle ich mich geborgen.«

Das sagt sie jetzt mit ihren neun Jahren, dachte er, wenn sie vierzehn ist, wird sie begreifen, was für ein Langweiler ich bin. Die Besuche werden kürzer werden, ihre Ungeduld offensichtlicher.

Dann wurde Rory zur Hochzeit eines Kollegen eingeladen. Brian, der Bräutigam, saß neben ihm am Schreibtisch in der Arbeit, und Rory hatte mit ihm sämtliche Höhen und Tiefen seiner Romanze mit Maureen durchlitten, die Dramen seiner Werbung, das ewige Hin und Her ihrer Verlobung. Wie sie den Diamantring erst weggeworfen und dann wiedergefunden hatte. Jetzt war der große Tag gekommen.

Normalerweise hätte Rory sich eine Entschuldigung überlegt, um der Verpflichtung zu entgehen, doch dieses Mal nicht. Er konnte Brian nicht im Stich lassen.

»Weißt du, ich verdanke das alles dieser Fiona aus dem Radio«, hatte Brian am Tag vor der Hochzeit überraschend zu ihm gesagt. Rory errötete, als wäre man ihm auf die Schliche gekommen. Fiona war *sein* Geheimnis – er wollte sie mit keinem Menschen teilen. Zumindest nicht persönlich.

»Hast du bei ihr in der Sendung angerufen?« Er vermochte es kaum zu glauben.

Rory dachte, er sei der Einzige in ihrem Büro, der sich Fiona über seine Ohrstöpsel anhörte.

»Nein, aber meine Verlobte Maureen. Sie hat sie letzte Woche angerufen und ihr erzählt, wie nervös sie ist, alles aufzugeben, ihren Namen zu ändern und quasi eine Leibeigene zu werden, den üblichen Blödsinn eben, und Fiona war großartig.«

»Was hat sie getan?«

»Oh, sie hat sie mit irgendeiner grauen Maus verbunden, und die beiden wurden gleich dicke Freundinnen. Die graue Maus hat Maureen klargemacht, dass sie ihren Namen nicht ändern muss und dass sie und ich als Partner und Freunde miteinander leben sollen, und plötzlich, seit letzter Woche, läuft alles wie geschmiert.«

»Wie schön für Fiona«, krächzte Rory.

»Nein, wie schön für die graue Maus, sage ich. Sie kommt übrigens auch zur Hochzeit, aber sag niemandem etwas.«

Bei der Hochzeit stellte Brian, der Bräutigam, rot im Gesicht vor lauter Glück und Alkohol, seinen Freund Rory einer ruhigen, schlanken Frau mit kurzen, glatten, glänzenden Haaren und einem schüchternen Lächeln vor.

»Das is' die Frau, die meine Ehe gerettet hat«, lallte er und ließ die beiden allein.

»Ich bin Fiona«, sagte die Frau.

Es war dieselbe Stimme, die Stimme aus dem Radio, nur nicht so dynamisch und scharf, aber es war dieselbe Frau.

»Aber ich dachte, Sie sind die graue Maus? Die graue Maus, die anrief, um Maureen den Kopf zurechtzurücken.«

»Ich bin beides«, erwiderte sie schlicht.

Er hatte diese Frau bereits mehrere Male zuvor gesehen, als sie unauffällig in den Sender huschte oder wieder herauskam. Doch wo waren die Haare, die Brille?

»Die trage ich nur zur Tarnung«, erklärte sie. »Wissen Sie, eigentlich bin ich ein ganz anderer Mensch, aber jemand, den ich sehr liebte – ist schon eine Weile her –, der sagte mal zu mir, ich sei so langweilig und durchschnittlich, dass ich mir einen Job als Schauspielerin oder Ähnliches suchen sollte, um meinem Leben mehr Pep zu verleihen. Und so habe ich diese Persönlichkeit erfunden ...«

Rory starrte sie fassungslos an.

»Ist das lange her?«, fragte er.

»Dass ich den Job bekam?«, wollte sie wissen.

»Dass Sie diesen Menschen geliebt haben, der zu Ihnen sagte, Sie seien durchschnittlich.«

»Oh, das ist schon eine Ewigkeit her. Ich liebe ihn auch nicht mehr. Ich habe mir die Sendung und die falsche Persönlichkeit nicht ausgedacht, bloß um ihn zurückzubekommen. Ich dachte nur, vielleicht hat er ja recht, und ich bin *tatsächlich* langweilig und Durchschnitt.«

»Nein, sind Sie nicht, Sie sind wunderbar, Sie haben Maureen den Kopf zurechtgerückt.« Er winkte dem glücklich beschwipsten Bräutigam zu.

»Oh, das war einfach. Ich mache noch ganz andere Dinge – ich habe oft im Hintergrund meine Hand im Spiel, um die Probleme anderer Leute zu lösen. Das macht mir einen Riesenspaß.«

Einen Moment lang überlegte er, ob sie dahintersteckte und die Frauen gebeten hatte, Kate zu den Geburtstagspartys einzuladen. Sollte er es wagen, sie zu fragen?

Ja, selbstverständlich. Er wisse, es sei alles reine Spekulation, begann er schüchtern. Doch er hatte recht. Eine der Frauen war Fionas Schwester Angela, die ganz vernarrt in die kleine Katie war, und Fiona selbst hatte Katie bei ihr im Haus kennengelernt, als sie ihre Zauberkunststücke vorführte.

»Sie waren die Zauberkünstlerin?«, rief Rory. Katie hatte über Wochen von nichts anderem gesprochen.

»Ich habe mir mal ein Buch über Zaubertricks gekauft, als Teil meiner Versuche, weniger langweilig zu sein.« Sie sah ihn aus großen Augen ängstlich an. Da streckte er den Arm aus und ergriff fest ihre Hände.

»Sie sind nicht langweilig, Sie sind wunderbar«, erklärte er, und unverhohlene Bewunderung sprach aus seinem Blick.

»Ich habe das alles noch nie zuvor jemandem erzählt«, sagte sie leise.

»Dann mache ich Ihnen auch ein Geständnis«, entgegnete er. »Ich habe zwei Wochen Urlaub genommen, nur um Sie zu finden. Sie sind mir so sympathisch, dass ich mich die ganze Zeit über vor dem Sender herumgetrieben und Ausschau nach jemandem mit Ihren Haaren und Ihrer Brille gehalten habe.«

»Und?«, fragte sie hoffnungsvoll.

»Und es ist noch besser, als ich zu hoffen wagte«, sagte er.

Es war eine ziemlich feuchtfröhliche Hochzeit, und die Brautjungfer legte völlig überraschend einen Striptease aufs Parkett, den sie wahrscheinlich für den Rest ihres Lebens bereuen würde. Brian zeigte sich als ein wenig zu empfänglich für die zur Schau gestellten Reize der Brautjungfer, und es kam zu einem Streit über die Gewerkschaft im Allgemeinen, der keiner Seite nützte, aber eine Menge Leute für immer entzweite. Drei der kleinen Pagen wurde übel, und der Brautvater ließ sich auf eine Pokerrunde ein, bei der er fünfhundert Pfund verlor.

Doch inmitten des Tumults und der lauten Musik feierten Rory und Fiona die Tatsache, dass niemand, kein Mensch, je Durchschnitt ist oder jemals war. Nicht seit Anbeginn der Zeit.

Eine positive Bilanz

An dem Tag, als ich herausfand, dass George in Restaurants kleine Zucker- und Ketchup-Packungen mitgehen ließ und zu Hause in seinem Vorratsschrank deponierte, wurde mir klar, dass ich diesen Mann niemals würde heiraten können. Die seien ideal für ein Picknick, erklärte er, woraufhin ich ihn daran erinnerte, dass wir nie ein Picknick veranstalteten. Er wiederum: Kleine Einsparungen wie diese würden auf lange Sicht riesige Gewinne ergeben. Als er dann noch vier Papierservietten zusammenfaltete und in seiner Aktentasche verstaute, wusste ich, dass ich keine Minute mit ihm verheiratet sein könnte.

Bedauerlicherweise war das der Tag vor unserer Hochzeit.

Außerdem war ich im zweiten Monat schwanger, auch wenn es noch keiner wusste.

Dies stellte ein kleines Problem dar, allerdings kein so großes wie die Ehe mit einem Mann, der im Begriff war, sich eine solide Sammlung portionierter Marmelade zuzulegen. Natürlich war es ein Albtraum. Meine Eltern wiesen mich nachdrücklich darauf hin, dass man bereits Anzahlungen auf das Hotel geleistet und Hochzeitsgarderobe angeschafft hatte, ganz zu schweigen von den Gästen, die von weit her angereist waren. Sie erinnerten mich daran – als ob ich das vergessen könnte –, dass ich ihr einziges Kind war. Und dass die Geschenke zurückgegeben werden mussten und die Leute sich über uns das Maul zerreißen würden.

George versuchte mir einzureden, ich hätte einen Nervenzusammenbruch, seiner Ansicht nach gar nicht selten vor einer

Hochzeit, und dass es einen sehr schlechten Eindruck bei ihm im Büro machen würde, was sich nachteilig auf seine Chancen für eine Beförderung auswirken könnte.

Zu keiner Zeit sagte er, dass er mich liebe und ohne mich nicht leben könne.

Zu keiner Zeit äußerten sich meine Eltern in dem Sinne, dass ich das tun solle, was mich glücklich mache.

Diese achtundvierzig Stunden möchte ich nie wieder durchleben müssen. Außerdem wurden alle meine Beziehungen dadurch nachhaltig beschädigt. Mit Ausnahme der zu Eve, natürlich, meiner ungeborenen Tochter, die nicht mitbekam, was vor sich ging.

Als sie geboren wurde, lebte ich bereits in einer anderen, weit entfernten Stadt. Ich gab sämtliche Geschenke zurück, verfasste siebenundzwanzig Entschuldigungsschreiben und versuchte, meinen fassungslosen Eltern klarzumachen, dass es für alle das Beste war. Zwei Tage nach der geplatzten Hochzeit zog ich aus, ohne irgendjemandem zu sagen, dass ich schwanger war. Jeden Tag von acht bis vier Uhr jobbte ich als Rezeptionistin in einem Hotel, von fünf bis sieben gab ich einen Kurs für Internet-Neulinge, und von halb acht bis Mitternacht passte ich auf anderer Leute Kinder auf. Jede Woche schrieb ich meiner Mutter einen Brief, ohne ihr viel über mich zu erzählen, nur um in Kontakt zu bleiben. Immerhin würde sie bald Großmutter werden, und ich wollte sie nicht aus heiterem Himmel damit überrumpeln. Aber die Wahrheit durften meine Eltern auch nicht erfahren.

Ebenso wenig durfte George jemals erfahren, dass es sein Kind war. Das würde nie funktionieren: Er würde mit Gratisproben von Zwieback oder Wegwerfwindeln erneut in mein Leben treten.

Also schrieb ich meinen Eltern, eine kurze Beziehung sei in die Brüche gegangen, aber ich sei hocherfreut, bald ein Kind zu bekommen. Vollkommen entgeistert antworteten sie, sie würden mich nie verstehen, auch wenn sie hundert Jahre alt werden würden.

Meine Mutter bot an, bei der Geburt zu kommen, wenn ich das wollte. Ich hätte sie unheimlich gern dabeigehabt, aber dann würde sie erfahren, wie alt Eve war und dass George ihr Vater sein musste; dieser Verdacht durfte erst gar nicht aufkommen.

Ich wusste, sobald meine Eltern Eve in den Armen hielten, wäre alles gut. Also wartete ich, bis sie vier Monate alt war, ehe ich bei ihnen aufkreuzte und sie ihnen in die Arme drückte. Natürlich hatten sie Eve auf Anhieb lieb und stellten jeden Versuch ein, mich verstehen zu wollen.

Als Großeltern waren sie ganz wunderbar, und wir zogen in ihre Nähe, damit sie die kleine Eve öfter sehen konnten. Inzwischen hatte ich es mir angewöhnt, so viel zu arbeiten, dass ich drei Jobs gleichzeitig für normal hielt. Doch ein Mal im Jahr verbrachte ich mit meinen Eltern und Eve die Ferien im Ausland. In unseren Fotoalben sieht man uns in Italien, Spanien und Griechenland. Die perfekte Familie, ein glückliches kleines Mädchen, das sich geborgen und geliebt fühlte. Auch in der Schule war Eve sehr gut. Sie brachte glänzende Zeugnisse nach Hause, war immer unter den Ersten, sehr begeisterungsfähig, hatte viele Freunde. Hin und wieder, jedoch nicht sehr oft, bekam ich Schuldgefühle wegen George. Immerhin war er Eves Vater.

Nie hatte er ihre Ärmchen um seinen Hals gespürt, konnte nicht mit stolzgeschwellter Brust verfolgen, wie sie vor den Augen der ganzen Schule eine Auszeichnung in Gold bekam. Andererseits wiederum, wenn ich ihm erlaubte, ihr Dad sein zu dürfen, würde er ihr nur unsinnige Ideen übers Sparen und die Bedeutung eines großen Vermögens in den Kopf setzen.

Nein, es war besser so, wie es war.

George war inzwischen verheiratet, wie ich hörte. Diejenige, welche, schien offenbar kein Problem damit zu haben, dass er überall Marmeladendöschen und Miniportionen Senf sammelte, half ihm vielleicht sogar dabei. Er machte eine steile Karriere und brauchte Eve nicht in seinem Leben.

Natürlich stellte sie mir mit ihren inzwischen elf Jahren immer wieder mal Fragen zu ihrem Vater. Doch als Antwort schien ihr zu genügen, dass ich einmal in einen jungen Mann verliebt gewesen war, es sich aber herausgestellt hatte, dass wir nicht zusammenpassten. Wir hatten uns getrennt, ehe ich von der Schwangerschaft wusste.

»Wieso konnte man ihn nicht finden?«, fragte Eve.

»Ziemlich schwierig, damals.«

Und damit schien die Sache erledigt.

Alles lief perfekt bis zu dem Tag – es war Eves zwölfter Geburtstag –, als diese Hilda in Eves Schule kam. Von Anfang an waren sie die besten Freundinnen, obwohl Hilda ein völlig unpassender Umgang für meine wunderbare Tochter war.

Zum einen hatte sie keinen Funken Verstand in ihrem Köpfchen mit den gefärbten Haaren. Zum anderen war sie nicht in der Lage, sich – ob Sommer oder Winter – so anzuziehen, dass man ihren halbnackten Bauch nicht sah. Sie hatte ein Piercing in der Nase und eines im Bauchnabel, und ihre Zehennägel waren knallrot lackiert. Ihre Art, die Schultern zu zucken und »egal« zu sagen, machte mich wahnsinnig, vor allem, seit auch die zarten Schultern meiner Eve auf äußerst beunruhigende Weise zu zucken begonnen hatten.

Es wurde viel über Hildas Mum geredet, wie lustig sie war und was für ein tolles Haus sie hatten, und dass Hildas Dad, der von Hildas Mum geschieden war, sie jedes Wochenende besuchte und fantastische Sachen mit ihr unternahm.

Und plötzlich fragte sich Eve, warum ihr eigener Vater nicht zu Besuch kam und ihr Ausflüge in einen Themenpark oder in ein Hallenbad spendierte. Eve wollte auch wissen, warum ich nicht Mitglied im Golfklub oder im Tennisklub war oder Bridge spielte wie Hildas Mum und zu Modeschauen ging. Im Ernst, darauf konnte ich wirklich verzichten.

Natürlich wäre ich liebend gern dem Tennisklub beigetreten. Aber das hätte einen hohen Mitgliedsbeitrag, einen teuren Schläger und gute Tennisschuhe erfordert, und ich hätte den Leuten, die ich dort kennenlernte, Drinks spendieren und sie vielleicht sogar zu uns nach Hause einladen müssen. Trotz meiner drei Jobs war für all das einfach kein Geld da.

Ich musste regelmäßig neue Schuluniformen für Eve kaufen, dazu einen Laptop, einen iPod und teure Freizeitkleidung. Dann waren da noch die Ausgaben für den Urlaub mit Eve und meinen Eltern, für Fahrtkosten, Zahnarztbehandlungen und alle sechs Wochen für einen guten Haarschnitt für sie. Aber selbstverständlich ließ ich nichts davon verlauten; das hätte sich allzu sehr nach Jammern und Selbstmitleid angehört. Stattdessen setzte ich ein strahlendes Lächeln auf und erwiderte, du lieber Himmel, nein, zum Tennisspielen sei ich viel zu beschäftigt.

»Hildas Mum ist der Meinung, dass manche Frauen den Wald vor lauter Bäumen nicht sehen, weil sie so viel arbeiten. Oder die Bäume vor lauter Wald … oder so«, sagte Eve.

Am liebsten hätte ich sie umarmt – sie war nur ein kleiner Papagei, der die Sätze ihrer hohlköpfigen, aber aufregenden Freundin nachplapperte. Bestimmt würde ich, die ich schon so viel geschafft hatte, auch damit fertigwerden, oder? Ganz gewiss sogar. Die Sache war harmlos, so etwas nannte man Erwachsenwerden. Erst als Eve an einem Freitagnachmittag ankündigte, sie wolle mit Hilda zum Shoppen ins Einkaufszentrum gehen, schrillten bei mir alle Alarmglocken.

Natürlich ließ ich sie gehen, aber als ich noch mal darüber nachdachte, fiel mir ein, dass Eve eigentlich ungern einkaufen ging und dass ich ihr auch kein Geld mitgegeben hatte. Vielleicht sollte ich dort vorbeischauen und ihr etwas zustecken. So gegen fünf Uhr hätte ich kurz Zeit dafür, zwischen meinem Job am Empfang in einer Arztpraxis und dem Job als Kassiererin in einem italienischen Restaurant. Da hatte ich eine Stunde für mich.

Ich entdeckte sie, bevor sie mich sahen.

Eve hatte ihre Bluse unter dem BH zusammengeknotet und zeigte ihren nackten Bauch; die Jeans saß tief auf ihrer Hüfte, und darunter lugte nicht etwa ihre normale Unterhose hervor, sondern ein Tanga. Es war nicht zu übersehen. Ihre Augen waren dick und schwarz umrandet und ihre Lippen knallrot.

Sie stand da, eine Bierdose in der Hand, und unterhielt sich mit einer Gruppe jugendlicher Gangster und Krimineller, die sie anhimmelten.

Sie rauchte.

Mir wurde schlecht.

Zum ersten Mal seit über zwölf Jahren wünschte ich mir, ich hätte zugelassen, dass George sich an Eves Erziehung in irgendeiner Weise beteiligte. Gratisportionen Milch hin oder her, er hätte es kaum schlimmer verbocken können als ich. Was sollte ich tun?

Ich schlich mich weg, ohne dass sie mich sahen, und schaffte es gerade so, die Stunden im Restaurant durchzustehen.

Als ich nach Hause kam, saß Eve am Küchentisch. Sie sah rosig und normal aus.

»Du siehst unheimlich müde aus«, sagte sie mitfühlend. »Wie ich dir immer wieder sage, du arbeitest zu viel.«

»Stimmt, das sagst du immer.« Ich setzte mich zu ihr.

»Ich mach uns Tee. Hattest du einen schlimmen Tag?«

»Ging so. Hast du eine Ladung gewaschen?«

»Ja, ich habe ein paar Sachen gebraucht, also habe ich noch Küchenhandtücher und Servietten dazugetan, um die Maschine vollzumachen.«

Bis gestern hätte ich das nett von ihr gefunden; jetzt war mir klar, dass sie nur die Beweisstücke aus dem Weg räumen wollte: Die unter dem Busen verknotete Bluse, die vielen Abschminktücher, die nötig waren, um das Make-up zu entfernen.

»Hast du was gekauft?«, fragte ich leise.

»Nur einen Tanga. Er ist nicht besonders bequem, aber wenn es wärmer wird, kann ich ihn am Strand tragen.«

»Ja, klar«, erwiderte ich.

Eve sah mich überrascht an.

»Ich glaube, ich nehme meinen Tee mit ans Bett«, sagte ich. Stundenlang lag ich da und tat kein Auge zu. Wen konnte man bei so etwas um Rat fragen? Mein erster Gedanke war meine Mutter. Aber nein, irgendwann würde sie sicher das Unverzeihliche sagen, nach dem Motto, ich sei selbst schuld, weil ich das Kind unbedingt allein aufziehen wollte. Meiner Mutter konnte ich es also nicht erzählen.

Wie es der Zufall wollte, musste ich das auch nicht. Gleich am nächsten Tag, am Samstag kurz vor dem Lunch, als ich gerade am Bügelbrett stand, schneite meine Mutter herein, unter dem Vorwand, mir ein Rezept zu bringen, um das ich sie nicht gebeten hatte und das sie mir nicht persönlich hätte geben müssen. Ich setzte mich und wartete ab, worum es in Wirklichkeit ging.

Es ging um Eve, wie meine Mutter schließlich erklärte.

»Ach«, erwiderte ich. Ein äußerst nützliches kleines Wort, das alles und nichts bedeuten kann.

»Und ihre neue Freundin Hilda.«

»Ach ja!«

Meine Mutter kam sofort zur Sache. Ihrer Ansicht nach sei Hilda – der sie erst zwei Mal begegnet war – ein reichlich aufgedonnertes kleines Ding und gewiss nicht der richtige Umgang für unsere Eve.

Aufgedonnert – was für ein herrlich altmodisches Wort. Ich weiß nicht, wie ich sie genannt hätte. *Nuttig? Vulgär? Schrill?* Womöglich tat man Hilda unrecht mit solch negativen Beschreibungen, schließlich war sie doch noch ein Kind.

Aufgedonnert war vielleicht zutreffender.

Ich räumte das Bügeleisen weg und öffnete die Flasche mit dem Sherry. Falls meine Mutter der Meinung war, dafür sei es noch zu früh am Tag, ließ sie sich nichts anmerken.

»Was soll ich tun?«, fragte ich kleinlaut.

»Nun, man muss die Sache sorgfältig angehen«, erklärte Mutter zögernd.

»Ich kann ohnehin nur alles falsch machen: Wenn ich ihr verbiete, Hilda zu sehen, mache ich Hilda zur Märtyrerin, und Eve wird sich umso mehr mit ihr treffen wollen. Nur, Eve ist doch erst zwölf, *zwölf Jahre alt*, und gestern im Einkaufszentrum war sie aufgetakelt wie eine junge Nutte!« Mir kamen dann doch die Tränen, und meine Mutter schenkte mir noch ein Glas ein.

»Kannst du dich noch an deine Freundin Rosemary Roberts erinnern, als du ungefähr vierzehn warst?«, fragte sie unvermittelt.

»Eine Freundin war sie nie«, erklärte ich, »nur eine Klassenkameradin. Ich war ziemlich viel mit ihr zusammen, aber am Schluss hat sie mich nur noch gelangweilt, und ich bin ihr aus dem Weg gegangen.«

»Ach«, erwiderte meine Mutter.

»Warum fragst du?«, wollte ich wissen.

»Als du vierzehn warst, war *sie* dieser falsche Umgang für *dich*, und weil ich mich niemandem anvertrauen konnte, schrieb ich an so eine Kummerkastentante in einer Zeitschrift …« Ihr Gesichtsausdruck zeigte Stolz und auch Schuldbewusstsein.

Aber der Fall lag ganz anders. Ich war *nie* mit dieser Rosemary Roberts befreundet gewesen. Meine Mutter hatte das falsch verstanden.

Doch sie redete unbeirrt weiter: »Weißt du, Rosemary wollte immer, dass du dich auf diese ›Mutproben‹, wie *sie* es nannte, einlässt. *Wir* nannten es allerdings Ladendiebstahl. Damit du nicht zu diesen Mutproben gehen konntest, haben wir sie oft zu uns nach Hause eingeladen. Gott, eine Weile war sie morgens, mittags und abends bei uns, wir haben sie sogar in den Campingurlaub in die Bretagne mitgenommen. Erinnerst du dich nicht?«

»Ja, doch, ich erinnere mich, und ich bekam sie so satt, dass ich gar nicht mehr wusste, warum sie eigentlich dabei war.«

»Deswegen war sie ja dabei, *weil* ich genau das erreichen wollte, und es hat erstaunlich gut geklappt. Als wir wieder zu Hause waren, wolltest du keine Mutproben mehr mitmachen und hattest andere, nettere Freundinnen.«

»Du schlaue Füchsin«, rief ich verblüfft. Und ich hatte nichts davon gewusst! Ich hätte es wohl nie erfahren, hätten wir nicht die gleiche Strategie wieder anwenden müssen.

Nun begannen wir einen richtigen Plan auszuarbeiten.

»Wo ist Eve jetzt?«, flüsterte meine Mutter verschwörerisch.

»Immer noch im Bett. So läuft das heutzutage bei den Mädels, die schlafen jeden Samstag bis Mittag.«

»Weck sie auf und bitte sie, Hilda heute zum Lunch einzuladen. Und frage sie, was Hilda besonders gern isst.«

»Bist du dir wirklich sicher, Mutter?«

»Hundertprozentig.« Fest entschlossen sah sie mich an.

Also weckte ich Eve auf. Sie sah aus wie ein Baby, als sie sich die Augen rieb. Ich kam mir richtig hinterhältig vor, aber es war ja für einen guten Zweck. Es musste sein.

Offenbar aß Hilda besonders gern Würstchen. Ihre Mutter kaufte aber nie welche ein, weil sie ihrer Meinung nach nicht fein genug waren. Meine Mutter und ich suchten also ein Rezept heraus, das »Saucisse de Toulouse« hieß, aber nichts anderes war als Würstchen in Soße. Hilda war begeistert und fand es sehr interessant, dass Eves Oma dieses Gericht in einem Luxushotel verspeist hatte. Danach spielten wir Monopoly auf einem französischen Spielbrett, auf dem alle vornehmen Straßen in Paris verzeichnet waren. Meine Mutter bewunderte Hildas Zöpfe und erkundigte sich, ob es schwierig sei, die Farbe immer richtig hinzubekommen.

Obwohl Hilda ungeniert gähnte und ihre Füße auf meinem Polstermöbel ablegte, lächelte ich und schob jeden Gedanken daran beiseite, dass dieses Sofa mich zweiundfünfzig lange, anstrengende Abende Arbeit in dem italienischen Restaurant gekostet hatte. Und dieses Mädchen legte seine Stiefel darauf ab. Seine *Stiefel!* Aber nein, Gelassenheit war angesagt, große Gelassenheit, wenn nicht gar Begeisterung, als meine Mutter Hilda fragte, wo sie die Ferien verbringe, und Hilda gähnend antwortete, sie wisse es noch nicht genau. Ihre Mutter wolle mit einigen Damen zum Bridgespielen wegfahren, und ihr Vater ginge mit seiner Freundin auf eine Kreuzfahrt. Ich sah, wie meine Mutter mir hektisch zunickte – das Signal für mich.

»Tja, Hilda, dieses Jahr lade ich Eve und meine Mum und Dad in die Bretagne ein. Wir kennen da ein schönes Plätzchen, und wir würden uns sehr freuen, wenn du mitkämst.«

Eve strahlte über das ganze Gesicht. »Ach, *bitte*, komm mit, Hilda, komm mit!«

Also kam sie mit. Die grässliche, *grässliche* Hilda, die nur herummaulte, herumlümmelte und erwartete, ständig bedient zu werden. Die sich beklagte, dass es nicht mal Promis gab und wir nicht Mitglied im Jachtklub waren.

»Schlimmer geht's nicht mehr«, flüsterte mir meine Mutter zu, »aber es funktioniert. Verlass dich drauf.«

Ich hätte ihr gern geglaubt. Ein ganzer Urlaub vergeudet, nur weil wir nach der Pfeife dieses selbstsüchtigen Mädchens tanzen mussten.

Mit der Zeit begriff ich jedoch, dass Hilda ein einsames Kind war. Weder Vater noch Mutter schenkten ihr wirklich Aufmerksamkeit: Ihr Vater meinte, jedes Problem ließe sich mit Geld aus der Welt schaffen, und ihre Mutter fand ihr Heil immer darin, sich überall in den Vordergrund zu spielen. Besitz war gut, die Mitgliedschaft in einem Klub war gut, aber reden und zuhören und Verständnis zeigen waren nicht besonders hoch angesehen und machten auch keinen Spaß.

Auf einmal war es mir ein Anliegen, der fürchterlichen Hilda Ferien zu bieten, die sie nicht vergessen würde. Ich schlug ihr vor, eine Auster zu probieren.

»Will ich eigentlich gar nicht«, sagte sie. »Aber später kann man ja damit angeben.«

»Das ist nun wirklich kein Grund, irgendetwas zu tun«, erwiderte ich. »Das interessiert doch keinen.«

Hilda dachte eine Weile darüber nach. »Ich glaube, Sie haben recht«, sagte sie plötzlich.

»Ja, wahrscheinlich. Ich bin schon ziemlich lange auf der Welt, da lernt man eine Menge«, sagte ich. Ich wollte keine unverdienten Lorbeeren einheimsen.

»Eigentlich sind Sie gar nicht so übel«, meinte sie und tätschelte mir den Arm. Als wir einmal unbeobachtet waren, erzählte ich meiner Mutter, dass unser Plan nicht aufging. Das Ungeheuer Hilda fing an, mich zu mögen, und die kleine Eve genoss ihre neue, große, glückliche Familie.

»Bei Rosemary Roberts gab es zwei Möglichkeiten, wie es hätte funktionieren können«, erklärte meine Mutter. »Entweder hätte sie ganz Westeuropa tödlich gelangweilt, was bei uns der Fall war, oder wir hätten sie umgemodelt und einen besseren Menschen aus ihr gemacht. Und womöglich passiert genau das gerade bei dir und Hilda.«

Das wollte ich aber nicht. Ich wollte dieses Mädchen weit weg haben. Sie stellte Fragen, die eigentlich ganz normal waren, zum Beispiel, warum Eves Dad keine Rolle in ihrem Leben spielte, und meine Antwort fiel genauso vage und unaufrichtig aus, wie schon sooft zuvor, indem ich sagte, er habe schon lange vor Eves Geburt nichts mehr mit uns zu tun gehabt und wisse nicht, dass es sie gab.

»Er sollte aber trotzdem zahlen, oder nicht?«, meinte Hilda.

Ich machte ihr meinen Standpunkt klar: Da ich sämtliche Entscheidungen getroffen hatte, musste ich auch die volle Verantwortung übernehmen. Sie umarmte mich linkisch.

»Sie sind wirklich schwer in Ordnung.«

Einerseits machte mich das wütend, aber auch ein bisschen froh. Weil wir doch alle gern für schwer in Ordnung gehalten werden. Am Ende der Ferien ließ ich sie wissen, dass ich einen Tag in der Woche die Arbeit im italienischen Restaurant aufgeben und stattdessen zusammen mit Eve jeden Freitagnachmittag ein neues Rezept ausprobieren wolle. Ob sie vielleicht Lust habe, mitzumachen?

Ob sie Lust habe? Selbstverständlich hatte sie Lust. Und sie wählte Gerichte wie Apfelkuchen und Heringssalat aus, weil ihr das schmeckte, und nicht, weil es nobel klang oder gut aussah.

Inzwischen war also bereits eine Veränderung eingetreten. Und sie war ja noch ein Kind, ein Kind, das von niemandem gut behandelt worden war. Ich fing an, sie zu mögen, sehr sogar. Am meisten an dem Tag, als ich ihr erzählte, dass ich mir im nächsten Jahr einen Ehemann suchen wolle, und sie fragte, ob sie mir vielleicht Modetipps geben und mich zum Einkaufen begleiten könne. Hilda sah mich nachdenklich an. Ganz ehrlich? Ihrer Meinung nach komme es nicht auf teure Klamotten an, Männer mochten einen wahrscheinlich wegen der Persönlichkeit. Sie wissen schon, als Mensch mit Ansichten und Gedanken und Witz und so was.

Mein üblicher flapsiger Umgangston mit ihr ließ mich im Stich, also zog ich sie verlegen an mich, und als ich sie wieder losließ, sagte sie, ich solle auf keinen Fall irgendjemanden heiraten, der nicht zu mir passe. Ich müsse mich zuvor unbedingt mit ihr und Eve beraten. Als ich das meiner Mutter erzählte, musste ich mir dabei heftig die Nase putzen.

Meine Mutter, die im Grunde viel weniger sentimental ist als ich, stellte lediglich fest, dass wir das als positive Bilanz verbuchen sollten.

Eine positive *Bilanz?*

Woher sie nur immer diese Ausdrücke nimmt!

Jemand muss es ihr sagen

A
ch, Angela, damals, als wir fünfzehn waren, da konnten wir uns doch wirklich *alles* sagen, nicht wahr? Du und Maggie und ich. Ihr zwei konntet mir sagen, dass weißer Lippenstift nuttig wirkte. Wir zwei konnten dir sagen, dass deine Oberschenkel in dem kurzen Rock ziemlich elefantös aussahen. Und wir zwei konnten Maggie sagen, dass ihr die krause Dauerwelle absolut nicht stand. Wir drei, wir steckten immer zusammen: Maggie, Angela und Deirdre. Damals verpassten sie uns den Spitznamen MAD. Wir fanden das zum Brüllen komisch.

Und als wir dann ein bisschen älter wurden, konnten wir uns noch immer *fast* alles sagen. Wie damals, als wir Maggie darüber aufklärten, dass dieser Liam, mit dem sie sich traf, kein Kind von Traurigkeit war. Wir sagten es ihr eigentlich nur, weil sie tatsächlich bereits damit anfing, von Hochzeit und so zu reden, und wir konnten sie doch nicht in diese Falle laufen lassen.

Und dir machten wir klar, dass dein Boss Eric, den du so anhimmeltest, ein Schwindler war. Wir mussten es dir einfach sagen, weil du tatsächlich drauf und dran warst, alle deine Ersparnisse in irgendein krummes Geschäft zu stecken. Und ihr beide habt mir geraten, wieder nach Hause zu meiner Mam zu ziehen, weil meine hübsche möblierte Bude, auf die ich so stolz war, in Wirklichkeit ein Zimmer in einem Puff war.

Damals nahmen wir es einander nicht übel, wenn eine von uns sagte, wir würden uns falsch oder dumm oder dämlich verhalten. Natürlich waren wir nicht *begeistert* davon, aber wir regten uns deswegen auch nicht auf oder schmollten lange. Dafür waren Freundinnen nun mal da. Warum ist es dann jetzt mit unseren achtundzwanzig Jahren so schwierig geworden?

Nicht, dass neunundzwanzig alt wäre. Oder dass die gefürchtete Zahl dreißig wie ein Damoklesschwert über uns hängt … Aber irgendetwas ist unterwegs verloren gegangen. Ich weiß nicht, was passiert ist, aber wir scheinen uns gegenseitig zu behandeln wie rohe Eier. Und dafür gibt es keinen Grund.

Wir haben es alle zu etwas gebracht. Zumindest beruflich. Weniger auf der Beziehungsebene. Aber heutzutage heiratet man auch viel später. Und einige Leute heiraten überhaupt nicht mehr.

Nicht so wie damals zu Zeiten unserer Mütter, als manche sich ab einem gewissen Alter als ältliches Fräulein oder vertrocknete Jungfer sahen. Und natürlich hätten wir alle gern Kinder, aber erst, wenn wir dazu bereit sind. Nicht so wie die Hälfte unserer Mitschülerinnen, die, selbst noch halbe Kinder, Nachwuchs bekamen, nur um aus dem Haus zu kommen und in eine eigene Wohnung ziehen zu können. Und jetzt sitzen sie in der Falle und kommen nirgendwo mehr hin.

Ich meine, du musst schon zugeben, dass es uns nicht gerade schlecht geht. Du führst deinen eigenen Friseursalon. Du gehst an Filmsets und triffst die Stars und machst ihre Haare. Du wirst mit ihnen zusammen fotografiert. Das ist ziemlich gut, Angela, in jeder Hinsicht.

Und auch bei mir läuft es bestens. Keiner aus meiner Familie hatte je etwas von einer Karriere im Marketing gehört, und trotzdem sitze ich jetzt hier in einer Unternehmensberatung und bin zufrieden. Danke der Nachfrage. Es war ein langer Weg aus unserem Klassenzimmer, als die arme Miss O'Sullivan uns prophezeite, wir würden alle in der Gosse enden, weil es uns an Unternehmungsgeist mangele.

Und selbstverständlich geht es auch Maggie gut. In gewisser Hinsicht. Du weißt schon. Wenn man bedenkt.

Im Gegensatz zu uns war das mit *ihrer* Familie auch viel schwieriger, und sie *musste* mehr oder weniger die ganze Zeit über aushelfen. Und genügend Geld für eine Ausbildung konnte sie auch nicht zusammensparen so wie wir. Damals, als wir Regale einräumten und als Kellnerinnen arbeiteten. Und seien wir doch mal ehrlich, Ange, wir haben *alles* versucht, es ihr zu sagen.

Erinnerst du dich noch, als wir ihr anboten, wir würden ihr dabei helfen, sich gegen ihren Vater zu wehren, als der wieder einmal ihren Lohn einkassierte? Wir würden es ihm geradeheraus ins Gesicht sagen, drohten wir, und die Behörden verständigen, dass er seiner Tochter jeden Penny abnahm, für den sie hart schuftete. Aber Maggie flehte uns an, nichts zu sagen, denn wenn wir das täten, müsse ihre Mutter dafür büßen.

Also haben wir nichts unternommen.

Und dann, als ihre Mutter krank wurde, da *musste* Maggie zu Hause bleiben und auf die jüngeren Geschwister aufpassen. Wer sonst?

Und wir sagten uns, dass ihr mal unbedingt jemand erklären müsse, dass man im Leben nicht so viele Chancen bekommt und sie deshalb unbedingt ans College gehen solle. Sie war heller im Kopf als wir anderen. Sie hätte leicht einen Platz bekommen.

Aber hörte sie auf uns?

Von wegen!

Wir bekamen immer nur zur Antwort, dass die Kleinen zu Bettnässern wurden, weil ihre Mutter so lange im Krankenhaus lag und ihr Vater ständig betrunken war. Und dass jemand da sein und sich um alles kümmern müsse, und sie war da, und sie kümmerte sich um alles.

Ich meine, Maggie ist fantastisch, und was sie für ihre Schwestern und Brüdern tat, war großartig. Einige von ihnen gehen doch inzwischen tatsächlich aufs College. Und tough war sie auch. Sie hat ihren Vater überredet, an einem Alkoholentzug teilzunehmen, und ich glaube, er hat schlussendlich aufgehört. Oder?

Auf jeden Fall war es für Maggie zu spät, und jemand hätte ihr sagen sollen, dass es nicht so einfach ist, wieder mit dem Studieren anzufangen, wenn man älter ist. Und heutzutage wollen alle nur junge Dinger einstellen, keine reifen Frauen. Doch es wurde immer schwieriger, mit ihr zu reden. Das lockere Gefühl von früher war weg.

Und das alles hat sie dort hingebracht, wo sie jetzt ist. Nicht dass etwas schlecht daran wäre, in einem Ramschladen zu arbeiten und allen möglichen Plunder zu verkaufen. Aber du weißt ja, wie sich Maggie immer alles schönredet. Es ist einfach spitze. Sie lernt tolle Leute kennen, sie bekommen vieles billiger, es liegt gleich in der Nähe, eine ihrer jüngeren Schwestern hat Asthma, und sie stellt ihrem Vater mittags gern eine anständige Mahlzeit auf den Tisch. Aber mal im Ernst, sie scheint tatsächlich zu vergessen, dass wir es alle nur gut miteinander meinen. Seit der Zeit, als wir damals an der Schule nur als die MAD-Gang bekannt waren, gab es buchstäblich *nichts*, das wir einander nicht sagen konnten.

Langsam könnte man meinen, sie fängt an, zickig zu werden.

Wir haben uns gegenseitig nie etwas übel genommen, oder? Doch mir hat es ganz und gar nicht gefallen, wie sie darauf reagierte, als ich ihr meine alte Jacke schenken wollte. Die war tausendmal besser als alles, was sie hatte. Tausendmal. Aber Maggie meinte, sie hätte keine Gelegenheit, sie je zu tragen. Was für eine seltsame Antwort, statt sich zu bedanken und sich darüber zu freuen. Wie wir es alle tun würden. Wenn wir in die Lage kämen, meine ich.

Und weißt du noch, damals, als wir mit ihr in das noble Hotel zum Essen gingen? Es war fast peinlich. Na ja, nun nicht richtig peinlich, da Maggie sich zu benehmen weiß. Aber sie wirkte so deplatziert und fragte auch noch, ob sie die kleinen Zuckertüten und Papierservietten mit dem Namen des Hotels mit nach Hause nehmen und ihren Schwestern bringen könne. Das waren sehr mitleidige Blicke, die man uns zuwarf. Ist dir das aufgefallen?

Nein? Aber, ehrlich, Ange, momentan bist du wirklich blind wie eine Fledermaus.

Auf jeden Fall war es unmöglich, Maggie irgendwelche Informationen über ihr Leben, ihre Pläne oder sonst was zu entlocken. Sie sagte nur immer wieder, sie würde alles auf sich zukommen lassen. Als ob man mit so einer Einstellung weit kommt.

Ich weiß nicht, ob dir das aufgefallen ist, aber sie hat mir nie eine direkte Antwort gegeben. Ich weiß noch, dass ich von ihr wissen wollte, ob ihr Vater jetzt trocken ist, und sie antwortete vage, wie toll er sich hielte angesichts der Umstände, was weder ein Ja noch ein Nein war, und so wiederholte ich meine Frage, und sie sagte, für manche Leute sei trinken so normal wie atmen. Wohin führt so etwas?

Dafür erkundigte sie sich eingehend nach *meiner* Mutter und *meinem* Vater und wollte wissen, ob ich ihm erzählen werde, dass meine Mum diese Tests hat machen lassen. Womöglich würde er es ja wissen wollen. Woraufhin ich ihr erklärte, dass er sich im Lauf der Jahre, seit er wegging, kaum mehr für sie interessierte. Maggie erinnerte sich noch genau daran, wie es war, als er uns verließ. Genauer als ich. Wir waren zwölf Jahre alt seinerzeit. Man könnte meinen, es wäre ihre eigene Familie gewesen. Ehrlich, es war unheimlich. Und sie hat meine Mutter auch noch öfter besucht als ich.

Und nicht nur ich war dran. Über deine Familie weiß sie auch alles, Angela. Sie hätte von deinem Bruder in Australien erfahren, der dort im Gefängnis sitzt, sagte sie. Ich weiß, du hast uns damals alles über die Sache erzählt, aber Maggie korrespondiert doch tatsächlich mit ihm und schreibt ihm Postkarten, weil er sich vermutlich einsam fühlt so weit weg von zu Hause. Sie weiß sogar, wie das Gefängnis heißt. Offenbar interessiert er sich seit Neuestem sehr für Vögel, wie in dem Film mit Burt Lancaster. Er schreibt ihr über Glanzfleckdrongos und Rosakakadus und andere Dinge, von denen kein Mensch je etwas gehört hat …

Oh, dir schreibt er auch? Du stehst auch mit ihm in Verbindung?

Das ist ja toll. Großartig. Klar, ist ja deine Familie.

Nein, ich war nur überrascht, dass Maggie so was tut.

Ja, natürlich ist es nett von ihr.

Maggie *ist* nett. So ist sie nun mal. Und selbstverständlich würde *ich* ihm auch schreiben, wenn du meinst, ich sollte das tun. Mir war nur nicht klar, dass dich noch immer was mit ihm verbindet.

Nein, du hast ja recht. Er würde sich wahrscheinlich nicht an mich erinnern. Das ist Schnee von gestern. Aber darüber wollte ich jetzt eigentlich nicht reden. Ich wollte nur sagen, dass irgendwer mal mit Maggie reden muss, und zwar zu ihrem eigenen Wohl, weil das nicht so weitergehen kann. Es ist nicht fair, nicht ihr gegenüber, für keinen.

Nein, Angela, ich *weiß*, was du jetzt sagen wirst: Man sollte nie versuchen, einen Keil zwischen Liebende zu treiben, ganz gleich, wie unrealistisch ihre Beziehung auch ist. Hör mal, ich weiß, dass du recht hast. Ich weiß, dass man oft dumm dasteht, sollte sich herausstellen, dass die Geschichte doch länger hält als gedacht. Aber sei mal ehrlich, du warst ja auch froh, als wir dich vor Eric warnten, vor diesem Schwindler, der dir dein Geld abnehmen wollte, oder?

Was soll das heißen, es war nur Geld? Du hast dafür *gearbeitet*. Es dir vom Mund abgespart.

Nein, das ist lächerlich, Ange. Das weißt du. Er kann dich nicht geliebt haben. Du warst bestimmt nicht die Einzige, die er betrogen hat. Du kannst von Glück reden.

Diese Art von Bedauern sieht dir gar nicht ähnlich. Ganz und gar nicht.

Und weil wir gerade nostalgisch werden – du wirst zumindest zugeben, dass Maggie uns dankbar war, als wir sie mit der Nase darauf stießen, dass ihr Freund Liam noch eine Menge anderer Frauen hatte. Sie hätte dumm dagestanden, und zu der Zeit hatte sie weitaus größere Sorgen mit ihrer asthmakranken Schwester, ihrer Mutter, die nicht gesund war, und ihrem Vater, der trank.

Ach, ich bitte dich, Angela, wie hätte ihr dieser Liam bei einem dieser Probleme helfen können? Wäre sie mit ihm zusammen gewesen, hätte er alles nur schlimmer gemacht, viel schlimmer.

Aber jetzt ist es wirklich dringend, dass jemand etwas sagt.

Dieser Hanif. Ich bitte dich, Angela, er ist Afrikaner. Algerier. Aus Afrika.

Oh, ich weiß, Maggie sagt, er ist französischer Staatsbürger, aber er ist nun mal schwarz von Kopf bis Fuß, und das kann nicht gut gehen.

Auf *keinen* Fall kann das gut gehen. Eine Ehe ist schon schwierig genug. Schau dich doch bloß mal um, überall Katastrophen, und das sogar, wenn die Leute aus demselben Kulturkreis stammen, dieselbe Herkunft, Rasse und Religion haben.

Ich meine, was weiß Maggie schon über Hanifs Leben, bevor er hierherkam? Er könnte doch in einer Hütte in der Wüste gelebt haben.

Nein, hör auf, Angela. Hör auf, mir zu sagen, dass er aus Marseille kommt. Darum geht es hier nicht. Er kann nicht einfach daherkommen und bei Maggie einziehen, wo ihr Vater jederzeit wieder zu trinken anfangen kann, mit einer schwer asthmakranken Schwester, während die arme, dumme Maggie weiterhin *meine* Mutter besucht und *deinem* Bruder Briefe schreibt. Das ist einfach lächerlich.

Ich weiß, es ist nicht leicht, weil wir alle Maggie sehr mögen und sie schon so lange kennen, aber im Ernst, jemand sollte mit ihr reden, bevor sie noch anfängt, eine Hochzeit zu planen.

Sie *hat* die Hochzeit schon geplant? Das glaube ich dir jetzt nicht!

Ist das dein Ernst? Wann?

Aber bis dahin sind ja nur noch sechs Wochen. Das kann nicht sein!

Angela?

Angela, bist du eingeladen?

Und gehst du hin?

Ich verstehe.

Ich verstehe.

Na gut. Ich bin nicht eingeladen, aber ich vermute, du weißt das.

Was meinst du damit, wann ich sie das letzte Mal gesehen habe? Sie ist unsere Freundin, in Gottes Namen. Ich sehe sie *andauernd*. Das letzte Mal, als wir in dem noblen Hotel waren, aus dem sie die Zuckertütchen und die Papierservietten hat mitgehen lassen. Und dann, als wir in diesem rührseligen Film waren und danach beim Pizzaessen.

Nein, natürlich war ich noch nie bei Maggie zu Hause.

Angela, jetzt hör mir mal zu. Wer will schon einen Fuß in dieses Haus setzen, wo es passieren kann, dass ihr Vater hereintorkelt und die Schwester in einer Ecke keucht und schnauft?

Du schon. Ich verstehe.

Okay, ich weiß, sie hatte mich eingeladen, aber ganz ehrlich …

Und ja, es stimmt, ich habe mich nicht hingesetzt und mich anständig mit Hanif unterhalten. Aber was soll die Frage? Was hätten wir uns schon zu sagen?

Oh. Du schon? Du hast? Gut, gut.

Nein, das ist mein Ernst. Es *freut* mich, dass du ihn magst. Und dass ihr jede Menge Gesprächsstoff habt.

Nein, das ist schön, wirklich. Es ist nur, dass … Ach, bitte, Angela, du und ich, wir müssen doch nicht politisch korrekt miteinander reden. Ganz gleich, wie nett er ist, er ist ein Immigrant aus Afrika. Er wird Maggie kein Glück bringen. Sie mag ja noch so viele Hoffnungen gehabt haben, die kann sie jetzt alle begraben. Und einmal angenommen, sie bekommen Kinder? Tja, ich meine …

Aber sie wird ihn doch nicht wirklich allen Ernstes heiraten wollen, oder?

Doch, will sie.

Ja, hat sie denn gedacht, ich erfahre das nicht? Ich meine, wollte sie mir das überhaupt jemals sagen? Oder wollte sie warten, bis wir uns eines Tages zufällig über den Weg laufen und ich sie mit einer Schar afrikanischer Kinder antreffe?

Was meinst du damit, genau das hat sie gesagt?

Sie hat gesagt, sie wird mir wahrscheinlich irgendwann zufällig über den Weg laufen, weil ich mich nie mit ihr treffen wollte! Das ist *so* unfair! Typisch Maggie.

Nein, Angela, du musst sie jetzt nicht auch noch verteidigen.

Habe ich mich nicht breitschlagen lassen, mit zu diesem unsäglichen Treffen in dieses Hotel zu gehen, und dann noch ins Kino und zum Pizzaessen in dieser Spelunke mit den Plastiktischen? Da fällt dir nichts mehr ein, weil du *nichts* darauf sagen kannst.

Ich würde ohnehin nicht zu ihrer Hochzeit kommen wollen, selbst wenn sie mich einlädt. Das ist doch alles so kleinkariert.

Wenn du überlegst, was für gute Freundinnen wir früher waren. Würde ich kurz davor stehen, zu heiraten, hätte ich Maggie eingeladen. Höchstwahrscheinlich …

Und wo findet die ganze Sache statt?

Auf dem Standesamt. Ich verstehe.

Und du wirst Trauzeugin sein. Aha.

Und hinterher geben sie einen Empfang?

Oh, tatsächlich? *Tatsächlich?* Das ist aber ein sehr gutes Restaurant. Wie kamen sie denn auf die Idee? Werden sie sich da nicht ein bisschen deplaziert fühlen?

Oh, sie arbeiten beide da. Ich verstehe.

Und wird von seinen Leuten jemand da sein und aus Algerien kommen?

Oh, aus Frankreich. Ich verstehe. Dreißig Leute. Du meine Güte! Na ja.

Und weiß sie, dass du mir das alles erzählst, oder soll es für immer ein Geheimnis bleiben?

Sie hat dich darum *gebeten!* Maggie hat dich gebeten, es mir zu erzählen?

Sie hat was gesagt?

Sie hat gesagt: »Jemand muss es ihr sagen!«

Das waren tatsächlich ihre Worte?

Die Hälfte von neunzig

Kay wachte davon auf, dass die Vorhänge in ihrem Schlafzimmer zurückgezogen wurden. Das war seit langer Zeit nicht mehr passiert, nicht in den fünf Jahren, seit Peter gegangen war. Es war fast ein Schock für sie.

Dann hörte sie, wie ein Frühstückstablett abgestellt wurde, und sah eine große Vase mit Blumen auf dem Tisch. Wahrscheinlich hatte ihre Tochter Helen mit ihrem Schlüssel aufgesperrt, um sie zum Geburtstag zu überraschen.

»Nick lässt dich auch schön grüßen«, erklärte Helen, die nicht das ganze Lob für sich beanspruchen wollte. »Er hat die Blumen besorgt und mich daran erinnert, die halbe Flasche Champagner kalt zu stellen. Er wäre mitgekommen, wenn er könnte.«

»Champagner!« Kay konnte es nicht glauben.

Sie spürte Tränen in den Augen. Sie waren so gut zu ihr, waren es immer gewesen.

»Nur eine halbe Flasche und frischen Orangensaft – du kannst dir einen Bucks Fizz oder eine Mimosa mixen, oder wie immer das heißt.« Helen kämpfte mit dem Korken.

Kay richtete sich im Bett auf. Sie war glücklich. Auf einem angewärmten Teller lagen frische Croissants, daneben stand eine Thermoskanne mit Kaffee. Sie konnte den ganzen Vormittag über frühstücken, wenn sie wollte. Und warum nicht? Der Tag gehörte ihr bis zehn Uhr, dann musste sie zur Arbeit in ein Antiquitätengeschäft ganz in der Nähe, und es würde nicht viel ausmachen, wenn sie zu spät dran war. Sie kamen auch ohne sie ganz gut zurecht.

Doch daran wollte sie jetzt nicht denken, während sie an

dem prickelnden Cocktail nippte. Alkohol um acht Uhr morgens – was kam als Nächstes?

»Ich trinke nur einen Schluck, dann muss ich zur Arbeit.« Helen war bereits wieder auf dem Sprung. »Aber heute Abend, Mum, da gibt es dein Geburtstagsgeschenk. Nick und ich werden um sieben Uhr hier sein und dich abholen, und dann gehen wir alle in dieses Restaurant und überreichen dir offiziell dein Geschenk.«

»Aber *das* hier ist mein Geschenk, das und das Abendessen, oder?«, protestierte Kay.

»Unsinn. Das muss etwas ganz Besonderes werden – schließlich passiert es nicht alle Tage, dass die eigene Mutter die Hälfte von neunzig erreicht«, sagte Helen, gab ihr einen Kuss und war schon durch die Tür.

Jede Farbe wich aus diesem Frühlingsmorgen, jedes Prickeln aus dem köstlichen, erfrischenden Cocktail, den sie gerade noch so sehr genossen hatte, der Kaffee schmeckte bitter, und die knusprig frischen Croissants auf dem warmen Teller verloren ihren Reiz.

Kay Nolan wurde fünfundvierzig, die Hälfte von neunzig.

Was für ein trauriger, einsamer, schrecklicher Gedanke.

Sie verließ das Bett und betrachtete sich im Spiegel.

Sie sah eine zierliche Frau mit rötlich braunem Haar, gepflegt und noch ziemlich fit von dem ständigen Training, das es bedeutete, die schweren Dinge in dem Antiquitätengeschäft, in dem sie arbeitete, hin und her zu tragen. Ganz zu schweigen davon, dass sie zwei Mal täglich den Hund im Gemeindepark spazieren führte.

Sah man ihr die Hälfte von neunzig an?

Schwer zu sagen.

Doch genau so alt fühlte sie sich in dem Moment, als ihr das klar wurde.

Sie setzte sich an ihre Frisierkommode, den Kopf in die Hände gestützt.

Nur junge Menschen wie Helen und Nick, glücklich und überzeugt davon, dass ihre Mutter kein Problem damit hatte, konnten so etwas im Scherz sagen. Sie waren vierundzwanzig und zweiundzwanzig Jahre alt, stark und gutaussehend.

Nick würde in diesem Sommer seine Julia heiraten, und Kay fürchtete sich jetzt schon vor dem Tag der Hochzeit, wenn sie höflich zu Peter sein und sich ansehen musste, wie er den stolzen, fürsorglichen Vater mimte.

Und Helen schien in der letzten Zeit einen Musiker namens Johnny besonders oft zu erwähnen, beteuerte jedoch im selben Atemzug, dass nichts dahinterstecke.

Wie konnten junge Leute wie sie, für die dreißig Jahre bereits steinalt war, wissen, was es bedeutete, sich einen solchen Kommentar zum Fünfundvierzigsten anhören zu müssen?

Kay stieß einen tiefen Seufzer aus, und Sandy kam zu ihr, zitternd, die Leine im Maul. Er hatte gehofft, es sei Zeit für seinen Spaziergang, und hatte die Frühstückszeremonie im Bett mit Argwohn beäugt.

»Okay. Komm mit, Sandy.« Kay schlüpfte in ihren Trainingsanzug und führte den Hund aus dem Haus. Bis der Antiquitätenladen um zehn Uhr öffnete, wäre sie frisch geduscht, angezogen und mit einem Lächeln bereit zur Arbeit.

So waren Menschen ihres Alters nun mal, darauf programmiert, mit einem Lächeln zur Arbeit zu gehen und alles andere beiseitezuschieben.

Der Tag schien sich endlos hinzuziehen, als liefe alles in Zeitlupe ab.

Sie dachte an Peter, der vor einem halben Jahr fünfundvierzig geworden war. Kay fragte sich, ob seine siebenundzwanzigjährige Frau Susie irgendwelche Witze darüber gemacht hatte, dass er nun die Hälfte von neunzig hinter sich hatte. Wahrscheinlich nicht.

Kay empfand weder Wehmut noch den Wunsch, ihren

Geburtstag mit Peter zu verbringen. Sie liebte ihn nicht mehr. Daran war nicht zu rütteln. Er hatte sie zu oft angelogen, sie zu oft verletzt und gedemütigt. Ihre Trennung war ohne jede Würde verlaufen.

Sie wusste, dass die Kinder ihn hin und wieder trafen, aber mit ihr sprachen sie nie darüber.

»Willst du wissen, wie es Dad geht?«, hatte Helen sie einmal in der Anfangszeit gefragt.

»Warum sollte ich das wissen wollen?«, hatte sie gekontert, und deswegen schwiegen sie sich jetzt über ihre Besuche bei ihm aus.

Eine Kollegin hatte ihr erzählt, dass Susie schwanger war. Das reichte. Mehr wollte Kay gar nicht wissen.

Sie ärgerte sich auch nicht mehr; das war lange vorbei.

Sie wollte an alledem keinerlei Anteil mehr haben, wollte weder einen Meinungsaustausch noch eine gekünstelte Freundschaft mit einem Mann, der sie so lange betrogen und für dumm verkauft hatte. Sie wollte nichts wissen von diesem sogenannten »zivilisierten« Benehmen. Peter hatte sich auch davor nie zivilisiert benommen, nicht, als er mit Susie in dem Wohnmobil schlief, für dessen Anschaffung Kay lange und hart gearbeitet und gespart hatte. Sie wollte diese Frau, mit der er ein neues Leben führte und, allen Berichten nach, eine neue Familie gründete, weder sehen, noch treffen, noch etwas von ihr hören.

In der Mittagspause ging sie zum Friseur und ließ sich die Haare richten. Das Mädchen im Salon fragte sie, ob sie in diesem Sommer in Urlaub fahren würde.

»Nein, mit dem Hund durch den Gemeindepark laufen, das ist mein Urlaub. In meinem Alter reicht das«, erwiderte Kay, und als sie in den Spiegel sah, blickte ihr daraus das nackte Mitleid auf dem Gesicht des Mädchens entgegen.

Nick brachte seine Verlobte Julia mit ins Restaurant, und Helen kündigte an, dass Johnny später eventuell noch auf einen Kaffee vorbeikäme, nur dürfe bitte keiner etwas hineininterpretieren.

Ihre Kinder hatten ein nettes italienisches Restaurant ausgesucht, und das Personal erwies sich als freundlich und zuvorkommend.

Mehr als ein Mal meinten Helen und Nick seufzend, sie wünschten sich, auch in ihren Adern flösse italienisches Blut.

Während des Essens redeten sie über ihre Arbeit, über die von Nick und Julia in einer Bank auf der High Street und über Helens Tätigkeit als Empfangsdame bei einem lokalen Radiosender. Kay erzählte von dem Antiquitätengeschäft und dem wunderbaren kleinen Intarsienschränkchen, das sie letzte Woche hereinbekommen hatten und das allen so sehr gefiel, dass sie hofften, es würde keiner kaufen.

Antiquitätenliebhaberinnen, ja, das waren sie definitiv, aber mit Sicherheit keine gewieften Geschäftsfrauen, wie sie lachend zugab.

Dann sprachen sie über den Hochzeitstermin von Nick und Julia, wahrscheinlich gegen Ende des Sommers, und einigten sich auf ein Datum; die Einladungen würden sie sehr kurzfristig verschicken.

Kay glaubte zu sehen, dass die Kinder einander einen kurzen Blick zuwarfen, als wollten sie sie etwas fragen, aber vielleicht bildete sie sich das nur ein.

Stattdessen stellte sie ihnen Fragen.

Ob sie lieber eine große oder eher eine kleine Hochzeit wollten?

Insgeheim hoffte sie auf eine große Feier, denn umringt von vielen Menschen bestand eher die Möglichkeit, einer Unterhaltung mit Peter aus dem Weg zu gehen.

Julias Mutter stellte sich eine Hochzeit mit allem Drum und Dran vor; ihr Vater hätte es lieber etwas bescheidener.

»Und was willst *du*, Julia?«, wollte Kay wissen.

Julia zuckte die Schultern. »Ich bin ein Einzelkind, Kay, also hängt das nicht so sehr von mir ab. Es wird ihre einzige Hochzeit bleiben. Ich mache das, was sie wollen, in dem Punkt sind Nick und ich einer Meinung. Es ist schließlich nur ein Tag.«

Johnny traf tatsächlich zum Kaffee ein, und alle hielten sich an ihre Anweisungen, machten seinetwegen kein Aufhebens und interpretierten in seine Anwesenheit nichts hinein, auch wenn seine Hand auf Helens Knie festgewachsen schien.

Dann wurden andere Themen angesprochen und wieder fallen gelassen, reichlich merkwürdige wie die Tatsache, dass Hochzeitstage für alle da seien, und die Notwendigkeit, die Vergangenheit zu vergessen.

Plötzlich wurde Kay klar, dass ihre Kinder tatsächlich dabei waren, den Weg für Susies Teilnahme an der Hochzeit zu ebnen.

Eine Welle der Wut und Verbitterung stieg in ihr hoch.

Um ihrem Vater eine Freude zu machen, wollten sie diese Frau einladen, die kaum ein paar Jahre älter war als sie.

Sein selbstgefälliges Grinsen würde sich noch mehr verstärken, wenn er seine junge schwangere Frau bei einem Familientreffen präsentieren konnte.

Unvorstellbar, dass sie sie darum bitten würden, das zu akzeptieren.

Doch sie wollte jetzt deswegen nicht streiten und gab stattdessen ausweichende Antworten, als hätte sie nicht verstanden, welche Richtung die Unterhaltung einschlug.

Dann bemerkte sie, dass sich alle für die Übergabe des Geschenks bereit machten. Da nirgendwo schön verpackte Präsente zu entdecken waren, erwartete sie, entweder ein Schmuckstück oder ein Seidentuch geschenkt zu bekommen.

Sie setzte eine gespannte Miene auf.

Und sie bekam in der Tat einen großen weißen Umschlag überreicht, vielleicht doch ein Seidentuch, aber als sie den Umschlag öffnete, kam ein Reiseprospekt zum Vorschein. Eine Seite war mit einem großen gelben Klebezettel markiert. Sie hatten ihr einen Urlaub in Italien geschenkt.

Ihr Sohn und ihre Tochter, die sich das wahrhaftig nicht leisten konnten, hatten ihr Geld für das Geschenk ausgegeben, das ihr am allerwenigsten Freude machen würde: zwei Wochen in einem kleinen Familienhotel in Italien, das mit großen Buchstaben dafür warb, dass man dort Englisch sprach.

Kay konnte es kaum glauben.

Es kam auf keinen Fall infrage, dass sie dieses Geschenk nicht annahm, dass sie diese gut gemeinte, aber völlig falsch angebrachte Großzügigkeit zurückwies. Es gab kein Entrinnen. Sie würde zwei sträflich lange Wochen an einem Ort verbringen müssen, an dem englische Paare in trauter Zweisamkeit der einsamen Frau zunicken würden, die gerade ihren fünfundvierzigsten Geburtstag hinter sich gebracht hatte und nun mutterseelenallein am Tisch saß.

»Aber das kann ich nicht annehmen …«, begann sie. »Das ist viel zu großzügig.«

Freudestrahlend versicherten ihr die beiden, dass bereits alles bezahlt sei und man sie am Flughafen nicht festhalten würde.

»Ich weiß gar nicht, ob ich so lange freinehmen kann«, stammelte sie.

Und im Antiquitätengeschäft hatten sie sich auch schon erkundigt. Sie konnte.

»Aber Sandy?«

»Der kommt für die zwei Wochen zu meinen Eltern, und du *weißt*, dass sie sich gut um ihn kümmern werden«, versprach Julia.

Und so fuhr sie nach Italien und ließ sich nichts anmerken, sondern zeigte sich hocherfreut über das Geschenk ihrer großzügigen Kinder.

Keiner wäre auf die Idee gekommen, wie wütend sie auf sie war, weil sie sich nicht mit ihr beraten, sie nicht nach ihrer

Meinung gefragt und sie stattdessen wie ein hilfloses Wesen behandelt hatten, das man irgendwohin verfrachten konnte, wo man es gerade für »opportun« hielt.

Hätte Kay die Wahl gehabt, hätte sie sich durchaus für Italien entschieden, aber für eine einwöchige Kunstreise nach Venedig oder Florenz, irgendwohin, wo sie unter Leuten mit ähnlichen Interessen gewesen wäre und nicht verlegen und allein inmitten blasierter, mittelalter, in der Toskana urlaubender Mittelklassepaare würde herumsitzen müssen.

Doch es war zu spät, und deshalb würde sie die Sache mit Anstand hinter sich bringen.

Es war genauso, wie sie es erwartet hatte. Ein wunderschönes Haus mit einer großen Terrasse und Blick auf ein magisches Tal. Eine hart arbeitende italienische Familie und sieben englische Paare. Sie waren höflich und freundlich, ihre Landsleute. Aber Kay, die mit zwanzig Jahren geheiratet und nie die berauschende Freude, allein zu verreisen, erfahren hatte, fühlte sich fehl am Platz. Sie wollte sich nicht in das Leben anderer Leute drängen und hatte Angst, sie zu langweilen und als lästiges Anhängsel angesehen zu werden. Und so entschuldigte sie sich gleich an den ersten beiden Abenden nach dem Essen mit der Ausrede, sie würde vor dem Zubettgehen gern noch eine kleinen Verdauungsspaziergang machen.

In das Zentrum des kleinen Ortes mit seinen Straßencafés und der lauten, aus verschiedenen Bars schallenden Musik hinunterzugehen, kam für sie nicht infrage. Das erinnerte sie zu sehr an ein Leben, das vorüber war. Stattdessen lenkte Kay ihre Schritte zum hinteren Tor hinaus und einen gewundenen Pfad hinauf.

So spazierte sie in der milden Luft des italienischen Abends den Weg entlang und blickte in die Häuser fremder Leute, vorbei an Feldern und schließlich hinauf auf einen malerischen Hügel, wo sie sich unter einen – wie sie meinte – alten Zedernbaum setzte und hinunter auf die Lichter der Stadt blickte.

An beiden Abenden kam ihr ein Mann mit einem Hund entgegen, und sie tauschten einen freundlichen Gruß in beiden Sprachen.

Zuerst befürchtete sie, sie könnte, da sie allein dasaß, den Eindruck erwecken, angreifbar oder leicht zu haben zu sein, aber er schien ihre Anwesenheit als völlig normal anzusehen und blieb nicht stehen, um sie in ihren Gedanken zu stören. Keine sehr bemerkenswerten Gedanken, wie sie zugeben musste; sie troffen vor Selbstmitleid, aber sie würde trotzdem auf keinen Fall dieser Frau bei Nicks und Julias Hochzeit die Hand geben.

Sie hatte dort nichts zu suchen.

Für sie gab es keinen Grund, am Fest dieser Familie teilzunehmen. Besäße diese Susie auch nur einen Funken Stil, Klasse oder Gefühl, würde sie nicht kommen.

Es war schon schlimm genug, Peter wiederzusehen, aber mehr als einen kurzen Blick würde sie ihm nicht gönnen, denn mit jedem Wort, das er sagte, würde er einen Treuebruch oder eine Lüge heraufbeschwören.

Die bloße Erwähnung seiner Mutter würde die Erinnerung an die vielen Male wieder wecken, als er sich eigentlich um die schwachen Nerven seiner Mutter hätte kümmern sollen, sich in Wirklichkeit aber mit Susie in ihrem Wohnmobil aufhielt …

Kay wusste, dass es dumm und naiv von ihr gewesen war, alles geglaubt zu haben, was er in den langen Monaten seiner heimlichen Beziehung zu Susie zu ihr gesagt hatte. Aber jemandem, den man liebt und dem man vertraut, dem *glaubt* man nun mal. Was war daran also dumm?

Außer dass es deshalb viel zu lange gedauert hatte, bis sie hinter die Affäre mit Susie gekommen war und von den Kurztrips erfahren hatte, von den Hotels im Lake District und den Restaurants, die sie und Peter sich nicht leisten konnten.

Und das zu vergessen oder gar zu vergeben, das war hart.

Und sie dachte an ihre Kinder, die sie während der Trennung

und der Scheidung stets unterstützt hatten und sie auch jetzt noch fast täglich anriefen und zwei oder drei Mal die Woche besuchten, obwohl sie schon seit Langem ausgezogen waren und ihr eigenes Leben führten.

Sie konnte in vielerlei Hinsicht von Glück reden, und vielleicht hatten sich ihre Kinder diesen »Familientag«, den sie sich alle so sehr zu wünschen schienen, auch verdient.

Trotzdem war es unfair, dass *sie* diese Entscheidung treffen musste. Sie war schließlich diejenige, die keinerlei Schuld an alledem hatte – warum musste ausgerechnet sie einer Frau freundschaftlich die Hand reichen, die gelogen und betrogen hatte und jetzt Peters Kind unter dem Herzen trug? Weigerte sich Kay jedoch, dies zu tun, enttäuschte sie ihren Sohn und ihre Tochter.

Sie sollte nicht hier sitzen unter diesem Baum und nur an die schlimmen Dinge denken, die ihr das Schicksal zugemutet hatte. Stattdessen sollte sie sich die vielen schönen Dinge vorstellen, die ihr Leben ausmachten.

Nur schien an diesem Ort über den Köpfen eines jeden Paares, das sie sah, eine blinkende Neonreklame zu schweben: trautes Eheglück, stand da geschrieben.

Auf ihrem Weg zurück in den Garten des kleinen Hotels kam Kay an der offenen Küchentür vorbei und sah die italienische Familie am Tisch sitzen; sie winkte und wollte schon weitergehen, als sie ihren Namen riefen.

Die Familie bestand aus Liliana, ihren beiden Brüdern und ihren drei Kindern. Sie führten zusammen das Hotel, seit ihre Eltern verstorben waren. Liliana musste ungefähr in ihrem Alter sein, war allerdings ein vollkommen anderer Typ: groß, attraktiv, eloquent, langes, dunkles Haar, das sie mit einem gelben Band zusammengefasst hatte. Ihre Augen waren ständig in Bewegung, sahen alles, das getan werden musste, und sie schenkte jedem ein Lächeln.

Am nächsten Morgen sollten sie alle zu einer Beerdigung in

ein Dorf auf der anderen Seite des Tals fahren. Sie wären gern sofort aufgebrochen, aber zuvor mussten sie versuchen, jemanden zu finden, der am nächsten Tag das Frühstück für die Hotelgäste zubereitete. Für das Mittagessen würde eine Trattoria in der Nähe einspringen, und zum Abendessen wäre die Familie wieder zurück. Sie konnten sich allerdings nicht darauf einigen, wen sie um den Gefallen bitten sollten. Ein Teil der Familie hielt bestimmte Leute für absolut zuverlässig, andere wiederum für vollkommen ungeeignet. Ob die ruhige englische Signora eventuell dazu bereit wäre, hatte Liliana plötzlich gefragt. Es wäre schließlich nur ein Vormittag, und mehr als Kaffee kochen und die Wünsche der Engländer nach irgendwelchen Eierspeisen erfüllen, würde nicht von ihr verlangt. Kalte Milch und frisches Brot würden um sieben Uhr geliefert werden. Ob die Signora wohl darüber nachdenken könnte?

Es wäre eine große Hilfe für sie.

Man musste ihr den Schock angesehen haben. Kay hoffte, dass sich auf ihrem Gesicht nicht auch noch die Verärgerung abzeichnete, die sie empfand. Sie hatten sie nur deswegen gefragt, weil sie die Einzige ohne Partner war, die Einzige, die morgens nie lange im Bett blieb, die niemanden hatte, mit dem sie sich beim Frühstück hätte unterhalten können.

Wäre sie mit Peter oder einem anderen Partner hier gewesen, wären sie niemals mit einer solchen Bitte an sie herangetreten. Nur weil sie sahen, dass sie allein spazieren ging, und weil sie Mitleid mit ihr hatten, hatten sie das Gefühl, sie fragen zu können.

Sofort entschuldigten sie sich bei ihr.

Allen voran Liliana.

»Sie müssen uns die Frage verzeihen. Bitte vergessen Sie sie sofort wieder. Nur, wir sind vollkommen durcheinander wegen dieser Beerdigung, wissen Sie.«

Kay fiel ihr ins Wort und beteuerte, dass sie liebend gern einspringen würde.

»Glauben Sie mir, das ist typisch britisch, aber ich hätte nie erwartet, dass Sie so viel Vertrauen in mich haben und mich in Ihrer Küche hantieren lassen. Also, es wäre mir wirklich eine große Freude, und viel falsch machen kann ich bei Kaffee und Eiern eigentlich auch nicht, oder?«

»Sind Sie wirklich sicher?«, fragte Liliana. »Ich kam nicht zuletzt auch deswegen auf die Idee, Sie zu fragen, weil Sie so gütige Augen haben.«

Kay wusste, was sie damit meinte.

»Ich kann Ihnen gar nicht sagen, wie gern ich Ihnen diesen kleinen Gefallen tue, Liliana. Sagen Sie mir, was ich machen soll, dann können die anderen sich schon für die Fahrt vorbereiten.«

Die zwei Frauen setzten sich zusammen und besprachen Kays Aufgaben. Liliana erklärte ihr, dass im Grunde nur eines der Gästepaare ein wenig heikel sei: Die beiden hatten sogar ihre eigene Orangenmarmelade mitgebracht. Sie deutete darauf. Dann war da noch das junge Paar auf Hochzeitsreise, das sich erst kurz vor zehn auf einen Kaffee blicken ließ und das Frühstück mit nach oben nahm. Und das elegante Paar, das sich immer anzog, als ginge es zu einer Hochzeit, war morgens stets übelster Laune; das hatte wohl etwas mit ihrem Stoffwechsel zu tun, und sie benötigten literweise Kaffee, um zu einer einigermaßen normalen Kommunikation fähig zu sein.

Es war eine sowohl berauschende als auch beruhigende Erfahrung, in die Geheimnisse des Hotels eingeweiht zu werden, und als Kay zu Bett ging, war sie so glücklich wie nie seit ihrer Ankunft.

Am nächsten Morgen scherzte sie mit den Gästen, während sie das Frühstück servierte, und hatte das Gefühl, dass sie sie sogar ein wenig darum beneideten, nun quasi zur Familie zu gehören.

»Ich hätte das ja auch gern gemacht, schließlich habe ich eine Zeit lang für einen Partyservice gearbeitet«, klagte die übellaunige, aber stets gut gekleidete Frau.

Kay beeilte sich, die Kaffeekanne aufzufüllen.

Nachdem sie das Geschirr gespült und in der sonnigen Küche in den Schrank geräumt hatte, betrachtete sie die Fotos an den Wänden. Da waren Liliana und ihre drei Kinder, lachend, die Hand über den Augen zum Schutz vor der italienischen Sonne. Auf älteren Fotos war neben ihnen ein gutaussehender, lachender Mann zu sehen. Bestimmt Lilianas Mann und Vater ihrer Kinder.

Im Moment trat er allerdings nicht in Erscheinung; möglicherweise war er bereits verstorben und erlebte nicht mehr mit, welch großen Erfolg seine Frau, ihre Brüder und seine Kinder mit dem kleinen Hotel hatten. Vielleicht hatten die Eheleute sich auch getrennt? Sie würde das wohl nie erfahren. Man konnte jemanden, den man kaum kannte, schließlich nicht danach fragen.

Während die anderen alle aufbrachen, blieb Kay in der Nähe des Hauses, für den Fall, dass jemand vorbeikommen sollte. Und in der Tat brachten viele Leute Kondolenzschreiben in schwarz umrandeten Umschlägen vorbei.

Gegen Mittag kam ein Mädchen aus dem Ort, um die Betten zu machen, wie Liliana angekündigt hatte. Kay setzte sich zum Telefonieren auf die Terrasse und erzählte allen zu Hause, wie schön es hier war und wie gut es ihr ging.

Und zum ersten Mal fiel ihr auf, dass sie *tatsächlich* ziemlich glücklich hier war; sie fühlte sich nicht mehr nutzlos und allein und tat sich selbst auch nicht mehr fürchterlich leid, wie es bis gestern noch der Fall gewesen war.

An dem Tag kam mehrmals auch der hochgewachsene, dunkelhaarige Mann mit dem großen Hund am Haus vorbei, der Mann, der ihr immer einen schönen Abend wünschte, wenn er sie unter dem Baum sitzen sah. Fast hatte es den Anschein, als würde er das Haus beobachten, sogar bewachen. Aber wahrscheinlich ging nur ihre Fantasie mit ihr durch.

Kay blieb in ihrem Zimmer, als die Familie von der Beerdigung zurückkam; sie mussten sich schließlich sofort an die Zubereitung des Abendessens machen und waren vielleicht lieber unter sich.

Ihr Fenster stand offen, aus der Küche ließen sich Geräusche vernehmen, und Essensdüfte wehten zu ihr herauf. Zimmertüren wurden geöffnet und geschlossen, bald darauf hörte sie Wasser rauschen, während die anderen Gäste duschten und sich zum Abendessen auf die Terrasse setzten.

Kay überlegte, was ihre Lieben zu Hause wohl gerade taten. In Italien war es halb neun Uhr, in England halb acht.

Nick und Julia waren vielleicht gerade von der Arbeit nach Hause gekommen und bereiteten sich einen Imbiss in ihrem kleinen Haus zu, dessen Hypothek einen großen Teil ihres Gehalts bei der Bank verschlang. Danach setzten sie sich womöglich hin, um über die Hochzeit zu reden und sich zu überlegen, wie sie Susie am besten mit einbeziehen könnten.

Julias Eltern diskutierten vermutlich noch immer über den Verlauf der Hochzeit, aber die beiden waren echte Hundeliebhaber und würden Sandy anständig füttern und mindestens zwei Mal am Tag mit ihm spazieren gehen.

Helen war bestimmt mit Johnny zusammen, und vielleicht hängten sie Plakate in einem der Klubs auf, wo er heute Abend spielen würde.

Und ihre Freundinnen, die Kolleginnen aus dem Antiquitätenladen, waren sicher schon mit Bus und Bahn nach Hause gefahren, die eine zu ihrer schwierigen Mutter, die andere zu ihrem wortkargen Ehemann und die Dritte zu ihrem unzuverlässigen Liebhaber. Sie alle würden Kay um ihre Tage unter dem warmen Himmel der Toskana beneiden und ihr wünschen, dass sie eine schöne Zeit hatte.

224

An dem Abend fiel Kay auf, dass Lilianas Söhne ihr nicht wie sonst beim Servieren des Essens halfen. Und so schlüpfte sie in die Küche und bot ihre Hilfe an.

»Bitte, lassen Sie mich Ihnen helfen«, sagte sie zu Liliana. »Sie sehen ja, dass ich allein bin, aber ich würde mich gern mit jemandem unterhalten, denn die Abende hier sind oft sehr lang für mich.«

Die Frau sah sie eine Weile an.

»Meine Söhne sind bei ihrer Großmutter geblieben, und ich würde meine Brüder gern heim zu ihren Frauen schicken. Wenn Sie mir beim Abwaschen helfen, Signora Kay, könnten wir uns danach einen köstlichen Limoncello gönnen und von mir aus die ganze Nacht hindurch plaudern.«

Im Handumdrehen hatten sie die Küche in Ordnung gebracht, und schon standen die guten Gläser auf dem Tisch, welche die anderen Gäste nie zu Gesicht bekamen. Und Kay setzte sich hin und hörte sich an, wie die Beerdigung am Vormittag verlaufen war. Lilianas Schwiegervater, Papa Gianni, war gestorben, der Vater von Paolo. Ein freundlicher alter Mann, der nie jemandem etwas zuleide getan hatte und zutiefst erschüttert gewesen war, als er erfuhr, dass sein Sohn Paolo die hart arbeitende Liliana wegen einer reichen Frau aus Mailand verlassen wollte.

Liliana hatte eigentlich nicht zu dem Begräbnis gehen und sich anschauen wollen, wie Paolo aus dem großen Wagen stieg, den seine reiche Frau für ihn gekauft hatte. Sie wollte nicht sehen, wie er seine fünfjährigen Zwillinge an der Hand hielt, und auch nicht Zeugin werden, wie er in seiner teuren Lederjacke herumstolzierte und die Beileidsbekundungen alter Freunde entgegennahm.

Sie wollte nie mehr der Frau in die Augen schauen, die einst im Urlaub in ihr Hotel gekommen war, die Frau, die Paolo mit ihrem vielen Geld gekauft und einfach mitgenommen hatte.

Doch sie hatte es für die Kinder getan. Für ihre Kinder, die

Gelegenheit bekommen mussten, sich von ihrem Großvater zu verabschieden, in dem Wissen, dass auch ihre Mutter um den gütigen alten Mann trauerte, ganz gleich, was in der Vergangenheit vorgefallen war. Und ihre Kinder hatten das Recht, ihre Halbbrüder kennenzulernen, zwei unschuldige kleine Jungen, die nicht mit einem Familiengeheimnis aufwachsen sollten, über das nie gesprochen werden durfte.

Auch wenn es einem nicht gefiel, man tat es eben. So funktionierte das nun mal im Leben und in Familien. Und seltsamerweise wurde es irgendwann leichter. Dies war bereits das dritte Mal. Und es würde noch weitere Gelegenheiten geben – Hochzeiten, Taufen, Beerdigungen.

Und wenn Liliana selbst wieder heiratete, würden vielleicht alle kommen und auf ihrer Hochzeit tanzen. Die ganze große Familie.

»Weil wir gerade bei dem Thema sind, glauben Sie, der Mann mit dem Hund hat eine Schwäche für Sie?«, fragte Kay. »Er läuft immer wieder am Haus vorbei.«

Liliana lachte, bis ihr die Tränen kamen. »Nein, für *Sie* hat er eine Schwäche, Signora Kay. Das ist Pietro. Er findet, dass Sie wunderschöne Augen haben, will aber nicht aufdringlich sein und bewundert Sie deshalb aus der Ferne.«

Noch am selben Abend telefonierte Kay mit Nick und Julia; Helen und Johnny waren zufälligerweise da, aber daraus sollten bitte keine voreiligen Schlüsse gezogen werden.

»Du klingst ja großartig«, sagte Nick. »Hast du einen netten Mann kennengelernt?«

»Tja, könnte man so sagen. Ich habe tatsächlich einen Verehrer, der seinen Hund ständig an meinem Hotel vorbei spazieren führt.«

Alle freuten sich für sie.

»Aber zieht bitte keine voreiligen Schlüsse daraus«, sagte sie, Helens Tonfall nachahmend. »Bisher haben wir uns erst ein paar Mal einen schönen Abend gewünscht. Doch deswegen rufe ich nicht an, es geht um etwas anderes.«

Jetzt klangen sie alarmiert.

»Nein, es ist alles in Ordnung, nur etwas, das ich zu erwähnen vergessen habe, als wir neulich darüber sprachen. Ihr habt doch Susie, Dads Susie meine ich, mit auf die Gästeliste gesetzt, oder?«

»Äh, ja, nein. Ich meine, wir wussten nicht … weißt du, sie ist nämlich …«

»Schwanger, ja, ich weiß. Umso wichtiger, dass sie dabei ist.«

Kay brach zu ihrem üblichen Abendspaziergang auf, setzte sich unter den Baum und wartete, dass Pietro vorbeikam. Sie würde ihn auffordern, sich zu ihr zu setzen, und in einem Kauderwelsch aus Italienisch und Englisch würden sie ein paar Worte wechseln. Es würde ihr gewiss keine große Freude machen, Peter und Susie zusammen zu sehen, das wusste Kay, aber Liliana hatte recht, es musste sein.

So lief das nun mal im Leben und in Familien.

Die Schlechtwetterfreundin

Wenn ich beim Heimkommen sehe, dass der Anrufbeantworter blinkt, muss ich immer an meine Freundin denken. Das Gerät habe ich mir damals wegen einer Freundin angeschafft. Eine gute Freundin, aber eben eine Schlechtwetterfreundin.

An dem Tag, als ich sie das erste Mal getroffen habe, stand sie an der Bushaltestelle, so dünn und zerbrechlich, dass ich befürchtete, ein starker Windstoß, der um die Ecke fegte, könnte sie erfassen und gegen das Bushäuschen schleudern. Ihr Kopf kam mir riesig vor, mit einer Unmenge an braunem, gekraustem Haar, kein Afrolook, eher sah es so aus, als hätte jemand mit der Schere hineingeschnitten so wie wir damals in der Schule bei den Quasten aus Wolle. Ich betrachtete lange ihr Haar, ohne zu bemerken, dass ich sie anstarrte.

Wahrscheinlich stehen viele Leute an dieser Bushaltestelle und bekommen nicht mit, dass sie jemanden anstarren. Die Haltestelle liegt direkt gegenüber der Klinik. Und auch ich wollte an alles denken, nur nicht an das Gesicht meiner Freundin Maria, die mich nicht sehen würde in dem Zimmer, in dem sie dort drinnen saß – Zelle nannten sie so etwas nicht – und immer wieder diese Karten mischte. Keine normalen Spielkarten, sondern Tarotkarten mit Schwertern und Kelchen und Sternen. Stunde um Stunde sitzt sie so da, legt die Karten in Kreuzform aus und murmelt dabei vor sich hin.

John wusste nicht, dass ich bei ihr gewesen war. Er hatte mich angefleht, nicht hinzugehen. »Wir haben sie schließlich zu dem gemacht«, hatte er oft gesagt. »Das ist unsere Strafe.«

Ich hatte versucht, diese Bemerkung ins Lächerliche zu ziehen. Ich bin die irische Katholikin, erklärte ich ihm; falls es einen Sinn für Sünde gibt, dann sollte ich den haben.

Er war in einem Haus aufgewachsen, in dem keiner im Plauderton über die Hölle redete so wie wir. Und doch war er derjenige mit dem Berg aus Schuldgefühlen, der unsere Liebe letztendlich unter sich begrub. Wir hatten Maria betrogen, er als ihr Ehemann, ich als ihre beste Freundin.

Ich stand da und starrte auf den großen, lockigen Kopf dieser blassen Frau, die mit beiden Armen ihre dünne Taille umfasste, als versuchte sie, ungeschickt die obere Hälfte ihres Rumpfes an den restlichen Körper zu pressen.

Sie lächelte nicht, als sie mich ansprach.

»Ich heiße Fenella«, sagte sie.

»Diesen Namen kenne ich bisher nur aus Schulgeschichten.« Es stimmte; in diesen Büchern war Fenella immer die Mutige, der Wildfang. Zu Hause kannte ich niemanden, der Fenella hieß.

»Sie sind sehr aufgewühlt, nicht wahr?«, fragte sie.

In ihrer Stimme lag so viel Mitgefühl, dass ich fast die Hand ausgestreckt, sie berührt und ihr geholfen hätte, diesen dünnen Körper zusammenzuhalten, aus Angst, er könnte auseinanderbrechen und eine Hälfte weggeweht werden. Sie hatte nicht die für Haltestellen übliche Bemerkung gemacht, von wegen, dass der Bus nie kam, wenn man ihn brauchte. Sie hatte auch nicht gesagt, dass man nach einem Krankenhausbesuch dankbar sein müsse für die eigene Gesundheit. Sie schaute mich nur an und sah meinen Schmerz und mein Unglück so deutlich, dass sie diesen Umstand einfach angesprochen hatte.

Ich dachte zwar, es sei der scharfe, kalte Wind, der mir in die Augen stach, als er um die hohen Mauern der Klinik pfiff, aber es war ihr Mitgefühl, das mir die Tränen in die Augen trieb. Nie zuvor hatte ein fremder Mensch so zu mir gesprochen. Nicht einmal bei mir zu Hause, wo sie oft zu direkt waren und sich zu weit in dein Leben drängten. Aber ausgerechnet in England, in den gepflegten grünen Seitenstraßen im Umland von London, hatte eine komplett fremde Frau vor den spitzenbewehrten Mauern einer privaten Nervenklinik zu mir gesagt, sie könne sehen, wie erschüttert ich sei. Ich kam mir vor wie eine Närrin, während die Tränen über mein Gesicht liefen. Die Frau streckte den Arm aus, ich dachte, sie würde mich umarmen, und wich ein wenig zurück. Aber nein, es kam nur der Bus.

»Das ist eine Bedarfshaltestelle«, sagte sie sanft. »Sie müssen artig darum bitten, dass er hält, sonst fährt er weiter.«

Ich glaube, sie versuchte, mir ein Lächeln zu entlocken, damit ich nicht ganz so aussah wie jemand, der aus diesen hohen Mauern geflohen war.

Sie löste meine Busfahrkarte und trat in mein Leben.

Sie kannte ein kleines Café in der Stadt, wo es selbst gemachte Suppen und wunderbare Vollkornbrötchen gab. Essen für die Seele. Und die Tische standen weit genug auseinander, so hörte niemand außer Fenella meine Geschichte von John und Maria. Dass sie an allem schuld gewesen war, dass sie ein vollkommen glückliches Leben geführt hatte, bis sie es sich in den Kopf setzte, Carlos zu erobern, dass sie das völlig aus dem Gleichgewicht gebracht hatte. Ich erzählte Fenella von den einsamen Tagen und Nächten, in denen John und ich uns gegenseitig getröstet hatten, wie nur gute Freunde es konnten, durch Liebe und Zuwendung. Von meiner Hoffnung, dass Maria ihr Glück bei Carlos und ihrer aberwitzigen Suche finden würde. Doch John wollte, dass alles seine Ordnung hatte; er mochte es nicht, wenn Fragen offenblieben. Und jetzt hatte alles seine Ordnung. John kannte nur noch seine Arbeit, Maria hatte den Verstand verloren und befand sich an einem Ort, den sie nie mehr verlassen würde, und was mich betraf … Es ist seltsam, aber ich kann mich nicht erinnern, jemals einem Menschen so viel erzählt zu haben wie Fenella, nicht nur an diesem Nachmittag in der warmen Suppenküche mit dem prasselnden

230

Kaminfeuer, den knusprigen Brötchen und den wärmenden, belebenden, dampfenden Schüsseln voller Köstlichkeiten.

Später, als es Abend wurde, kam sie mit in meine Wohnung, nachdem sie mir im Zug zurück nach London erklärt hatte, dass es ihr nicht klug erschiene, mich allein zu lassen. Sie setzte sich auf einen Stuhl, und das Haar stand wie ein Strahlenkranz um ihren Kopf. Für mich war sie in der Tat eine Heilige, die bereit war, mir ohne ein Wort des Vorwurfs zuzuhören.

Und das Schönste daran war, dass sie nicht ein einziges Mal versuchte, mich aufzuheitern. Nicht ein Mal sagte sie, ich würde über ihn hinwegkommen und einen anderen finden. Nicht ein Mal warnte sie mich, dass jeder Mann auf seine Art ein Dreckskerl sei und dass man sich die Zeit sparen könne, sich ihretwegen die Augen auszuweinen. Sie machte mir keinerlei Hoffnung, dass Maria sterben und dass John je zur Vernunft kommen und mich anflehen würde, an seine Seite zurückzukehren. Sie akzeptierte die Tatsache, dass alles ganz entsetzlich war, und teilte die Last mit mir.

Bald verspürte ich eine unendliche Müdigkeit und hieß sie willkommen, wie man den Regen willkommen heißt nach einem drückenden Tag. Es war so lange her, dass meine Schultern und Augen sich müde anfühlten. Normalerweise verbrachte ich den größten Teil der Nacht hellwach und angespannt, eine Zigarette in der Hand. Im Lehrerzimmer in der Schule war den anderen bestimmt schon aufgefallen, wie launisch und reizbar ich geworden war. Unmut stieg in mir hoch. Das waren meine Kollegen und Freunde seit fast einem Jahrzehnt. Wie kam es, dass keiner von *ihnen* meinen Kummer bemerkt hatte und in der Lage gewesen war, mir zuzuhören, Verständnis zu zeigen, ein Freund zu sein. Schläfrig lächelte ich Fenella zu. Sie müsse nun gehen, sagte sie und lehnte mein Angebot ab, im Gästezimmer zu übernachten. Sie würde mich morgen anrufen. Es war Samstag, ein bekanntermaßen schwieriger Tag für unglückliche Menschen.

Während ich in den ersten richtigen Schlaf seit Monaten hinüberglitt, fiel mir ein, dass sie keine Telefonnummer von mir hatte. Vielleicht könnte ich ja ihre finden, dachte ich. So häufig kam der Name Fenella bestimmt nicht vor. Ich konnte mich nicht erinnern, wie sie mit Familiennamen hieß, was sie arbeitete oder wo sie wohnte. Sie hatte es mir sicher gesagt. Oder? Wir konnten doch nicht die ganze Zeit nur über *mich* geredet haben. Doch der Schlaf war stärker als die Verwirrung. Ich knipste nicht einmal das Licht aus.

Ich war gerade bei meiner zweiten Tasse Kaffee angelangt, als sie anrief. Sie hätte sich die Nummer notiert, sagte sie. Ich war zu unglücklich, um mir wegen irgendwelcher Nebensächlichkeiten Gedanken zu machen. Ob wir in den Park wollten? Es sei so ein schöner Tag, wir könnten spazieren gehen und dabei reden, ohne dass uns jemand störte. Ich verspürte einen Anflug von Scham, da ich bereits genug geredet hatte, aber ihre Anteilnahme schien so groß, dass es mir wie eine Zurückweisung ihrer Freundschaft vorgekommen wäre, wenn ich abgelehnt hätte.

Und so durchwanderten Fenella und ich an diesem sonnigen Tag der Länge und der Breite nach einen der großen Londoner Parks, während ringsum Liebende Händchen hielten, Mütter sich mit anderen Müttern austauschten und zwischendurch ihre Kleinkinder zurechtwiesen, alte Männer in der Zeitung blätterten und einander von Ereignissen erzählten, die Jahre zurücklagen.

Hin und wieder setzten wir uns auf eine Bank. Fenella hatte kleine Sandwiches und eine Thermoskanne mit Kaffee mitgebracht, sodass wir die Grünanlage nicht verlassen mussten, bis meine Beine müde wurden und meine Augen schmerzten von den vielen Tränen, die sie geweint hatten. Ich erzählte ihr von meiner ersten Nacht mit John, davon, dass er mich schon immer geliebt hatte, schon bevor Maria zu der Wahrsagerin gegangen war, die ihr den Floh ins Ohr gesetzt hatte, sich auf die

Suche nach unpassender Liebe und unerfüllbaren Träumen zu machen. Ich erzählte ihr auch Banales wie die Tatsache, dass John und ich im Bett immer Animal Snap spielten, uns kleine, rote Hüte aufsetzten und Tommy Cooper und seine Zaubertricks imitierten.

Fenella merkte sich alles. Jedes einzelne Wort.

»Es muss hart für euch beide gewesen sein, als Maria selbst mit dieser Wahrsagerei anfing«, sagte sie.

Ich hatte ganz vergessen, dass ich ihr von Maria und den Tarotkarten erzählt hatte. Am Sonntag fühlte ich mich stark genug, John gegenüberzutreten, ohne ihm eine Szene zu machen; immerhin hatte ich zwei Nächte durchgeschlafen. Ich hatte mir meinen ganzen Kummer von der Seele geredet. Es würde keine Emotionen, kein Drama, keine schlimmen Vorwürfe geben.

Auf dem Weg zurück von Johns Haus fragte ich mich, welchem Grad an Selbstversunkenheit ich es zu verdanken hatte, dass ich Fenella erneut gehen ließ, ohne sie nach ihrer Adresse oder Telefonnummer gefragt zu haben. Aber als ich zu meiner Wohnung kam, saß sie dort im Hof und wartete auf einer der rustikalen Bänke unter dem alten Kirschbaum auf mich. Es war ein warmer Abend.

»Ich dachte, du brauchst mich vielleicht«, sagte sie.

»Du musst mich ja für sehr schwach halten«, erwiderte ich schluchzend. Ich hockte auf meinem Bett und schlürfte die Mischung aus Honig, Zitrone und heißem Wasser, die sie mir zur Beruhigung zubereitet hatte. Fenella hatte sich im Sessel niedergelassen.

»Hast du dir hier in dem Bett einen Fez aufgesetzt und Animal Snap gespielt?«, fragte sie, und vor lauter Rührung, dass sie sich das gemerkt hatte, brach ich gleich wieder in Tränen aus.

Sie war so gut zu mir, Fenella; sie nahm sich alle Zeit der Welt für mich. Natürlich notierte ich mir schließlich ihre

Adresse und Telefonnummer und erfuhr nebenbei, dass sie in einer Agentur arbeitete, die mit Buchrechten handelte. Das klang spannend, aber Fenella erzählte nicht viel – sie wolle mich nicht mit Formalitäten ihres Jobs langweilen, meinte sie. Ihre Agentur fungierte als Zwischenhändler für Literaturagenten im Königreich und auf dem Kontinent. Sie schlugen Bücher für Übersetzungen ins Griechische oder Italienische oder sonstige Sprachen vor und bekamen dafür eine Provision. Ob sie viele interessante Menschen kennenlerne?, fragte ich sie. Nicht viele, sie verhandelten nicht direkt mit den Autoren, erwiderte sie zurückhaltend. Ich hatte verstanden und stellte keine weiteren Fragen zu Fenellas Job. Außerdem redete ich viel über meinen eigenen Beruf.

Ich erzählte ihr, was für Trauerklöße sie bei mir an der Schule seien; keiner versuche je, den Kindern etwas Neues zu bieten. Wie gern hätte ich Autoren eingeladen, damit sie den Schülern erklärten, was es mit dem Schreiben *wirklich* auf sich hatte. Damit sie einmal lebende Schriftsteller kennenlernten, statt zu glauben, jeder, der schrieb, sei bereits lange tot und begraben. Ich hatte mir Hoffnungen auf die Autorin von *Open Windows* gemacht. Nicht unbedingt ein Kinderbuch, aber es war schon überraschend, wie viele aus der sechsten Klasse es gelesen und sich mit dem Zorn gegen die Mütter identifiziert hatten, der daraus sprach. Aber ich hatte leider nicht herausfinden können, wo die Autorin lebte, und war sicher, dass der Verlag einen Brief an sie niemals weiterleiten würde, vor allem dann nicht, wenn es sich dabei um eine Anfrage für einen Vortrag handelte.

»Ich kann dir ihre Adresse geben«, sagte Fenella zu meiner Überraschung. Es stellte sich heraus, dass ihre Agentur die Übersetzungsrechte und den Vertrieb für Europa ausgehandelt hatte.

»Ist sie nett?« Ich konnte es nicht glauben, dass tatsächlich jemand diese Autorin kannte.

»Früher standen wir uns einmal sehr nahe, als ihre Mutter eine schlimme Verletzung an der Hüfte hatte. Damals haben wir viel miteinander geredet. Aber jetzt hat sie dafür keine Zeit mehr.« Fenellas Stimme klang kalt.

Doch um an die Schule zu kommen, dafür hatte sie Zeit. Und die Schüler waren hingerissen von ihr. Sie behandelte sie nicht von oben herab, sondern erzählte ziemlich offen, dass sie selbst eine schreckliche Mutter habe. Aber das hätten die meisten Leute, einschließlich ihrer eigenen Kinder. Das gefiel den Schülern; das brachte sie zum Nachdenken. Mich übrigens auch. Ich fing an, über meine eigene, längst verstorbene Mutter zu Hause in Irland nachzudenken. Ich hatte nie ihr Grab besucht. Machte mich das zu einer schrecklichen Tochter? Sie war in vielerlei Hinsicht eine schreckliche Mutter gewesen und hatte von mir verlangt, dass ich zu Hause bleiben, auf dem Land leben und einen Pubbesitzer heiraten solle. Herumzureisen, wie ich das tat, sei für eine Frau viel zu *frivol*, sagte sie, kein Mann würde mich mehr haben wollen. Vielleicht hatte sie recht gehabt. Stundenlang diskutierte ich das mit Fenella.

Die Schüler wünschten sich auch Louise Mitchell, die Autorin dieser sogenannten Historienromane. Zum ersten Mal waren der Schulleiter und ich einer Meinung, dass es sich dabei im Grunde um Pornografie handelte. Ich fragte mich, ob ich allmählich konservativ wurde oder ob der Direktor sich stärker den Realitäten dieser Welt öffnete. Danach hatten wir Maxwell Lawrie an der Schule, den Schöpfer von Vladimir Klein. Er konnte wunderbar mit Kindern umgehen und erklärte ihnen, wie man Spionagebücher und Thriller schrieb, indem man mit der letzten Seite anfing und von dort aus die Handlung entwickelte. Die Ausarbeitung ähnele einer mathematischen Aufgabe, sagte er. Diejenigen, die es nicht getan haben konnten, mussten eliminiert werden, und dann musste man ein unwahrscheinliches Motiv für denjenigen finden, der der Täter sein könnte, und alles von vorn aufrollen.

Lawrie kam noch mit auf einen Kaffee ins Lehrerzimmer, und mir schien, dass er mir tatsächlich schöne Augen machte. Mindestens zehn Kinder hätte er gern, sagte er zu mir. Ich nicht auch? Ich sagte, ja, ich sei völlig seiner Ansicht, auch mir sei eine ganze Fußballmannschaft am liebsten: Es wäre wesentlich lustiger, und die Geschwister könnten einander Gesellschaft leisten. Doch wenn wir wirklich vorhätten, das in die Tat umzusetzen, sollten wir uns besser beeilen. Woraufhin er noch denselben Abend vorschlug. Ich denke, zu neunzig Prozent war das nicht ernst gemeint. Fenella sagte, der Mann sei krank, und es wäre wahnsinnig von mir, mich auf so etwas einzulassen, bevor meine Wunden verheilt waren. Seltsam, in dem Moment wurde mir klar, *dass* meine Wunden verheilt waren. Ich dachte kaum mehr an John, und dieser Maxwell Lawrie – das war nicht sein richtiger Name, eigentlich hieß er Cyril Biggs – kam mir doch recht interessant vor. Ich fand seinen Annäherungsversuch nicht krank, eher witzig. So etwas sagt man schon mal. Ich meine, ich bin achtundzwanzig Jahre alt, und er ist um einiges älter. In unserem Alter heißt es nicht mehr: »Würden Sie vielleicht mit mir ausgehen?« Oder? Man macht Witze darüber, dass man bald anfangen muss, wenn man plant, zehn Kinder oder mehr in die Welt zu setzen. Fenella spitzte die Lippen. Ich beließ es dabei. Ich wollte sie nicht aufregen.

Cyril hatte mir geraten, Mavis Ormitage für einen Vortrag an die Schule zu holen. Sie sei eine beeindruckende Frau, sagte er, groß und wuchtig, immer in Weiß gekleidet, um sich noch größer zu machen. Die Leute nannten sie Moby Dick. Sie verfasste Kurzgeschichten, die aus dem Leben gegriffen schienen, Hunderte von realistischen Storys; Cyril kannte sie, weil sie sich jeden Sommer in einem Kurs für Kreatives Schreiben trafen. Sie besaß das große Talent, über das Leben zu schreiben und es dabei leicht und unkompliziert erscheinen zu lassen. Und das alles mit einem humorvollen Unterton. Ich hatte Bedenken, dass der Schulleiter nicht einverstanden wäre mit der

Königin des Realismus, wie sie genannt wurde. Cyril sagte, er würde mit ihm reden; es sei leicht, eine oberflächliche Entscheidung zu treffen, ohne die betreffende Person zu kennen. Mavis täte diesen Kindern gut, die kurz davor standen, ins Leben aufzubrechen – ihr war nichts Menschliches fremd, und sie moralisierte nicht. Das war der Grund für ihren großen Erfolg. Mit einem Land Rover fuhr sie im ganzen Land umher, immer mit einem weißen Regenmantel und einem weißen Südwestern auf dem Kopf, wenn es regnete. Ihre Bücher lagen in Plastiktüten verpackt auf dem Sitz neben ihr, denn sie liebte Cabriolets und das Gefühl von Regen auf ihrem Gesicht. So etwas konnte für Kinder doch nur nützlich sein, sagte Cyril.

Fenella kannte Mavis Ormitage. Ich konnte es nicht glauben. In einer Stadt mit zwölf Millionen Einwohnern hatte sie zwei Menschen getroffen, die mir ebenfalls über den Weg gelaufen waren. Und dabei war Mavis nicht einmal eine Klientin von ihr. Ihre Art zu schreiben sei *unübersetzbar*, sagte Fenella. Es sei das reinste Wunder, dass sie sich hier im Land überhaupt verkaufe.

Nein, wie sollte es anders sein, Fenella hatte Mavis Ormitage im richtigen Leben kennengelernt, vor ungefähr fünf Jahren. Mavis hatte eine Tochter, die behindert war, und sie hatte ihr Leben diesem Mädchen geopfert. Inzwischen war sie natürlich kein Mädchen mehr, sondern eine Frau. Die Tochter musste so um die vierzig gewesen sein, als Mavis sich gezwungen sah, sie in eine Klinik zu bringen. Fenella hatte damals eine Freundin, Ruth, die dort arbeitete.

Von Ruth hatte ich bisher noch nichts gehört.

»Wo ist sie jetzt? Diese Ruth, meine ich.«

Fenella hatte keine Ahnung. Ruth war damals schrecklich deprimiert gewesen, was an ihrer echt schrecklichen Mutter lag. So ähnlich wie diejenige in *Open Windows*! Die ihre kleidete sich wie ein Teenager und gab sich der Lächerlichkeit preis, indem sie durch die Straßen lief und fremde Männer anmachte. Die arme Ruth war vollkommen am Boden zerstört gewesen, aber um wieder auf die Beine zu kommen, hatte sie angefangen, ehrenamtlich in besagter Klinik auszuhelfen. Und zufälligerweise hatte sie davor an einem Schreibkurs teilgenommen, den Mavis Ormitage geleitet hatte. Vermutlich sogar derselbe wie der von Cyril.

Ich hatte das Gefühl, dass Fenella nicht viel von Cyril hielt. Und von Mavis auch nicht. Und in gewisser Weise auch nicht von ihrer Freundin Ruth.

Nun, viele Worte verlor sie nicht darüber. Fenella ging nie sehr ins Detail, was sie selbst betraf. Aber Mavis erkannte Ruth wieder, die im Krankenhaus Wägelchen mit Büchern und Zeitschriften durch die Korridore schob. Sie kamen ins Gespräch und unterhielten sich oft auf dem Gang, in der Kantine und in dem hübschen, großen Klinikgarten. Ich sah alles deutlich vor mir. Sah, wie Fenella sie zu den von überhängenden Ästen beschatteten Parkbänken dirigierte. Hörte, wie Mavis über ihre sterbende Tochter und Ruth über ihre verrückte, mannstolle Mutter sprach. Spürte, wie beide Frauen beeindruckt waren von Fenellas Interesse und ihrem phänomenalen Gedächtnis für die Einzelheiten ihrer Geschichten.

»Gute Zeiten waren das damals«, sagte Fenella. »Mit guten Gesprächen unter einem Baum im Krankenhauspark.« Sie wirkte abwesend, während sie an die guten Zeiten dachte, damals, als sie von den Geschmacklosigkeiten einer verrückten alten Frau und dem langsamen Sterben einer aufgedunsenen, behinderten jungen Frau erfuhr. Mich überkam ein Schauer, und ich wünschte mir, ich wäre an diesem Abend mit Cyril Biggs ausgegangen.

Es ging mir nicht darum, zehn oder überhaupt irgendwelche Kinder in die Welt zu setzen. Cyril war ein witziger, selbstironischer Mann, der sich oder andere nicht allzu wichtig nahm. Hätte ich ihm von John und Maria erzählt, was höchst unwahrscheinlich war, wäre er nur kurz darauf eingegangen. Er hätte nicht wissen wollen, was Maria sagte, als sie das von John erfuhr, und wie wir sie betrogen hatten.

Mavis Ormitage war zweifellos diejenige Besucherin an unserer Schule, die am meisten für Gesprächsstoff sorgte. Die Schüler liebten sie vom ersten Moment an, als sie mit ihrem offenen Land Rover die Auffahrt hinaufbrauste und, umhüllt von wallender weißer Seide, die Aula betrat. Hinterher stellte sie noch zahllose Fragen und konnte erst zum Aufbruch bewegt werden, als die Sicherheitsleute darauf hinwiesen, dass es an der Zeit sei, das Tor zu schließen.

Mavis Ormitage hatte einen kleinen Flachmann mit Brandy mitgebracht und kippte im Lehrerzimmer jedem von uns einen Schuss in den Kaffee. Sogar der Direktor schien erfreut zu sein über die spontane Party. Und so etwas war noch nie vorgekommen. Ich zwang mich, irgendwann die Sprache auf Fenella zu bringen, auch wenn mir das nicht leichtfiel. Aus zwei Gründen nicht. Zum einen war es schwierig, Mavis allein zu fassen zu bekommen, und außerdem hatte ich Angst, illoyal zu erscheinen. Es war, als würde man an einem wehen Zahn herumdoktern: Mit einer Frage nach Fenella handle ich mir bestimmt schlechte Nachrichten ein, dachte ich. Warum will ich etwas Schlechtes über eine Frau hören, die so freundlich zu mir war? Suche ich nach einer Ausrede, sie nicht mehr sehen zu müssen?

Mavis musterte mich aus kleinen Knopfaugen inmitten all der Falten in ihrem fröhlichen Gesicht.

»Fenella? Eine der gütigsten Personen, denen ich je begegnet bin«, erwiderte Mavis. »Zu der Zeit zumindest. Es gibt eine Zeit für Menschen wie Fenella, wie es schon in den alten Psalmen heißt. Eine Zeit, geboren zu werden, eine Zeit, zu sterben, und eben eine Zeit für die Fenellas dieser Welt.«

»Und wenn diese Zeit vorbei ist?«, fragte ich.

»Dann werden *Sie* es wissen, aber Fenella wird nie dazu in der Lage sein. Sie gleicht einem Geisterschiff, ständig auf Kollisionskurs mit anderen, dem Untergang geweihten Schiffen, denen sie hilft, um später von ihnen verlassen zu werden.«

Ein wenig blumig war ihre Sprache schon, und sie weckte Schuldgefühle in mir.

Mir ging es inzwischen nämlich viel besser. Ich *wollte* nicht mehr über John und Maria reden, über schlaflose Nächte oder gefühllose Kollegen oder über das Versäumnis, das Grab meiner Mutter nicht besucht zu haben. Ich richtete meinen Blick nach vorn. Nur Fenella richtete den ihren nach hinten.

»Was wurde aus Ruth?«, wollte ich wissen.

»Das ist eine unglaubliche Geschichte«, erwiderte Mavis und bebte vor Vergnügen. »Ihre Mutter lernte drei attraktive junge, jüdische Lebensmittelhändler kennen. Keiner weiß, wer von denen – oder ob einer überhaupt – ihr Liebhaber ist. Sie hat sich total beruhigt und zu einer hervorragenden Geschäftsfrau entwickelt. Ruth hat dann diesen wunderbaren Mann kennengelernt, der im Museum arbeitet. Momentan läuft dort diese große Dinosaurier-Ausstellung, für die überall Reklame gemacht wird. Sie wissen doch, oder?«

»Aber die beiden werden heiraten! Ich habe es in der Zeitung gelesen«, rief ich aufgeregt. »Die Trauung wird in der prähistorischen Abteilung stattfinden.«

»Sie hat Fenella eingeladen, aber Ruth weiß, dass sie keine Antwort bekommen wird.«

Es folgte ein kurzes Schweigen. Ich musste rasch weitersprechen, sonst hätte mir noch jemand die wunderbare Mavis Ormitage entführt.

»War es in dem Moment, in dem Sie sich wieder besser und nicht mehr wie ein zum Untergang verdammtes Schiff fühlten, als Ihnen das alles ein bisschen zu viel …«

»Sie war wunderbar in ihrer Zeit«, wiederholte Mavis.

»Soll ich ihr Grüße von Ihnen ausrichten und sagen, dass Sie sich nach ihr erkundigt haben?« Ich wusste, das war mehr als halbherzig.

»Nein, nein, besser nicht. Aber wie gesagt, der Ozean ist voller zum Scheitern verdammter Schiffe, Sie werden schon noch dahinterkommen … Ich meine, vor mir gab es da diese tolle Frau, die *Open Windows* verfasste und eine ebenfalls schreckliche Mutter hatte, und dann waren da eben Ruth und ich und zwischen mir und Ihnen noch ganz viele andere.«

Ein paar Wochen später klingelte das Telefon, und ich hoffte, dass es Cyril war. Doch mir wurde schwer ums Herz, als ich Fenellas Stimme hörte.

»Muss heute ein schlimmer Tag für dich sein, hat dich wahrscheinlich ganz schön runtergezogen«, sprach sie auf Band. Ich löschte umgehend die Aufnahme.

Mir fiel nämlich wieder ein, was Mavis zu dem Direktor in Bezug auf ihren Anrufbeantworter gesagt hatte. »Keine Bandaufnahme kann je eine so verheerende Wirkung haben wie eine lebende Stimme. Eine Stimme, deren Zeit vorüber ist.«

Verwirrt hatte der Schulleiter genickt; er war den Schuss Brandy in seinem Kaffee nicht gewohnt. Aber ich wusste jetzt, was Mavis gemeint hatte. Und außerdem war Cyril ein Mensch, der gern Nachrichten auf dem Anrufbeantworter hinterließ. Das gab ihm das Gefühl, einfallsreich, kreativ und sogar – wenn die Stimmung danach war – liebevoll zu sein.

Entscheidung auf hoher See

FÜr besonders klug hielten sie Tessa alle nicht. Schließlich riskierte sie ihre Lohntüte. Es waren vielleicht nicht immer alle da. Manchmal hatten die Leute die Grippe, und manchmal waren einige der Kollegen in Urlaub.

Auf mehr als siebzehn Pfund in der Woche brachte sie es bestimmt nicht. Niemand missgönnte Tessa ihre Einnahmen. Im Gegenteil, sie halfen ihr sogar aus. War ein Kollege krank, legte normalerweise ein anderer sein Pfund in den Pott.

Am Ende des Jahres hatte Tessa mehr als achthundertfünfzig Pfund beisammen.

Damit würde sie in Urlaub fahren, erzählte sie allen.

Schließlich hatten fünfzig von ihnen eine beachtliche Summe gewonnen, und die Übrigen hatten nicht mehr als ein Pfund pro Woche verloren. Tessa verdiente es, in Urlaub zu fahren, sagten sie sich, und überlegten, wohin es wohl gehen würde. Mr Pitt, der Personalchef, sah es nicht gern, dass Tessa kein Geheimnis aus dem Inhalt ihrer Lohntüte machte. Seiner Ansicht nach war das Einkommen eine Abmachung zwischen Angestellten und Management. Das ging die Kollegen nichts an, und noch schlimmer war es, es unvorsichtigerweise aufs Spiel zu setzen.

Doch es fiel ihm schwer, das Freitagsvergnügen gänzlich zu verdammen, vor allem nicht nach dem Freitag, an dem er selbst einhundertfünf Pfund gewonnen hatte.

Mr Pitt erinnerte sich noch gut an den Moment, als er das Geld in Händen hielt. Merkwürdig unbefriedigend hatte sich das angefühlt, auch wenn er das nie einer Menschenseele gegenüber zugeben würde. Er hatte Mrs Pitt angerufen und angekündigt, dass sie etwas zu feiern hätten. Wobei seine Vorstellung einer Feier daraus bestand, ins Shoppingcenter zu fahren, das am Freitag noch bis spätabends geöffnet hatte. Dort würden sie sich einen Hamburger kaufen, damit Mrs Pitt nicht kochen musste, und anschließend ein, zwei Stunden in der Heimwerkerabteilung verbringen, Fliesen und Vorhangstangen für das neue Bad aussuchen, das er dann am Wochenende renovieren wollte.

Mr Pitt hielt sich selbst für einen vorbildlichen Ehemann und war sehr überrascht gewesen über den albernen, unreifen Streit, den Mrs Pitt daraufhin vom Zaun brach. Eine seelenlose Kreatur sei er, wenn er sich so etwas unter einer Feier vorstelle, warf sie ihm vor. Doch Mr Pitt, ein sehr verschlossener Mensch, machte im Büro nicht die kleinste Andeutung, dass die Feier eventuell misslungen gewesen sein könnte. Die Fliesen, die Vorhangstange und das Sperrholz für den Unterschrank hatte er schließlich gekauft, was er umgehend Tessa erzählte und hinzufügte, dass alles zu seiner Zufriedenheit ausgefallen sei. Danke der Nachfrage. Er sah Tessa an, wie sehr sie sich bemühte, Begeisterung auf ihr Gesicht zu zaubern angesichts seiner Schilderung, wofür er seinen unerwarteten Gewinn ausgegeben hatte. Ein ordentlicher, geregelter Lebensstil schien ihr offenbar fremd zu sein. Armes Ding, sagte er sich und kämpfte das leise Gefühl nieder, dass er vielleicht langsam hoffnungslos altmodisch, farblos und langweilig werden könnte.

Als Orla, die bildschöne Empfangsdame, die hundertfünf Pfund gewann, kündigte sie an, sich davon richtig teure Strähnchen im Haar zu leisten, dazu eine richtig gute Kosmetikbehandlung und eine ebenso spitzenmäßige Maniküre und Pediküre. Ihre Vorfreude darauf bestimmte lange Zeit alle Gespräche im Büro, und wenn man ihr Glauben schenkte, schien die Welt voller unterirdisch schlechter Strähnchen, Gesichtsbehandlungen und Maniküren zu sein.

Orla opferte einen ganzen Urlaubstag, um sich verschönern zu lassen, dazu ihren gesamten Gewinn und noch ein wenig mehr. Sie konnte sich nicht vorstellen, das Geld für etwas anderes als für diese lebenswichtigen Dienstleistungen auszugeben, an denen man wirklich nicht sparen sollte. Viel anders als vorher sah sie nach diesen Behandlungen allerdings nicht aus. Ein wenig glänzender, einen Hauch leuchtender vielleicht, strahlte sie das Selbstbewusstsein aus, nicht zu irgendeinem Feld-Wald-und-Wiesen-Salon gegangen zu sein, sondern sich etwas absolut Exquisites geleistet zu haben. Aber ein hohler und ein wenig eitler Nachgeschmack blieb dennoch zurück. Wieder einmal musste Tessa sich bemühen, Begeisterung auf ihr Gesicht zu zaubern, doch Orla sah ihr trotzdem an, dass sie das alles für rausgeworfenes Geld hielt.

Orla verspürte selbst leichte Zweifel. Vielleicht war sie doch ein wenig zu eigensüchtig gewesen. Aber was verstand Tessa schon davon? Ihr Haar glich einem Vogelnest, und den Unterschied zwischen einer erstklassigen Kosmetikbehandlung und drittklassigem Durchschnitt kannte sie wahrscheinlich nicht einmal vom Hörensagen. Eigentlich dumm von Tessa, nicht das Beste aus sich zu machen. Orla unterdrückte das Gefühl, dass Tessa auf ihre Art womöglich glücklicher und freier sein könnte als sie, die stets perfekt zurechtgemachte Orla, die als Aushängeschild der Firma tagtäglich makellos gekleidet hinter ihrem Empfangstisch saß.

Dann gab es noch ein paar andere, die ebenfalls das Gefühl hatten, ihren Gewinn nicht richtig angelegt zu haben. Nicht dass Tessa irgendetwas gesagt hätte, sie war immer gleichbleibend freundlich und aufmerksam. Nur trafen hier zwei unterschiedliche Wertesysteme aufeinander. Mr Starling, der ambitionierte junge Mann aus der Buchhaltung, hatte sein ganzes Geld für Managementbücher ausgegeben, wohingegen Miss Walsh vom Vertrieb ihren gesamten Gewinn in Segelstunden investiert hatte. Wie es hieß, traf man in Jachtklubs auf die sogenannte bessere Gesellschaft. Mr O'Brien vom Kundendienst wiederum kaufte sich eine Uhr, die offenbar nicht nur die Zeit an-, sondern auch eine Menge über deren Träger aussagte. Tessa wusste über alle von ihnen Bescheid, weil sie sich für sie interessierte: Sie wusste, ob das neugeborene Kind ihrer Kollegen ein Mädchen oder ein Junge war, sie erinnerte sich daran, ob der Sohn sein Abitur geschafft oder ob der Verlobte eine Einladung zum Vorstellungsgespräch bekommen hatte. Die anderen hatten hingegen oft Schuldgefühle, weil sie kaum etwas über Tessa wussten.

Tessa war ein sogenanntes »Mädchen für alles«, ein Faktotum, auch wenn keiner sie mehr so nannte. Sie wusste, wer anzurufen war, um den Fotokopierer reparieren zu lassen. Sie wusste, wo die Putzfrau wohnte, und konnte sie auch an dem Tag ausfindig machen, als sie aus Versehen die Schlüssel für das Besprechungszimmer mit nach Hause genommen hatte. Wenn es um die Arbeit ging, schien für Tessa keine Tätigkeit unter ihrer Würde zu sein. Als Mädchen für alles musste man auch zu allem bereit sein, wie sie zu sagen pflegte. Tessa war Ende dreißig oder Anfang vierzig – das wusste keiner so genau zu sagen. Sie war perfekt darin, Glückwunschkarten oder Torten für andere zu organisieren, doch konnte sich keiner daran erinnern, der »lieben Tessa« jemals ein Geburtstagsständchen gesungen zu haben. Er müsse unbedingt nachschauen, wann sie Geburtstag hatte, wie Mr Pitt des Öfteren ankündigte, aber nie in die Tat umsetzte.

Tessa selbst ließ nie etwas über einen Ehemann oder Freund verlauten, und sie schien auch nicht auf der Suche nach einem zu sein. Für die Amouren anderer hatte sie allerdings immer ein offenes Ohr und eine starke Schulter zum Ausweinen, wenn die Liebe zu Ende ging. Einen direkten Rat gab sie nie, stattdessen schnalzte sie nur mit der Zunge und schüttelte den Kopf. Und wo sie wohnte, wusste eigentlich auch keiner so recht. Sie erwähnte kaum jemals »mein Haus«, »meine Wohnung« oder »mein Apartment«. Keiner von ihnen wusste, ob sie allein oder in Begleitung in Urlaub fahren würde.

Kein Problem. Dann würden sie sie eben fragen, wenn sie wieder zurück war.

Wieder einmal war Freitag, aber ohne Gewinnspiel. Tessa war in ihren Urlaub gefahren. Natürlich hätte es ein anderer machen können, aber ohne Tessa wäre das nicht richtig gewesen. Außerdem schienen – außer Tessa – nur wenige bereit zu sein, den Inhalt ihrer Lohntüte offenzulegen. Und eine Lohntüte *musste* es sein. Man konnte sich nicht einfach hinstellen und eine Summe verlosen; das wäre zu kommerziell gewesen.

Wo Tessa wohl ihren Urlaub verbrachte?

Seltsam, dass keiner von ihnen danach gefragt hatte.

Tessa war immer im Bilde, wohin sie fuhren, und wenn Portugal das Ziel war, fiel ihr wieder ein, dass die betreffenden Kollegen im letzten Jahr bereits einmal dort gewesen waren, und sie erkundigte sich, ob sie dieses Mal in einem Ferienhaus oder im Hotel wohnten. Doch von denen hatte keiner eine Ahnung, wie Tessas Urlaub aussah.

Sie wussten nicht, dass Tessa an Bord eines Schiffes stand, glücklich lächelnd, die Ellbogen auf die Reling gestützt. Ungefähr um die Zeit, als die Zurückgebliebenen im Büro an sie dachten, befand sie sich irgendwo zwischen Dublin und Liverpool. Sie musste sich um nichts Sorgen machen, ihr Haar wehte im Wind, und sie spürte den salzigen Geschmack der Gischt auf ihren Lippen. Um sie herum lachten die anderen Urlauber und schmiedeten Pläne, und alle verstanden sich prächtig. Die Menschen an Bord kamen leichter miteinander ins Gespräch als an Land.

Das entsprach schon eher ihrem Geschmack, dachte Tessa. Das war es, was sie sich in all den Wochen und Monaten erhofft, worauf sie eisern gespart und wofür sie sich jede Woche aufs Neue zum Narren gemacht hatte, um weitere siebzehn Pfund dazuzuverdienen. Das war Freiheit pur – an Deck eines großen Schiffes zu stehen, das im Sonnenschein durch die Wellen pflügte. So fühlte sich Freiheit für sie an – den Erzählungen all der unterschiedlichen Menschen an Bord zu lauschen, Menschen von überallher, die nach überallhin fuhren.

Wie es wohl damals in Irland und England gewesen sein mochte, vor vielen Jahren, als nur Matrosen zur See fuhren?, überlegte Tessa. In einer Zeit, in der auf einer Insel zu leben bedeutete, für immer seine Tage dort zu verbringen. Wie viel besser war es doch, in diesem Jahrhundert und zu dieser Zeit zu leben. Tessa stieß einen tiefen Seufzer der Freude aus.

Kurz dachte sie ans Büro. Ob sie sie vermissten? Heute in der Kantine bestimmt. Heute kein »Mädchen für alles«, das ihnen die freitägliche Chance gab, den Inhalt einer Lohntüte zu gewinnen. Aber sonst würden sie bestimmt nicht an sie denken. Ihre Kollegen wollten nie etwas über ihr Leben erfahren. Sie hatten keine Ahnung, dass sie einen großen Teil dessen, was sie verdiente, an das Heim überwiesen hatte, in dem ihr Vater gepflegt worden war, und keiner im Büro wusste, dass er vor ein paar Monaten gestorben war.

Nicht dass Tessa mit Absicht alles für sich behalten hätte. Es war nur so, dass Mr Pitt sich mehr für seine Heimwerker-Illustrierte interessierte und Orla der Form ihrer Fingernägel mehr Aufmerksamkeit schenkte als Krankheiten oder Trauerfällen in der Familie eines unbedeutenden Faktotums. Und das billige kleine Zimmer, in dem sie wohnte, war auch kein Thema für Tessa, weil sie damit Miss Walsh mit ihren Ambitionen, sich in Jachtklub-Kreisen zu bewegen, nur vor den Kopf gestoßen hätte, ebenso Mr O'Brien mit seiner Überzeugung, eine gute Uhr drücke die Persönlichkeit des Trägers aus.

Ihr kleines Zimmer hatte Tessa aufgegeben. Alles, was sie besaß, war mit an Bord gekommen und befand sich in dem Koffer neben ihr. Viel war es noch nie gewesen, und inzwischen war es noch weniger geworden, jetzt, da sie sich räumlich so beschränken und ihre Ausgaben auf das Nötigste reduzieren musste, um über die Runden zu kommen. Ringsum waren Familien mit Kindern zu sehen, die in die Sommerferien aufbrachen. In Tessas Kindheit hatte es etwas Vergleichbares nie gegeben, aber es hatte wenig Sinn, damit zu hadern. Sie sah junge Liebespaare, die sich umarmten und deren Silhouetten sich gegen den Himmel abzeichneten. Dafür hatte es in ihrem Leben bisher auch nicht viel Zeit oder Gelegenheit gegeben, dachte Tessa sehnsüchtig. Doch es war nie zu spät, und sie konnte das alles durchaus noch vor sich haben. Eine kleine Gruppe Nonnen lachte fröhlich, ein älteres Paar studierte eine Landkarte, ein kleiner, ernster Junge mit Kompass in der Hand übte für den Tag, an dem er selbst mit einem so riesigen Schiff wie dem hier ablegen konnte. Tessa war noch nie an Bord einer so großen Fähre gewesen. Ob die Crew und die regelmäßig hier mitfahrenden Passagiere auch so aufgeregt waren wie sie?, fragte sie sich. Ob sie auch das Gefühl kannten, nicht mehr im alten Hamsterrad zu stecken? Es war ihr, als seien alle Sorgen und Alltagsprobleme wie weggeblasen, segelten hoch in die Lüfte und flogen mit den Seemöwen davon.

Tessa kam mit einem netten, ziemlich lässig wirkenden Mann ins Gespräch, dessen blondes Haar ebenso widerspenstig vom Kopf abstand wie das ihre. Er war Lehrer an einer Abendschule für Erwachsene. Eine Gruppe von zwanzig Studenten begleitete ihn auf einer archäologischen Exkursion.

»Ach, wäre das schön, wenn man besser gebildet wäre und solche Dinge verstehen und schätzen könnte«, sagte Tessa wehmütig. Der Mann wollte das nicht gelten lassen. Wichtig sei doch, widersprach er, sich weiterbilden zu können, auch ohne bereits alles zu wissen. Jeder könne Bildung nachholen, wenn er wolle. Die Archäologie sei übrigens ein hochinteressantes Feld, fügte er hinzu, weil man aus den zahlreichen Hinweisen und Hinterlassenschaften sehr viel darüber erfuhr, wie die Menschen vor Hunderten und in manchen Fällen vor Tausenden von Jahren gelebt hatten.

Tessa hörte gebannt zu. Er war nett, dieser Mann mit dem widerspenstigen Haarschopf. Sein Name war Eric. Er bot an, etwas Kaltes zum Trinken für sie zu holen, und dann könnte er ihr noch mehr über den Kurs und die Abendschule erzählen. Das wäre ganz toll, erwiderte Tessa und schob den Koffer mit ihren Habseligkeiten zur Seite, damit er vorbeigehen konnte.

Wieder kam und ging ein Freitag für die in der Bürokantine Zurückgebliebenen, und dann noch einer. Mr Starling, der Mann, der sich all die Managementbücher gekauft hatte, fragte sich laut, wann Tessa denn endlich zurückkäme, um mit einer kleinen Wette wieder ein wenig Leben in die Bude zu bringen. Orla betrachtete eingehend ihre langen Fingernägel. Es sei doch seltsam, meinte sie, dass Tessa bisher noch keine Postkarte aus ihrem Urlaubsziel geschickt habe; Leute wie sie täten so etwas doch für gewöhnlich. Miss Walsh, die trotz ihrer Segelstunden bisher noch niemanden aus den besseren Kreisen kennengelernt hatte, war der Ansicht, dass ein Urlaub an Menschen wie Tessa verschwendet wäre. Sie würde bestimmt nur Pommes in sich hineinstopfen, albern kichern und nichts Ernsthaftes unternehmen. Und Mr O'Brien, ein großer Anhänger aggressiver Business-Mode, wedelte mit dem Arm, damit seine Uhr besser zur Geltung kam, und merkte an, das Tragische an allen Tessas dieser Welt sei es doch, dass sie einfach nicht begriffen, wie wichtig das Image sei, das man von sich aufbaute. Nur Mr Pitt, der Personalchef, sagte kein Wort über Tessa.

Nicht lange nach Beginn ihres Urlaubs hatte er einen Brief von ihr erhalten, in dem stand, dass sie nicht mehr in den Betrieb zurückkehren würde. Als sie damals als »Mädchen für alles« in der Firma zu arbeiten angefangen habe, schrieb sie, habe man ihr sehr deutlich zu verstehen gegeben, dass ihre Anstellung nur befristet sei und dass ihr Arbeitsverhältnis von einer Woche auf die andere gekündigt werden könne. Und genau das täte sie hiermit: Sie kündigte. Kein Wort des Bedauerns, keine Ausdruck der Dankbarkeit für die Jahre ihrer Anstellung, keine Grüße an ihre Kollegen.

Mr Pitt empfand diesen Brief als schroff und ungehobelt
und quasi als Vorwurf an ihn und seine Kollegen. Tessa war
doch sonst immer so fröhlich und ausgeglichen gewesen. Wie
oft hatte sie sich nach dem Anbau, an dem er herumwerkelte,
und nach seinem Sohn erkundigt, der im Football-Team spielte. Er hatte ihr nie Fragen gestellt. Aber Mr Pitt grübelte nicht
lange; Tessa gehörte bestimmt zu der Sorte Mädchen, die man
nie ganz durchschaute.

Eric hingegen hatte das Gefühl, Tessa sein ganzes Leben lang
zu kennen; mit Begeisterung hörte er sich die Geschichten an,
die sie zu erzählen wusste. Tränen stiegen ihm in die Augen, als
er das mit ihrem Vater erfuhr, und er lachte, als er von den
aufgeblasenen Kollegen im Büro hörte. Tessa genoss die Sonne,
legte den Kopf in den Nacken und fühlte sich frei, alles zu tun
und zu lassen, was sie wollte. Sie konnte sich an einer Abendschule für Erwachsene einschreiben und sich noch in dieser
Minute den anderen anschließen und an einer archäologischen
Exkursion teilnehmen. Sie fühlte sich frei, zu glauben, dass
Eric genau das sein könnte, was er zu sein vorgab – ein einfacher, unkomplizierter Bursche, der sein Glück nicht fassen
konnte, Tessa begegnet zu sein.

»Komm mit uns«, sagte er.

»Das wäre ziemlich riskant, ein Abenteuer.«

»Eine Frau, die ihre Lohntüte verlost, muss tief im Herzen
eine Abenteurerin sein. Riskiere dein Glück. Steig mit uns in den
Bus.« Tessa sah sich um. Sie würden ein neues »Mädchen für
alles« im Büro finden. Jemand mit einem wichtigeren Titel, der
es sich nicht gefallen lassen würde, nur eine Woche Kündigungsfrist zu haben. Wäre sie dortgeblieben, was wäre dann aus ihr
geworden? Sie hätte sich höchstens die Fingernägel lang wachsen lassen, hätte vielleicht einen Jachtbesitzer kennengelernt,
Angeberuhren getragen oder einen Geräteschuppen gebaut.

Doch wenn sie jetzt zu Eric und seinen erwachsenen Studenten in den Bus stieg, konnte alles passieren.

Entscheidungen, die auf hoher See fielen, waren ehrlicher und aufrichtiger.

Tessa schenkte Eric ein breites Lächeln. Sie würde mit ihm mitkommen, erwiderte sie. Auf die Bustour und vielleicht auch an die Abendschule und vielleicht überallhin, wohin der Weg sie führte.

»Falls wir jemals eine wichtige Entscheidung treffen müssen, werden wir wieder eine Seereise buchen«, versprach Eric.

Und sie wussten beide, dass sie eines Tages tatsächlich nochmals ein Schiff besteigen würden, wenn sie dazu bereit waren, sich auf mehr als das Abenteuer einzulassen, zu dem sie heute aufbrachen.

Zehn Schicksale und ein Haus, das sie verbindet

Maeve
Binchy

Ein Cottage am Meer

Roman

Das Stone House ist kein Hotel wie alle anderen, sondern ein Zufluchtsort für Gestrandete und ein Haus, in dem so mancher Neuanfang gewagt wird.

Hier kreuzen sich die Wege der unterschiedlichsten Menschen: John, der nach einem verpassten Flug eine Übernachtung braucht, Henry und Nicola, die ein schreckliches Geheimnis belastet, oder auch das Ehepaar Wallis, das den Aufenthalt bei einem Preisausschreiben gewonnen hat – und sich schon deshalb nicht viel davon verspricht.

Doch sie haben sich getäuscht, denn für sie wie auch für die anderen zeitweiligen Bewohner wird das Stone House das Leben entscheidend verändern …

»Innerhalb weniger Leseminuten fallen alle Sorgen von einem ab, und das Herz scheint Purzelbäume zu schlagen.« *literaturmarkt.info*

Blicken Sie hinter die Türen der Chestnut Street in Dublin!

Maeve Binchy

Zeit der Kastanienblüte

Roman

36 miteinander verbundene Schicksale lassen uns teilhaben am bunten Treiben, Weinen und Lachen, Lieben und Streiten von Menschen, die nicht nur ihre Adresse teilen, sondern auch den Wunsch, ihr Leben zu verändern. So wie Nessa, deren verrückte Tante sie jeden Sommer für sechs Wochen besucht und alles auf den Kopf stellt. Oder Lilian, die sich mit ihrem Freund verlobt, obwohl sie schon lange unglücklich ist.

Maeve Binchy fängt Momentaufnahmen ein, die berühren und zeigen, dass manches im Leben anders kommt, als man meint.